신주 사마천 사기 13

건원이래후자연표
건원이래왕자후자연표
한흥이래장상명신연표

이 책은 롯데장학재단의 지원을 받아 번역, 출간되었습니다.

신주 사마천 사기 13 /
건원이래후자연표·건원이래왕자후자연표·한흥이래장상명신연표

초판 1쇄 인쇄 2021년 4월 15일
초판 1쇄 발행 2021년 4월 30일

지은이   (본문) 사마천
       (삼가주석) 배인·사마정·장수절
번역 및 신주 한가람역사문화연구소 사기연구실

펴낸이   이덕일
펴낸곳   한가람역사문화연구소

등록번호   제2019-000147호
주소   서울특별시 종로구 김상옥로17 대호빌딩 신관 305호
전화   02) 711-1379
팩스   02) 704-1390
이메일   hgr4012@naver.com

ISBN   979-11-90777-20-9 94910

세계 최초
**삼가주석
완역**

신주
사마천
사기

⑬

건원이래후자연표
건원이래왕자후자연표
한흥이래장상명신연표

지은이
본문_ 사마천
삼가주석_ 배인·사마정·장수절
번역 및 신주
한가람역사문화연구소 사기연구실

한가람역사문화연구소

차례

新註史記

한흥이래장상명신연표
漢興以來將相名臣年表

사기 제22권 史記卷二十二

원 사료는 중화서국中華書局 발행의 《사기》와 영인본 《백납본사기百衲本史記》를 기본으로 삼고, 인터넷 사료로는 대만 중앙연구원 역사어언연구소歷史語言研究所에서 제공하는 한적전자문헌 자료고漢籍電子文獻資料庫의 《사기》를 참조했다.

일러두기

1. 표의 구조는 사마천의 원래 표를 그대로 재현하기는 어려워 최대한 그 의도를 반영하여 구현했다.
2. 한글 번역문 아래 한문 원문을 실어 쉽게 대조할 수 있게 했다.
3. 신주를 실어 우리 연구진의 새로운 해석을 달았다.
4. 신주는 《사기》 본기, 세가, 열전은 물론 《한서》 〈표〉와 《사기지의》, 《고본죽서기년》 등을 참고했다.
5. 사기 분문뿐만 아니라 삼가주석도 필요할 경우 신주를 달았다.
6. 직역을 원칙으로 삼고 의역은 최대한 피했다.

《사기》〈표〉에 관하여

《사기史記》〈표表〉는 역사가로서 사마천의 독창적인 발상이 높게 평가되어 왔다. 모두 10편으로 〈삼대세표三代世表〉, 〈십이제후연표十二諸侯年表〉, 〈육국연표六國年表〉, 〈진초지제월표秦楚之際月表〉, 〈한흥이래제후왕연표漢興以來諸侯王年表〉, 〈고조공신후자연표高祖功臣侯者年表〉, 〈혜경간후자연표惠景閒侯者年表〉, 〈건원이래후자연표建元已來侯者年表〉, 〈건원이래왕자후자연표建元已來王子侯者年表〉, 〈한흥이래장상명신연표漢興以來將相名臣年表〉가 그것이며 '10표'라고도 한다.

10표를 분류하면 크게 둘로 나눌 수 있다. 하나는 사건을 위주로 분류한 사건 연표이고, 다른 하나는 인물 연표이다. 사마천이 중국사의 시조라고 설정한 황제부터 하夏 · 은殷 · 주周 삼대를 거쳐 춘추·전국시대 및 진秦과 한漢 나라에서 있었던 중요 사건과 인물을 수록했다.

《사기》의 마지막 130권은 지은이의 말이라고 할 수 있는 '태사공자서'이다. 이 글에서 사마천은 자신이 사기 각 편을 지은 이유에 대해 간략하게 서술했다. "시대를 함께해도 세대가 다르므로 연차年差가 분명하지 않아서 '10표十表'를 지었다."

10표에는 오제를 필두로 여러 나라에서 있었던 주요 사건과 인물의 즉위, 폐위, 전쟁, 사망 등에 관한 연대가 담겼다. 이런 표가 존재하지 않았던 시대에 사마천이 이를 작성하면서 가장 고심했던 것은 아마도 무엇을 기준으로 삼느냐 하는 것이었을 것이다.

한나라가 수립된 이후에는 한나라를 중심으로 하면 되지만 수많은 나라가 병립하고 있던 시대에는 어느 나라를 기준으로 표를 작성하느냐가 문제였다. 주나라는 명목만 남아 있을 뿐 여러 봉건제국이 중원을 나누어 실질적으로 통치하고 있던 시대를 어느 기준으로 볼 것인가의 문제였다. 사마천이 〈삼대세표〉 다음의 〈십이제후연표〉와 〈육국연표〉를 작성할 때 기준으로 삼은 것은 주周나라의 연호였다. 그다음으로 비록 강대국은 아니었지만 노魯나라의 연대기를 중시했다.

여기에는 두 가지 이유가 있는 것으로 보인다. 하나는 제후가 아니었음에도 사마천이 반열을 높였던 공자가 주나라를 정통으로 삼았다는 것에서 시사 받았을 것이다. 또한 진秦이 중원을 제패한 후 수많은 역사사료를 훼손한 바람에 공자가 편찬한 《춘추》 및 그 주석서들인 《춘추좌전》·《춘추공양전》·《춘추곡량전》 등의 연대를 참고할 수밖에 없었을 것이다. 《춘추》는 공자의 고국이었던 노魯나라 연대를 중심으로 서술했으므로 사마천도 노나라 연대기를 중요시하지 않을 수 없었을 것이다.

사마천이 《춘추》에서 많은 시사를 받았다고 해서 《춘추》의 체제를 그대로 따른 것은 아니다. 공자의 《춘추》와 그 주석서들은 노나라의 연대기를 기준으로 다른 나라의 사건들을 기록하면서 다른 나라들에 대해서는 어느 정도 축소하거나 생략할 수밖에 없었다. 사마천은 주나라의 연호를 기준으로 삼되 노나라 연대기로 보완함으로써 다른 나라들에 관한 사항도 빠뜨리지 않을 수 있었다.

10표 중에는 연표가 아닌 월표月表도 있는데, 〈진초지제월표〉가 그것이다. 중원을 통일한 진나라가 서기전 209년 초나라 진섭陳涉의 봉기에 의해서 무너지기 시작해서 초나라 항우가 일어섰다가 서기전 202년 한나라 유방의 승리로 끝나는 7년간의 사건과 인물에 대해서 연표가 아닌 월표를 작성한 것이다. 시기는 짧지만 수많은 사람과 인물이 명멸한 시기를 월별로 일목요연하게 만들었다.

〈한흥이래고조공신연표〉는 서기전 206년, 한 고조 원년을 기준으로 삼아서 서술했고, 이후 〈혜경간후자연표〉나 〈건원이래후자연표〉 등은 분봉 받은 봉국의 이름을 가장 먼저 기재하고 그 아래에 연대순으로 봉국을 계승한 사람들의 이름과 봉국에 관련된 사건들을 적고 있다. 이런 방식으로 수많은 사건과 수많은 사람을 기록하면서도 통일성을 유지할 수 있었다.

〈표〉의 의미와 가치에 대해서는 《이십이사차기二十二史箚記》의 저자 청나라의 조익趙翼(1727~1814)이 잘 평가했다.

"《사기》에서 10표를 지은 것은 주나라 보첩에서 비롯했는데, 본기·열전과 서로 넣고 뺀 것이 있다. 무릇 열후·장상·삼공·구경 중에서 그 공적과 이름이 드러난 자는 이미 그를 위해 열전을 만들었지만, 그밖에 대신으로 허물도 없고 공적도 없는 자를 열전을 만들자니 다 만들 수도 없고, 그렇다고 완전히 없애서도 안 되어 곧 표에다 그것을 기록했다. 사서를 짓는 체재로 이보다 큰 것이 없다."

오제五帝부터 한나라 때까지 수많은 인물들 중에서 열전을 따로 서술할 만큼 중요한 인물은 아니지만 무시할 수도 없는 수많은 인물들을 〈표〉라는 형식에 압축해서 수록했다는 것이다.

그런데 《사기》 〈표〉에 기록된 일시와 《사기》의 다른 편에 기록된 일시가 서로 다른 경우가 있다. 이를 사마천의 오류로 보는 시각도 있지만 사마천이 원 자료에 따라 〈본기〉, 〈세가〉, 〈열전〉 등을 작성하고 〈표〉는 자신이 따로 연구한 사실을 기록했을 가능성도 있으므로 어느 것이 옳은지 쉽게 단정할 수 없다.

《사기》〈표〉에는 수많은 인물과 사건이 서술되어 있으므로 선뜻 이해하기가 쉽지 않다. 〈표〉를 이해하기 위해서는 《사기》의 다른 분야, 즉 〈본기〉·〈세가〉·〈열전〉에 대해 어느 정도 알고 있어야 한다. 아무리 《사기》에 밝은 사람이라도 헷갈릴 수밖에 없는 많은 인물과 사건을 일목요연하게 정리한 이 〈표〉를 보고 찬탄하지 않을 사람은 없을 것이다. 필자들이 〈표〉를 번역하면서 느낀 공통적인 심정은 이를 작성한 사마천의 고심과 노고는 비단 역사나 고전 분야를 떠나 공부하는 모든 사람이 본받아야 할 모범임에 틀림없다는 사실이다. 수많은 인물과 사건을 서로 모순되지 않게 통일성을 유지하며 서술하는 것은 쉽지 않은 일이기 때문이다.

〈십이제후연표〉나 〈육국연표〉를 세로나 가로로 읽으면 각국에서 발생한 일들을 한눈에 알 수 있으면서 같은 해에 각국에서 발생했던 사건들에 대해서도 한눈에 알 수 있다. 여기에 삼가주석이 적절하게 주석을 달고 있으므로 《사기》의 다른 분야에 대한 이해가 선행된다면 이 〈표〉만 봐도 《사기》 전체를 본 효과를 얻을 수 있을 것이다.

〈한흥이래장상명신연표〉를 보면 한나라가 일어선 이후 발생한 각종 전쟁을 한눈에 알 수 있다. 이를 통해 한나라는 서기전 112년에 남월南越과 싸웠고, 서기전 111년에는 동월東越과 싸웠고, 서기전 109년에는 (고)조선朝鮮과 싸웠다는 사실을 알 수 있다. 이 전쟁에 대해서 사마천은 "모두 남월을 패배시켰다[皆破南越]", "모두 동월을 패배시켰다[皆破東越]"라고 썼지만 조선에 대해서는 "조선을 공격했다[擊朝鮮]"라고만 써서 그 승패를 기록하지 않았다.

또한 〈건원이래후자연표〉를 보면 조선과 전쟁하는 과정에서 항복한 조선 출신 장상들이 모두 제후로 봉해진 반면 조선과 전쟁에 나섰던 한나라 장수들은 아무도 제후로 봉해지지 않았다는 사실을 알 수 있다. 이는 사마천이 〈조선열전〉 마지막의 '태사공은 말한다'에서 조선과 전쟁에 나섰던 "양군兩軍이 모두 욕을 당하고 아무도 제후로 봉함을 받지 못했다."고 평한 사실과 연관성이 있다. 조한전쟁朝漢戰爭의 결과에 대한 사마천의 인식의 일단을 여기에서도 엿볼 수 있다. 그뿐만 아니라 기幾 땅에 제후로 봉해졌던 우거왕의 아들 장각張餎이 한나라에 반기를 들다가 사형당하고 기국이 없어진 사실도 알 수 있다.

《사기》〈표〉는 사마천이 천하사의 수많은 인물과 사건을 한눈에 알아볼 수 있게 작성한 파노라마다. 다만 그 파노라마는 《사기》의 다른 분야에 대한 일정한 이해를 가진 사람만이 조망할 수 있는 세계이기도 하다.

건원이래후자연표 들어가기

　〈건원이래후자연표〉는 무제 건원 원년(서기전 140)부터 태초 연간(서기전 104~101)까지 제후로 봉해진 공신들에 대한 표다. 〈혜경간후자연표〉가 유씨 제후왕 자손들로 後侯에 봉해진 인물과 공신을 묶어 나타냈다면, 무제 시대 후자표는 공신들과 투항한 인물들로 이루어진 〈건원이래후자연표〉와 제후왕의 자손들을 봉한 〈건원이래왕자후자연표〉로 나뉜다.

　무제는 전쟁으로 대외 팽창정책을 수행했다. 북쪽과 서북쪽으로 흉노를, 동남방쪽으로 동월을, 남방쪽으로 남월을, 서남쪽으로 서남 부족들을, 동북쪽으로 위만조선을 침략하고 강점하면서 영토를 확장한다. 그 과정에서 공을 세운 공신들과 투항한 이민족들을 후侯로 봉하여 다독이고 회유했다. 구체적으로는 흉노정벌 공신 25명, 동월·남월 및 조선정벌 공신 9명이 있고, 흉노·동남월·조선·소월지小月氏에서 항복해서 공신으로 봉함 받은 자가 30명, 선조들의 공으로 제후가 된 자가 3명 등 모두 73명이었다. 한나라 대부분의 공신들이 그렇듯이 그들 대부분도 오래 지속하지 못하고 짧은 시일에 소멸한다.

　사마천의 뒤를 이어 저소손이 무제의 뒤를 이은 소제昭帝와 선제宣帝 시대까지의 제후표를 작성하여 실어 놓았다. 이중 한국사와 직접 관련이 있는 인물들은 위만조선 관련 인물들과 투후秺侯 김일제金日磾가 가장 중요하다. 현재 한국 김씨들의 조상과 직접 관련되기 때문이다. 김씨는 한국뿐 아니라 일본에도 많다. 일본에 있던 김씨들은 후대에 복성復姓으로 바뀌면서 그 실체를 제대로 알 수 없다.

무제 연표는 무제 때 만든 연호인 건원-원광-원삭-원수-원정-원봉-태초 등으로 이어진다. 그러나 이런 연표는 원수 이후에 정립된 것이고 그 이전의 연표는 후대에 만들어 소급한 것이다. 그것을 《이십이사차기》의 저자 조익이 잘 논하고 있다.

"옛날엔 연호가 없었고 개원했어도 역시 어떤 해를 원년으로 고쳐 짓는 데 불과했다. 예컨대 한문제 16년에 신원평新垣平이 중천에 해가 다시 떠오르는 것을 보고 좋은 조짐이라 하자 이에 이듬해를 후원년後元年이라고 했다. 경제 즉위 7년에 이듬해를 고쳐서 중원년이라 하고, 또 중원년 5년에 이듬해를 고쳐서 후원년이라 했던 것이 이것이다. 무제에 이르러 비로소 연호를 지어 조야朝野 상하가 함께 기록에 편하게 하니 실로 만세에 바꿀 수 없는 좋은 법이 되었다. 그렇지만 무제가 처음 등극하여 연호를 세운 것은 아니다. 〈봉선서〉에 따르면, 무제 6년 두태후가 붕어하고 이듬해 문학하는 사인士人을 불러들였다. 이듬해 옹雍 땅에 이르러 오치五畤에 교제를 지냈다. 이후는 단지 '그 후, 그 후'라고만 하여 어느 해인지 드러내지 않았다. 계속하여 후3년 담당관리가 말하여 '원元은 마땅히 하늘의 서기로 말해야 하며, 일이一二의 수로 세우는 것은 마땅치 않습니다. 일원一元을 건원이라 하고 이원二元을 긴 별이 보이는 것으로 원광이라 하고 삼원三元을 교외에서 일각수一角獸(뿔이 하나인 짐승)를 얻은 것으로서 원수라고 해야 합니다.'라고 했다. 이는 무제가 원수 연간에 이르러서 비로소 연호를 지었음이며, 이전의 건원이나 원광 등의 연호는 곧 원수 뒤에 거듭 좋은 호칭을 정해서 그 해를 소급하여 기록한 것이다."

이 표의 무제 건원 원년(서기전 140)부터 태초 4년(서기전 101)까지는 원래 사마천이 작성한 것이고, 그 뒤의 것은 후대인들이 작성해 덧붙인 것이다.

색은 72개국은 태사공이 옛날에 쓴 것이고 나머지 45개국은 저선생이 보충한 것이다.

七十二國 太史公舊 餘四十五國 褚先生補也

태사공이 말한다

태사공은 말한다.

"흉노는 화친을 끊고 도로와 요새를 공격했다. 민월이 멋대로 정벌하자 동구東甌가 항복을 청했다. 이 두 이민족이 번갈아 침략한 것은 성대한 한나라가 융성하던 시기에 해당된다. 이때 공신들로 봉작을 받은 사람들은 그 이전에 조고祖考(아버지와 할아버지)들이 받은 것과 비교하면 같다는 것을 알 수 있다. 어째서인가?《시경》과《서경》에서 삼대三代를 칭찬해 '융戎과 적狄을 치고, 형荊과 도茶를 응징했네.'라고 읊고 있다.[①] 제환공은 연나라를 넘어서 산융을 정벌했다. 조나라 무령왕은 작고 작은 조나라의 병력으로 선우를 복종시켰다. 진목공은 백리해百里奚를 등용해서 서융의 패자가 되었다. 오나라와 초나라 군주는 제후로서 백월百越을 부렸다."

太史公曰 匈奴絶和親 攻當路塞 閩越擅伐 東甌請降 二夷交侵 當盛漢之隆 以此知功臣受封侔於祖考矣 何者 自詩書稱三代 戎狄是膺 荊茶是徵[①] 齊桓越燕伐山戎 武靈王以區區趙服單于 秦繆用百里霸西戎 吳楚之君以諸侯役百越

① 戎狄是膺 荊荼是徵융적시응 형도시징

[집해] 《모시전》에 '융膺은 당當(맡음)'이라고 했다. 정현은 '징徵은 애艾(다스리다)'라고 했다.

毛詩傳曰 膺 當也 鄭玄曰 徵 艾

[색은] 荼의 발음은 '서舒'이고 徵의 발음은 '징澄'이다.

荼音舒 徵音澄

"하물며 중국을 하나로 통일한 현명한 천자께서 제위에 계시고, 문무를 겸하여 온 천하를 석권해 안으로는 억만 명의 백성을 집합시켰으니 어찌 편안한 상태에서 변경을 정벌하지 않겠는가? 이후부터 드디어 군사들을 출동시켜 북쪽으로는 강한 호胡를 토벌하고 남쪽으로는 굳센 월越을 처단했다. 장졸들이 이 때문에 차례로 봉해졌다."

況乃以中國一統 明天子在上 兼文武 席捲四海 內輯億萬之衆 豈以晏然不爲邊境征伐哉 自是後 遂出師北討彊胡 南誅勁越 將卒以次封矣

제
二
장

원광 연간 제후표

1. 흡후

국명國名	흡翕
	색은 발음은 '흡吸'이다. 살피건대, 《한서》〈표〉에는 (위군) 내황현에 있다. 音吸 案 漢表在內黃也 신주 흡국은 지금의 하남성 황현黃縣이다.
후공侯功	흉노상으로 항복하여 후侯가 되었다. 원삭 2년, 거기장군에 속하여 흉노를 쳐서 공을 세웠고 봉호를 더했다. 匈奴相降 侯 元朔二年 屬車騎將軍 擊匈奴有功 益封
원광元光	3년간 조신이 후侯로 있었다. 원광 4년 7월 임오일, 후侯 조신趙信의 원년이다. 三 四年七月壬午 侯趙信元年 신주 《한서》〈표〉에는 10월이라 했다. 이 해에 예전 흡후 한단이 폐위된다. 정월이 10월 이므로 정월에 새로운 후侯를 봉한다는 것은 타당성이 떨어진다.
원삭元朔	5년간 조신이 후侯로 있었다. 원삭 6년, 후侯 조신이 전장군으로 흉노를 치다 가 선우의 군사를 만나 패하였으며, 조신이 흉노에 항복하여 봉국이 없어졌다. 五 六年 侯信爲前將軍擊匈奴 遇單于兵 敗 信降匈奴 國除
원수元狩	
원정元鼎	
원봉元封	
태초이후 太初已後	

2. 지장후

국명國名	지장持裝
	색은 《한서》〈표〉에는 裝을 '원轅'이라 하며, 남양군에 있다고 한다. 漢表作轅 在南陽也 신주 색은 주석에서 남양군에 있다고 했으나 정확한 위치를 찾을 수 없다.
후공侯功	흉노도위로 항복하여 후侯가 되었다. 匈奴都尉降 侯
원광元光	원광 6년 후9월 병인일, 후侯 악樂의 원년이다. 六年後九月丙寅 侯樂元年
	색은 樂은 '악岳'으로 발음한다. 音岳
원삭元朔	6년간 악이 후侯로 있었다. 六
원수元狩	6년간 악이 후侯로 있었다. 六
원정元鼎	원정 원년, 후侯 악이 죽고 후사가 없어 봉국이 없어졌다. 元年 侯樂死 無後 國除
원봉元封	
태초이후 太初已後	

원삭 연간 제후표

1. 친양후

국명國名	친양親陽
	색은 《한서》〈표〉에는 (남양군) 무음에 있다. 漢表在舞陰也 신주 지금의 하남성 무양현無陽縣이다.
후공侯功	흉노상으로 항복하여 후侯가 되었다. 匈奴相降 侯
원광元光	
원삭元朔	3년간 월지가 후侯로 있었다. 원삭 2년 10월 계사일, 후侯 월지月氏의 원년이다. 원삭 5년, 후侯 월지가 도망치다 참수당하여 봉국이 없어졌다. 三 二年十月癸巳 侯月氏元年 五年 侯月氏坐亡斬 國除
원수元狩	
원정元鼎	
원봉元封	
태초이후 太初已後	

2. 약양후

국명國名	약양若陽
	색은 〈표〉에는 (남양군) 평지에 있다. 表在平氏也 신주 지금의 하남성 당하현唐河縣 동남쪽이다.
후공侯功	흉노상으로 항복하여 후侯가 되었다. 匈奴相降 侯
원광元光	
원삭元朔	3년간 맹猛이 후侯로 있었다. 원삭 2년 10월 계사일, 후侯 맹猛의 원년이다. 원삭 5년, 후侯 맹이 도망치다 참수당하여 봉국이 없어졌다. 三 二年十月癸巳 侯猛元年 五年 侯猛坐亡斬 國除
원수元狩	
원정元鼎	
원봉元封	
태초이후 太初已後	

3. 장평후

국명國名	장평長平
	색은 〈지리지〉에는 현 이름으로 여남군에 있다. 地理志縣名 在汝南 신주 지금의 하남성 서화현西華縣의 동북쪽이다.
후공侯功	원삭 2년에 두 번 거기장군으로 흉노를 쳐서 삭방과 하남(관중 북쪽의 황하 남쪽)을 빼앗은 공으로 후侯가 되었다. 원삭 5년, 대장군으로 흉노를 쳐서 우현왕을 깨뜨리고 봉호 3,000호를 더했다.

	以元朔二年再以車騎將軍擊匈奴 取朔方河南功侯 元朔五年 以大將軍擊匈奴 破右賢王 益封三千戶 신주 《한서》〈위장군전〉에 따르면, 위청은 원삭 2년에 원래 봉호 3,800호이고, 다시 그해 3,000을 더하며, 원삭 5년에 6,000을 더했다.
원광元光	
원삭元朔	5년간 위청이 열후로 있었다. 원삭 2년 3월 병진일, 열후烈侯 위청衞靑의 원년이다. 五 二年三月丙辰 烈侯衞靑元年 집해 서광이 말했다. "위청은 원봉 5년에 죽었다." 徐廣曰 靑以元封五年薨 신주 원정 2년 여름후 하후파夏侯頗가 자살하고 봉국이 없어졌는데, 그에게 재가했던 무제의 누나 평양공주(양신공주)가 다시 위청에게 재가한다. 위청이 원봉 5년에 죽었으니 평양공주는 그와도 얼마 살지 못했다. 공주가 그에게 재가한 까닭은 위청이 평양후 집에서 기졸로 있으면서 평양공주를 보호했던 인연 때문이다. 그러나 뒤를 이은 아들 위항은 평양공주와의 사이에서 난 아들은 아닐 것이다.
원수元狩	6년간 위청이 열후로 있었다. 六
원정元鼎	6년간 위청이 열후로 있었다. 六
원봉元封	6년간 위청이 열후로 있었다. 六
태초이후 太初已後	태초 원년, 금후今侯 위항衞伉의 원년이다. 太初元年 今侯伉元年 신주 위항은 의춘후로 있다가 직을 박탈당한 상태였다. 이 표를 따른다면, 장평후는 1년간 끊어진 셈이다. 위항은 승상 공손하의 사건에 걸려 무제 정화 2년에 주살당한다.

4. 평릉후

국명國名	평릉平陵
	색은 〈표〉에는 (남양군) 무당에 있다. 表在武當 신주 평릉은 지금의 호북성 단강구시丹江口市 서북쪽이다.
후공侯功	도위로 거기장군 위청을 따라 흉노를 친 공으로 후侯가 되었다. 원삭 5년, 유격장군으로 임용되어 대장군을 따랐으며 봉호를 더했다. 以都尉從車騎將軍靑擊匈奴功侯 以元朔五年 用遊擊將軍從大將軍 益封
원광元光	
원삭元朔	5년간 소건이 후侯로 있었다. 원삭 2년 3월 병진일, 후侯 소건蘇建의 원년이다. 五 二年三月丙辰 侯蘇建元年
원수元狩	6년간 소건이 후侯로 있었다. 六
원정元鼎	6년간 소건이 후侯로 있었다. 원정 6년, 후侯 소건이 우장군이 되었는데, 흡 후翕侯 조신과 함께 패하고 홀로 탈출하여 돌아왔다. 참수에 해당되었지만, 속죄금을 내서 풀려나고 봉국이 없어졌다. 六 六年 侯建爲右將軍 與翕侯信俱敗 獨身脫來歸 當斬 贖 國除 신주 조신이 항복하고 소건이 홀로 돌아온 것은 원삭 6년이다.
원봉元封	
태초이후 太初已後	

5. 안두후

국명國名	안두岸頭
	색은 〈표〉에는 (하동군) 피지皮氏에 있다. 表在皮氏 신주 안두는 산서성 하진시河津市의 서쪽이다.

후공侯功	도위로 거기장군 위청을 따라 흉노를 친 공으로 후侯가 되었다. 원삭 6년, 대장군을 따랐으며 봉호를 더했다. 以都尉從車騎將軍青擊匈奴功侯 元朔六年 從大將軍 益封
원광元光	
원삭元朔	5년간 장차공이 후侯로 있었다. 원삭 2년 6월 임진일, 후侯 장차공張次公의 원년이다. 五 二年六月壬辰 侯張次公元年
원수元狩	원수 원년, 장차공이 회남왕의 딸과 간통하고 재물을 받은 죄에 걸려 봉국이 없어졌다. 元年 次公坐與淮南王女姦 及受財物罪 國除
원정元鼎	
원봉元封	
태초이후 太初已後	

6. 평진후

국명國名	평진平津 색은 〈표〉에는 (발해군) 고성현에 있다. 表在高城 신주 평진은 하북성 염산현鹽山縣의 동남쪽이다.
후공侯功	승상이며 조서로 포상을 받아 후侯가 되었다. 以丞相詔所襃侯
원광元光	
원삭元朔	4년간 공손홍이 헌후로 있었다. 원삭 5년 11월(또는 원삭 3년 11월) 을축일, 헌후獻侯 공손홍公孫弘의 원년이다. 四 五年十一月乙丑(三年十一月) 獻侯公孫弘元年

원수元狩	2년간 공손홍이 헌후로 있었다. 4년간 공손경이 후侯로 있었다. 원수 3년, 후侯 공손경公孫慶의 원년이다. 二 四 三年 侯慶元年 **신주** 〈평진후전〉과 《한서》 〈표〉에 따르면, 공손경의 이름은 '도度'이다.
원정元鼎	6년간 공손경이 후侯로 있었다. 六
원봉元封	3년간 공손경이 후侯로 있었다. 원봉 4년, 후侯 공손경이 산양태수가 되었다 가 죄를 지어 봉국이 없어졌다. 三 四年 侯慶坐爲山陽太守有罪 國除
태초이후 太初已後	

7. 섭안후

국명國名	섭안涉安 **신주** 섭안의 지금 위치는 명확하지 않다.
후공侯功	흉노선우의 태자로 항복하여 후侯가 되었다. 以匈奴單于太子降侯
원광元光	
원삭元朔	1년간 어단이 후侯로 있었다. 원삭 3년 4월 병자일, 후侯 어단於單의 원년이 다. 5월, 죽고 후사가 없어 봉국이 없어졌다. 一 三年四月丙子 侯於單元年 五月 卒 無後 國除 **색은** 單은 '단丹'으로 발음한다. 音丹
원수元狩	
원정元鼎	

원봉元封	
태초이후 太初已後	

8. 창무후

국명國名	창무昌武
	색은 〈표〉에는 무양에 있다. 表在武陽 신주 《사기지의》에서 말했다. "동군 동무양이다. 나중에 신新을 세운 왕망王莽이 무창武昌이라 고쳤는데, 《한서》〈표〉에서는 왕망이 고친 이름에 의거했고 또 함부로 《사기》〈표〉를 고쳤다." 〈위장군표기전〉에도 창무후로 나오나 교동국 창무현으로 사료된다.
후공侯功	흉노왕으로 항복하여 후侯가 되었다. 창무후 신분으로 표기장군을 따라 좌현왕을 친 공으로 봉호를 더했다. 以匈奴王降侯以昌武侯從驃騎將軍擊左賢王功 益封
원광元光	
원삭元朔	3년간 조안계가 견후로 있었다. 원삭 4년 10월 경신일, 견후堅侯 조안계趙安稽의 원년이다. 三 四年十月庚申 堅侯趙安稽元年
원수元狩	6년간 조안계가 견후로 있었다. 六
원정元鼎	6년간 조안계가 견후로 있었다. 六
원봉元封	1년간 조안계가 견후로 있었다. 5년간 조충국이 후侯로 있었다. 원봉 2년, 후侯 조충국趙充國의 원년이다. 一 五 二年 侯充國元年
태초이후 太初已後	태초 원년, 후侯 조충국이 죽고 후사마저 잃어 봉국이 없어졌다. 太初元年 侯充國薨 亡後 國除

9. 양성후

국명國名	양성襄城
	[색은] 《한서》〈표〉에는 '양무후 승룡乘龍'이라 하여 똑같지 않다. 살피건대 한영韓嬰도 양성후로 봉해졌는데, 〈지리지〉에 따르면 양성은 영천군에 있고, 양무는 농서군에 있다. 漢表作襄武侯乘龍 不同也 案 韓嬰亦封襄城侯 地理志襄城在穎川 襄武在隴西也 [신주] 《사기지의》에서는 농서군 양성현이라 한다. 영천 양성은 양성후 한택지의 봉지이므로, 여기의 양성후는 농서군 양성현으로 보는 게 타당하다. 지금의 위치는 산서성 양원현襄垣縣의 북동쪽이다.
후공侯功	흉노상국으로 항복하여 후侯가 되었다. 以匈奴相國降侯
원광元光	
원삭元朔	3년간 무룡이 후侯로 있었다. 원삭 4년 10월 경신일, 후侯 무룡無龍의 원년이다. 三 四年十月庚申 侯無龍元年 [집해] 일설에는 '승룡'이라 한다. 一云乘龍 [신주] 《한서》 본에 따라 다르나, '걸룡桀龍'이라 한 것이 일반적이다.
원수元狩	6년간 무룡이 후侯로 있었다. 六
원정元鼎	6년간 무룡이 후侯로 있었다. 六
원봉元封	6년간 무룡이 후侯로 있었다. 六
태초이후 太初已後	1년간 무룡이 후侯로 있었다. 태초 2년, 무룡이 착야후를 따르다가 전사했다. 2년간 병이가 후侯로 있었다. 태초 3년, 후侯 병이病已의 원년이다. 一 太初二年 無龍從浞野侯戰死 二 三年 侯病已元年

10. 남포후

국명國名	남포南峁

집해 서광이 말했다. "발음은 '표[匹孝反]'이다."

徐廣曰 匹孝反

색은 서광은 발음을 '표[匹孝反]'라 했고 유씨는 '뵤[普教反]'라 했다. 장읍은 "포峁는 빈 것이다."라고 했다. 《찬문》에는 "포峁는 크게 빈 것이다."라고 했다. 《무릉중서》에는 '남포후 南峁侯'라 했으니 이것이 본래 글자다. 〈위청전〉에는 '교峁'라고 했다. 《설문》에는 峁는 부수가 혈穴이고 발음을 '류[柳宥反]'라고 했고 또 포峁는 부수가 대大이고 발음은 '표[疋孝反]'라 했다.

徐廣曰 匹孝反 劉氏普教反 張揖峁 空也 纂文云峁 虛大也 茂陵中書云南峁侯 此本字也 衞青傳作峁 說文以爲從穴 音柳宥反 從大 音疋孝反

신주 남포후는 경제 때 평곡후로 봉해졌다가 박탈당한 공손혼야公孫昆邪의 아들이다. 대장군 위청의 매부가 된다. 지금의 위치는 불명하다.

후공侯功	기장군으로 대장군 위청을 따라 흉노를 치고 흉노 왕을 잡은 공으로 후侯가 되었다. 태초 2년, 승상으로 봉해져 갈역후가 되었다. 以騎將軍從大將軍靑擊匈奴得王功侯 太初二年 以丞相封爲葛繹侯
원광元光	
원삭元朔	2년간 공손하가 후侯로 있었다. 원삭 5년 4월 정미일, 후侯 공손하公孫賀의 원년이다. 二 五年四月丁未 侯公孫賀元年
원수元狩	6년간 공손하가 후侯로 있었다. 六
원정元鼎	4년간 공손하기 후侯로 있었다. 원정 5년, 공손하가 주금에 걸려 봉국이 없어지고, 끊어진 것이 7년간이었다. 四 五年 賀坐酎金 國除 絕 七歲
원봉元封	
태초이후 太初已後	13년간 공손하가 갈역후로 있었다. 태초 2년 3월 정묘, 갈역후로 봉해졌다. 정화 2년, 공손하의 아들 공손경성이 죄를 지어 봉국이 없어졌다. 十三 太初二年三月丁卯 封葛繹侯 征和二年 賀子敬聲有罪 國除

> 신주 《사기지의》 주석에 갈역은 동해군 하비현에 있다고 한다. 경성은 무제의 딸 양석陽石공주와 사통하고 저주를 한 죄로 고발되었다. 공손하의 부인은 위황후의 언니다. 이 사건으로 무제는 당시 승상이던 공손하와 태복이던 공손경성을 비롯하여 자기 딸 양석공주와 제읍諸邑공주 및 위청의 아들 위항衛亢마저 주살한다. 이로 인해 위씨들은 몰락의 길을 걷고 나중에 결국 위태자 사건마저 터져 위황후와 위태자 유거劉據마저 세상을 떠난다.

11. 합기후

국명國名	합기合騎
	색은 〈표〉에는 (남군) 고성에 있다. 表在高城也 신주 〈위장군전〉 색은 주석에서 '읍명이 아니라 전공에 따른 것'이라고 했다.
후공侯功	호군도위로 세 번 대장군을 따라 흉노를 치고, 우현왕의 정庭(영역)에 이르러 왕을 잡은 공으로 후侯가 되었다. 원삭 6년 봉호를 더했다. 以護軍都尉三從大將軍擊匈奴 至右賢王庭 得王功侯 元朔六年益封
원광元光	
원삭元朔	2년간 공손오가 후侯로 있었다. 원삭 5년 4월 정미일, 후侯 공손오公孫敖의 원년이다. 二 五年四月丁未 侯公孫敖元年
원수元狩	1년간 공손오가 후侯로 있었다. 원수 2년, 후侯 공손오는 군사를 거느리고 흉노를 치기 위해 표기장군과 만나기로 약속했는데 나중에 겁 먹고 두려워하였다. 참수형이 마땅했으나 속죄금을 내고 서인이 되고 봉국은 없어졌다. 一 二年 侯將兵擊匈奴 與驃騎將軍期 後 畏懦 當斬 贖爲庶人 國除 신주 공손오는 태시 원년(서기전 96) 그 처가 강충의 무고사건에 연루되어 허리를 끊어 죽이는 요참腰斬으로 사형당하고 가족까지 멸족당했다.
원정元鼎	
원봉元封	
태초이후 太初已後	

12. 낙안후

국명國名	낙안樂安
	색은 안락安樂이며 〈표〉에는 창昌틈에 있다고 하고, 〈지리지〉에 창현은 낭야군에 있다고 한다. 安樂表在昌 地理志昌縣在琅邪也 신주 《한서》〈표〉에는 안락이라 했는데 잘못이며, 천승군(낙안군) 낙안현이다. 한무제가 제군齊郡을 나누어 천승군千乘郡을 설치했다. 지금의 위치는 산동山東성 고청현高青縣 일대이다.
후공侯功	경거장군으로 두 번 대장군 위청을 따라 흉노를 쳐서 왕을 잡은 공으로 후侯가 되었다. 以輕車將軍再從大將軍青擊匈奴得王功侯
원광元光	
원삭元朔	2년간 이채가 후侯로 있었다. 원삭 5년 4월 정미일, 후侯 이채李蔡의 원년이다. 二 五年四月丁未 侯李蔡元年
원수元狩	4년간 이채가 후侯로 있었다. 원수 5년, 후侯 이채가 승상이 되어 효경원 신도神道의 빈터를 침범한 죄로 (처벌받게 되자) 자살하고 봉국은 없어졌다. 四 五年 侯蔡以丞相盜孝景園神道壖地罪 自殺 國除
원정元鼎	
원봉元封	
태초이후 太初已後	

13. 용액후

국명國名	용액龍頟
	색은 〈지리지〉에는 현 이름으로 평원군에 속한다. 유씨는 음을 '액頟'이라 한다. 최길은 음을 '락洛'이라 하면서 "지금 하간에 용액촌龍頟村이 있는데, 궁고弓高와 서로 가깝다."라고 한다.

	地理志縣名 屬平原 劉氏音額 崔浩音洛 又云今河閒有龍額村 與弓高相近
	신주 지금의 산동성 제하현齊河縣 서북쪽이다.
후공侯功	도위로 대장군 위청을 따라 흉노를 치고 왕을 잡은 공으로 후侯가 되었다.
	원정 6년, 횡해장군으로 동월을 친 공으로 안도후가 되었다.
	以都尉從大將軍青擊匈奴得王功侯 元鼎六年 以橫海將軍擊東越功 爲 案道侯
	색은 《한서》〈표〉에는 용액과 안도 두 사람이 봉해졌다고 했으나 잘못이다. 위소는 안 도가 제군에 속한다고 한다.
	漢表以龍額案道爲二人封 非也 韋昭云案道屬齊也
원광元光	
원삭元朔	2년간 한열이 후侯로 있었다. 원삭 5년 4월 정미일, 후侯 한열韓說의 원년이다.
	二 五年四月丁未 侯韓說元年
	신주 옛 한왕 신의 후손인 궁고후 한퇴당韓頹當의 서손이다. 이 해에 궁고후는 끊어지 고 봉국이 없어졌다.
원수元狩	6년간 한열이 후侯로 있었다.
	六
원정元鼎	4년간 한열이 후侯로 있었다. 원정 5년, 후侯 한열이 주금에 걸려 봉국이 끊 겼다. 2년 만에 다시 후侯가 되었다.
	四 五年 侯說坐酎金 國絕 二歲復侯
원봉元封	6년간 한열이 안도후로 있었다. 원봉 원년 5월 정묘일, 안도후案道侯 한열韓 說의 원년이다.
	六 元年五月丁卯 案道侯說元年
	신주 《한서》〈표〉에는 한열의 시호를 '민愍'이라 한다. 위태자에게 억울하게 살해당했 기 때문이다.
태초이후 太初已後	13년간 한열이 안도후로 있었다. 정화 2년, 아들 한장韓長이 대를 이었다가 죄를 지어 끊겼다. (한장의) 아들 한증韓曾이 다시 봉해져 용액후가 되었다.
	十三 征和二年 子長代 有罪 絕 子曾復封爲龍額侯
	신주 《한왕신전》 집해 주석에는 한장의 이름을 '장군長君'이라 하는데, 아마 자字일 것 이다. 《한서》〈표〉에는 이름을 '흥興'이라 한다. 아울러 한증을 한흥의 아우라 하였는데, 여 기서는 《한왕신전》의 기록을 따라서 손자로 보았다.

14. 수성후

국명國名	수성隨成
	색은 〈표〉에는 천승군에 있다. 表在千乘 신주 〈지리지〉를 살펴보면 천승군에 이런 현은 없다. 《사기지의》에 따르면, 읍명이 아니고 대장군을 따라 공을 이루었으므로 이런 호칭을 붙였다고 한다.
후공侯功	교위로 세 번 대장군 위청을 따라 흉노를 쳐서 농오農吾를 공격하고 먼저 석루石累에 올랐으며, 왕을 잡은 공으로 후侯가 되었다. 以校尉三從大將軍靑擊匈奴 攻農吾 先登石累 得王功侯 색은 累의 발음은 '루壘'이며, 험조한 지명이다. 《한서》 〈표〉에는 '壘'이라 했는데, 발음은 '문門'이다. 累音壘 險阻地名 漢表作壘 音門 신주 《한서》 〈표〉에는 '攻辰吾先登石壘'이라 했다. 《사기지의》도 '진오辰吾'라고 했다. 안사고는 주석하여 진오수의 위쪽이라 했다.
원광元光	
원삭元朔	2년간 조불우가 후侯로 있었다. 원삭 5년 4월 을묘일, 후侯 조불우趙不虞의 원년이다. 二 五年四月乙卯 侯趙不虞元年
원수元狩	3년간 조불우가 후侯로 있었다. 원수 3년, 후侯 조불우가 정양도위가 되었는데, 흉노가 태수를 무찔렀지만 사실이 아닌 것으로 보고함으로써 기만하였다고 하여 봉국이 없어졌다. 三 三年 侯不虞坐爲定襄都尉 匈奴敗太守 以聞非實 謾 國除 색은 천자에게 올린 보고가 실제가 아닌 상황이어서, 기만한 것으로 여겨 봉국이 없어졌다는 말이다. 謾의 발음은 '만[木干反]'이다. 謂上聞天子狀不實 爲謾 而國除 謾音木干反
원정元鼎	
원봉元封	
태초이후 太初已後	

15. 종평후

국명國名	종평從平
	색은 〈표〉에는 (동군) 악창읍에 있다. 表在樂昌邑 신주 《사기지의》에 따르면, 대장군을 따라 흉노를 평정했다는 호칭이라 한다.
후공侯功	교위로 세 번 대장군 위청을 따라 흉노를 쳐서 우현왕의 정庭에 이르렀고, 여러 번 석산에 올라 진을 치고 먼저 진격한 공으로 후侯가 되었다. 以校尉三從大將軍靑擊匈奴 至右賢王庭 數爲鴈行上石山先登功侯
원광元光	
원삭元朔	2년간 공손융노가 후侯로 있었다. 원삭 5년 4월 을묘일, 공손융노公孫戎奴의 원년이다. 二 五年四月乙卯 公孫戎奴元年
원수元狩	1년간 공손융노가 후侯로 있었다. 원수 2년, 후侯 공손융노가 상군태수가 되어 군사를 일으켜 흉노를 쳤는데, 제때 보고하지 않고 기만하였다고 하여 봉국이 없어졌다. 一 二年 侯戎奴坐爲上郡太守發兵擊匈奴 不以聞 謾 國除
원정元鼎	
원봉元封	
태초이후 太初已後	

16. 섭지후

국명國名	섭지涉軹
	색은 《한서》〈표〉에 따르면 지軹는 서안西安에 있는데, '涉' 자가 없다. 〈지리지〉에 서안은 제군에 있다. 섭지후는 종표후 같은 것이며, 모두 시대의 뜻에 해당한다. 그래서 위 문장에 섭안후가 있다. 漢表軹在西安 無涉字 地理志西安在齊郡 涉軹猶從驃然 皆當時意也 故上文有涉安侯

	신주 섭후나 종표후는 모두 거기장군 위청衛靑이나 표기장군 곽거병을 따라 흉노를 정벌한 공으로 후侯에 봉해진 사람들로, 공이 있는 사람들을 후侯로 봉한 것이 곧 시대의 뜻이라는 것으로 이해할 수 있다.
후공侯功	교위로 세 번 대장군을 따라 흉노를 치고, 우현왕의 정庭에 이르러 왕을 잡고 부인 알지關氏를 사로잡은 공으로 후侯가 되었다. 以校尉三從大將軍擊匈奴 至右賢王庭 得王 虜關氏功侯
원광元光	
원삭元朔	2년간 이삭이 후侯로 있었다. 원삭 5년 4월 정미일, 후侯 이삭李朔의 원년이다. 二 五年四月丁未 侯李朔元年
원수元狩	원수 원년, 후侯 이삭이 죄를 지어 봉국이 없어졌다. 元年 侯朔有罪 國除
원정元鼎	
원봉元封	
태초이후 太初已後	

17. 의춘후

국명國名	의춘宜春 **색은** 〈지리지〉에는 현 이름으로 여남군에 속한다. 예장군에도 또한 그런 지명이 있다. 志縣名 屬汝南 豫章亦有之 **신주** 《사기지의》에 따르면, 예징 의춘에는 원광 6년 상사정왕의 아들 유성劉成이 봉해지고 존재했으므로 여남군 의춘이 된다. 따라서 지금의 하남성 학산현确山縣 동쪽이다.
후공侯功	부친인 대장군 위청이 우현왕을 격파한 공으로 후侯가 되었다. 以父大將軍靑破右賢王功侯
원광元光	
원삭元朔	2년간 위항이 후侯로 있었다. 원삭 5년 4월 정미일, 후侯 위항衛伉의 원년이다. 二 五年四月丁未 侯衛伉元年

원수元狩	6년간 위항이 후侯로 있었다. 六
원정元鼎	원정 원년, 위항이 조서를 위조하여 해는 없었지만 그 일로 봉국이 없어졌다. 元年 伉坐矯制不害 國除
원봉元封	
태초이후 太初已後	

18. 음안후

국명國名	음안陰安 색은 〈지리지〉에는 현 이름으로 위군에 속한다. 志縣名 屬魏 신주 지금의 하남성 청풍清豊 북쪽이다.
후공侯功	부친인 대장군 위청이 우현왕을 격파한 공으로 후侯가 되었다. 以父大將軍青破右賢王功侯
원광元光	
원삭元朔	2년간 위불의가 후侯로 있었다. 원삭 5년 4월 정미일, 후侯 위불의衛不疑의 원년이다. 二 五年四月丁未 侯衛不疑元年
원수元狩	6년간 위불의가 후侯로 있었다. 六
원정元鼎	4년간 위불의가 후侯로 있었다. 원정 5년, 후侯 위불의가 주금에 걸려 봉국이 없어졌다. 四 五年 侯不疑坐酎金 國除
원봉元封	
태초이후 太初已後	

19. 발간후

국명國名	발간發干
	색은 〈지리지〉에는 현 이름으로 동군에 속한다. 志縣名 屬東郡 신주 지금의 산동성 요성시聊城市 서북쪽이다.
후공侯功	부친인 대장군 위청이 우현왕을 격파한 공으로 후侯가 되었다. 以父大將軍青破右賢王功侯
원광元光	
원삭元朔	2년간 위등이 후侯로 있었다. 원삭 5년 4월 정미일, 후侯 위등衞登의 원년 이다. 二 五年四月丁未 侯衞登元年
원수元狩	6년간 위등이 후侯로 있었다. 六
원정元鼎	4년간 위등이 후侯로 있었다. 원정 5년, 후侯 위등이 주금에 걸려 봉국이 없 어졌다. 四 五年 侯登坐酎金 國除
원봉元封	
태초이후 太初已後	

20. 박망후

국명國名	박망博望
	색은 〈지리지〉에는 현 이름으로 남양군에 속한다. 志縣名 屬南陽 신주 그 성터가 지금의 하남성 방성方城에 있다.

후공侯功	교위로 대장군을 6년간 따르며 흉노를 격파했다. 물길 등 지리를 알고 앞서 사신이 되어 멀리 떨어져 있는 지역인 서역의 대하大夏에 다녀온 공으로 후侯가 되었다. 以校尉從大將軍六年擊匈奴 知水道 及前使絶域大夏功侯
원광元光	
원삭元朔	1년간 장건이 후侯로 있었다. 원삭 6년 3월 갑진일, 후侯 장건張騫의 원년이다. 一 六年三月甲辰 侯張騫元年
원수元狩	1년간 장건이 후侯로 있었다. 원수 2년, 후侯 장건이 장군으로 흉노를 치다 두려워 나약한 모습을 보였다. 참수에 해당했으나 속죄금을 내고 봉국이 없어졌다. 一 二年 侯騫坐以將軍擊匈奴畏懦 當斬 贖 國除 **신주** 선제 때 허순許舜을 새로 박망후로 봉한다.
원정元鼎	
원봉元封	
태초이후 太初已後	

21. 관군후

국명國名	관군冠軍 **색은** 현 이름으로 남양군에 속한다. 縣名 屬南陽 **신주** 지금의 하남성 등현鄧縣 서북쪽이다.
후공侯功	표요교위로 두 번 대장군을 따랐으며, 6년간 대장군을 따라 흉노를 치고, 흉노상국을 참수한 공으로 후侯가 되었다. 원수 2년, 표기장군으로 흉노를 치고 기련산祁連山에 이르러 봉호를 더했다. 항복한 혼야왕渾邪王을 맞이하여 봉호를 더했다. 좌우현왕을 쳐서 봉호를 더했다. 以嫖姚校尉再從大將軍 六年從大將軍擊匈奴 斬相國功侯 元狩二年 以驃騎將軍擊匈奴 至祁連 益封 迎渾邪王 益封 擊左右賢王 益封

	신주 〈위장군표기전〉에 따르면 곽거병은 네 차례 봉호를 더한다. 관군후로 봉해지면서 1,600호를 받았다. 원수 2년에 2,000호와 5,000호 그리고 (3년) 혼야왕을 맞이하여 1,700 호, 원수 4년에 5,800호를 더한다.
원광元光	
원삭元朔	1년간 곽거병이 경환후로 있었다. 원삭 6년 4월 임신일, 경환후景桓侯 곽거병 霍去病의 원년이다. 一 六年四月壬申 景桓侯霍去病元年
원수元狩	6년간 곽거병이 경환후로 있었다. 六
원정元鼎	6년간 곽선이 애후로 있었다. 원정 원년, 애후哀侯 곽선霍嬗의 원년이다. 六 元年 哀侯嬗元年
원봉元封	원봉 원년, 애후 곽선이 죽고 후사가 없어 봉국이 없어졌다. 元年 哀侯嬗薨 無後 國除 집해 서광이 말했다. "곽선의 자는 자후子侯로, 무제 때 봉거도위가 되었다. 태산에 올라 봉선을 했는데 갑자기 병으로 죽었다." 徐廣曰 嬗字子侯 爲武帝奉車 登封泰山 暴病死
태초이후 太初已後	

22. 중리후

국명國名	중리衆利 색은 중리는 〈표〉에 따르면 성양(당시는 낭야)의 고막姑莫인데, 뒤에 이즉헌伊即軒을 봉한 곳이다. 衆利 表在城陽姑莫 後以封伊即軒也 신주 지금의 산동성 제성시諸城市 서북쪽이다.
후공侯功	상곡태수로 네 번 대장군을 따랐으며, 6년간 흉노를 치고, 참수하고 포로로 잡은 것이 1,000수급 이상에 달한 공으로 후侯가 되었다. 以上谷太守四從大將軍 六年擊匈奴 首虜千級以上功侯

원광元光	
원삭元朔	1년간 학현이 后侯로 있었다. 원삭 6년 5월 임진일, 后侯 학현郝賢의 원년이다. 一 六年五月壬辰 侯郝賢元年 　색은　郝의 발음은 '학[呼惡反]'이고 또 발음은 '석釋'이다. 郝音呼惡反 又音釋
원수元狩	1년간 학현이 后侯로 있었다. 원수 2년, 后侯 학현이 상곡태수가 되어 변경을 지키는 군졸의 재물을 받고, 위에 기만하여 보고한 죄에 걸려 봉국이 없어졌다. 一 二年 侯賢坐爲上谷太守入戌卒財物上計謾罪 國除
원정元鼎	
원봉元封	
태초이후 太初已後	

원수 연간 제후표

1. 요후

국명國名	요遼
	색은 〈표〉에는 무양에 있다. 表在舞陽 신주 이로부터 세 요후가 나오는데, 양옥승은 손시어의 말을 다음과 같이 인용하고 있다. "遼·暸·暸·膫는 대개 한 곳의 땅이며, 글자가 잘못되었을 뿐이다. 먼저 난자를 봉하고 계속해서 차공을 봉하며 뒤에 또 이취(필취)를 봉하니 영천군 무양현의 향 이름이다. 《방여기요》에는 무양 동쪽에 요하가 있다고 일컬으니 땅은 대개 물로 인하여 이름을 얻었다." 지금의 하남성 무양현舞陽縣이다.
후공侯功	흉노의 조왕趙王으로 항복하여 후侯가 되었다. 以匈奴趙王降 侯 신주 조趙는 흉노 땅이 아닌데, 어찌 조왕이라 이름 했을까? 앞서 연왕 노관盧綰이 동호로 들어가 왕이 되었고 이를 이은 아들 노타보盧它父가 한에 항복하자 아곡후亞谷侯로 봉한 것처럼 조왕趙王이라 호칭한 것도 이러한 이유 때문일 수 있다.
원광元光	
원삭元朔	
원수元狩	1년간 훤자가 도후 조왕으로 있었다. 원수 원년 7월 임오일, 도후悼侯 조왕 훤자煖訾의 원년이다. 원수 2년, 훤자가 죽고 후사가 없어 봉국이 없어졌다. 一 元年七月壬午 悼侯趙王煖訾元年 二年 煖訾死 無後 國除 색은 煖의 발음은 '훤[況遠反]'이다. 訾는 '지[即侈反]'이다. 煖音況遠反 訾 即侈反

원정元鼎	
원봉元封	
태초이후 太初已後	

2. 의관후

국명國名	의관宜冠 [색은] 冠의 발음은 '관官'이다. 〈표〉에는 (낭야군) 창현에 있다. 冠音官 表在昌也 [신주] 지금의 산동성 제성시諸城市 북쪽이다. 〈표기전〉에서는 "좋은 호칭일 수도 있다." 라고 주석했다.
후공侯功	교위로 표기장군을 2년간 따르고 두 번 출전해 흉노를 친 공으로 후侯가 되 었다. 그러므로 흉노귀의후이다. 以校尉從驃騎將軍二年再出擊匈奴功侯 故匈奴歸義
원광元光	
원삭元朔	
원수元狩	2년간 고불식이 후侯로 있었다. 원수 2년 정월 을해일, 후侯 고불식高不識의 원년이다. 원수 4년, 고불식이 흉노를 쳤는데, 전쟁에서 군공을 세웠으나 수급을 부 풀려 실제와 맞지 않았다. 참수에 해당했으나 속죄금을 내고, 봉국은 없어 졌다. 二 二年正月乙亥 侯高不識元年 四年 不識擊匈奴 戰軍功增首不以實 當斬 贖罪 國除
원정元鼎	
원봉元封	
태초이후 太初已後	

3. 휘거후

국명國名	휘거煇渠
	<u>색은</u> 향 이름이다. 살피건대 〈표〉에는 (남양군) 노양에 있다. 煇는 아래위 음이 모두 휘徽이다. 鄉名 案 表在魯陽 煇 上下並音徽 **신주** 지금의 하남성 노산현魯山縣이다.
후공侯功	교위로 표기장군을 2년간 따랐으며 두 번 출전해 흉노를 쳐서 왕을 잡은 공으로 후侯가 되었다. 교위로 표기장군을 2년간 따르며 다섯 왕을 사로잡은 공으로 봉호를 더했다. 그러므로 흉노귀의후이다. 以校尉從驃騎將軍二年再出擊匈奴 得王功侯 以校尉從驃騎將軍二年 虜五王功 益封 故匈奴歸義
원광元光	
원삭元朔	
원수元狩	5년간 복다가 충후로 있었다. 원수 2년 2월 을축일, 충후忠侯 복다僕多의 원년이다. 五 二年二月乙丑 忠侯僕多元年 <u>색은</u> 《한서》〈표〉에는 '복붕僕朋'이라 했다. 여기서는 '僕多'라 하여 〈위청전〉과 같다. 漢表作僕朋 此云僕多 與衞青傳同
원정元鼎	3년간 복다가 후侯로 있었다. 3년간 복전이 후侯로 있었다. 원정 4년, 후侯 복전僕電의 원년이다. 三 三 四年 侯電元年
원봉元封	6년간 복전이 후侯로 있었다. 六
태초이후 太初已後	4년간 복전이 후侯로 있었다. 四

4. 종표후

국명國名	종표從驃
	[색은] 표기장군을 따라서 봉함을 얻었기에 '종표'라고 했다. 뒤에 착야후로 봉해졌다. 以從驃騎得封 故曰從驃 後封浞野侯
후공侯功	사마로 두 번 표기장군을 따라 출정했으며 여러 차례 흉노 땅으로 깊이 들어가 두 왕자와 기장을 잡은 공으로 후侯가 되었다. 흉하장군으로 원봉 3년에 누란樓蘭을 격파한 공으로 다시 후侯가 되었다. 以司馬再從驃騎將軍數深入匈奴 得兩王子騎將功侯 以匈河將軍元封三年擊樓蘭功 復侯
	[신주] 〈표기전〉에 나오는 조서로 보건대, '得兩王子騎將'을 '得兩王千騎將'이라 하여 두 왕과 천기장이라 해야 한다.
원광元光	
원삭元朔	
원수元狩	5년간 조파노가 후侯로 있었다. 원수 2년 5월 정축일, 후侯 조파노趙破奴의 원년이다. 五 二年五月丁丑 侯趙破奴元年
원정元鼎	4년간 조파노가 후侯로 있었다. 원정 5년, 후侯 조파노가 주금에 걸려 봉국이 없어졌다. 四 五年 侯破奴坐酎金 國除
원봉元封	착야浞野로 봉국이 바뀌어 4년간 조파노가 후侯로 있었다. 원봉 3년, 후侯 조파노趙破奴의 원년이다. 浞野四 三年 侯破奴元年
태초이후 太初已後	1년간 조파노가 착야후로 있었다. 태초 2년, 후侯 조파노가 준계장군으로 흉노를 공격하다가 군대를 잃고 포로로 잡혀 봉국이 없어졌다. 一 二年 侯破奴以浚稽將軍擊匈奴 失軍 爲虜所得 國除

5. 하휘후

국명國名	하휘下麾 [색은] 〈표〉에는 (하동군) 의지猗氏에 있다. 麾의 발음은 '휘撝'다. 表在猗氏 麾音撝 [신주] 지금의 산서성 임의현臨猗縣 남쪽이다.
후공侯功	흉노 왕으로 항복하여 후侯가 되었다. 以匈奴王降侯 [신주] 여기서부터 상락후까지 모두 원수 2년 가을에 항복한 혼야왕과 그 비왕들이다. 양옥승은 어찌 혼야왕보다 비왕이 먼저 봉해졌으며 항복하기 이전에 봉해졌는지 의문을 품고 '원수 3년 10월 임오'가 옳다고 한다.
원광元光	
원삭元朔	
원수元狩	5년간 호독니가 후侯로 있었다. 원수 2년 6월 을해일, 후侯 호독니呼毒尼의 원년이다. 五 二年六月乙亥 侯呼毒尼元年
원정元鼎	4년간 호독니가 후侯로 있었다. 2년간 이즉헌이 양후로 있었다. 원정 5년, 양후煬侯 이즉헌伊即軒의 원년이다. 四 二 五年 煬侯伊即軒元年
원봉元封	6년간 이즉헌이 양후로 있었다. 六
태초이후 太初已後	4년간 이즉헌이 양후로 있었다. 四

6. 탑음후

국명國名	탑음灄陰 색은 〈표〉에는 평원군에 있다. 表在平原 신주 지금의 산동성 우성시禹城市 동북쪽이다.
후공侯功	흉노 혼야왕渾邪王으로 무리 10만을 거느리고 항복하여 후侯가 되었으며, 식읍은 1만 호다. 以匈奴渾邪王將眾十萬降侯 萬戶
원광元光	
원삭元朔	
원수元狩	4년간 혼야가 정후로 있었다. 원수 2년 7월 임오일, 정후定侯 혼야渾邪의 원년이다. 四 二年七月壬午 定侯渾邪元年 신주 양옥승의 말처럼 2년에 봉했다고 한 것은 착오 같다. 가을에 항복 의사를 표시하고 항복한 사람들을 정리하려면 적어도 2년 늦가을(9월)이나 3년 겨울(1~3)이어야 한다. 또 혼야왕이 제일 먼저 봉해져야 한다. 《한서》〈표〉에도 3년 7월이라 한다. 양옥승은 7월이 아니라 이하 모두 10월이라고 한다.
원정元鼎	6년간 소가 위후로 있었다. 원정 원년, 위후魏侯 소蘇의 원년이다. 六 元年 魏侯蘇元年 색은 위魏는 시호이고 소蘇는 이름이다. 《시법》에는 이기고 행군하는 것을 위魏라 한다. 魏 謚 蘇 名 謚法克捷行軍曰魏也
원봉元封	5년간 소가 위후로 있었다. 원봉 5년, 위후 소가 죽고 후사가 없어 봉국이 없어졌다. 五 五年 魏侯蘇薨 無後 國除
태초이후 太初已後	

7. 휘거후

국명國名	휘거煇渠
	색은 위소가 말했다. "복다僕多가 봉해진 곳을 '휘거煇渠'라 했고, 응비應庇가 봉해진 곳을 '혼거渾渠'라 한다. 두 곳 모두 향 이름이고, 노양현에 있다. 지금 모두 '煇'라 쓰는 건 잘못이다." 살피건대, 《한서》〈표〉와 〈열전〉에도 '휘煇'라 했고, 공문상은 "함께 원수 연간에 봉했으며, 즉 한 읍을 나누어 두 사람을 봉했다."라고 했는데, 그(위소)의 뜻이 얻어졌다. 韋昭云 僕多所封則作煇渠 應庇所封則作渾渠 二者皆鄕名 在魯陽 今並作煇 誤也 案 漢表及傳亦作煇 孔文祥云同是元狩中封 則一邑分封二人也 其義爲得 신주 《사기지의》에서는 《광운》의 '혼량渾梁은 후侯 복다'를 인용하여 교정하여, 복다가 봉해진 곳은 '혼량'이고 편자가 봉해진 곳은 '휘거'이며, 두 향이 모두 노양에 있다고 한다.
후공侯功	흉노왕으로 항복하여 후侯가 되었다. 以匈奴王降侯
원광元光	
원삭元朔	
원수元狩	4년간 편자가 도후로 있었다. 원수 3년 7월(10월) 임오일, 도후悼侯 편자扁訾의 원년이다. 四 三年七月壬午 悼侯扁訾元年 색은 《한서》〈표〉에는 '도후 응비應庇'라 했다. 庇는 '피[必二反]'로 읽는다. 扁은 '편[必顯反]'이다. 訾는 '지[子移反]'다. 漢表作悼侯應庇 庇讀必二反 扁 必顯反 訾 子移反 신주 〈표기전〉에도 《한서》와 비슷하게 '응비鷹庇'라 한다.
원정元鼎	1년간 편자가 도후로 있었다. 원정 2년, 후侯 편자가 죽고 후사가 없어 봉국이 없어졌다. 一 二年 侯扁訾死 無後 國除
원봉元封	
태초이후 太初已後	

8. 하기후

국명國名	하기河綦
	색은 〈표〉에는 제남군에 있다.
	表在濟南郡
	신주 지금은 그 위치가 불명하다.
후공侯功	흉노 우왕(우현왕)으로 혼야왕과 함께 항복하여 후侯가 되었다.
	以匈奴右王與渾邪降侯
원광元光	
원삭元朔	
원수元狩	4년간 오리가 강후로 있었다. 원수 3년 7월(10월) 임오일, 강후康侯 오리烏犂의 원년이다.
	四 三年七月壬午 康侯烏犂元年
	색은 《한서》에는 '금리禽犂'라 했다.
	漢書作禽犂
	신주 〈표기전〉에도 《한서》와 같은 음이다
원정元鼎	2년간 오리가 강후로 있었다.
	4년간 여리제가 후侯로 있었다. 원정 3년, 여리제餘利鞮의 원년이다.
	二
	四 三年 餘利鞮元年
원봉元封	6년간 여리제가 후侯로 있었다.
	六
태초이후 太初已後	4년간 여리제가 후侯로 있었다.
	四

9. 상락후

국명國名	상락常樂
	색은 〈표〉에는 제남군에 있다.
	表在濟南
	신주 지금은 그 위치가 불명하다.
후공侯功	흉노 대당호로 혼야왕과 함께 항복하여 후侯가 되었다.
	以匈奴大當戶與渾邪降侯
원광元光	
원삭元朔	
원수元狩	4년간 조조가 비후로 있었다. 원수 3년 7월(10월) 임오일, 비후肥侯 조조稠雕의 원년이다.
	四 三年七月壬午 肥侯稠雕元年
	색은 《한서》〈위청전〉에는 '조리彫離'라 했다.
	漢書衞青傳作彫離
	신주 〈표기전〉에는 '동리銅離'라 한다.
원정元鼎	6년간 조조가 비후로 있었다.
	六
원봉元封	6년간 조조가 비후로 있었다.
	六
태초이후 太初已後	2년간 조조가 비후로 있었다. 태초 3년, 금후今侯 광한廣漢의 원년이다.
	二 太初三年 今侯廣漢元年

10. 부리후

국명國名	부리符離 [색은] 현 이름으로 패군에 속한다. 縣名 屬沛郡 [신주] 지금의 안휘성 숙주시宿州市 동북쪽이다.
후공侯功	우북평태수로 표기장군을 4년간 따르며 우왕(우현왕)을 쳤고, 치중輜重을 거느리고 때맞추어 만났으며 수급과 포로 2,700명을 얻은 공으로 후侯가 되었다. 以右北平太守從驃騎將軍四年擊右王 將重會期 首虜二千七百人功侯 [색은] 장중將重의 '장將' 자는 앞에 속해야 하고('右王將'), '중重'은 거듭하는 것이다. 회기會期는 다시 만날 것을 기약한다는 말이다. 將은 거성이고 重은 평성이다. 將重 將字上屬 重者再也 會期 言再赴期 將 去聲 重 平聲 [신주] 양옥승에 따르면, '重'은 보급수레(보급부대)인 '치중輜重'이며 '會期'는 약속한 때에 맞추어 만났다는 말이다.
원광元光	
원삭元朔	
원수元狩	3년간 노박덕이 후侯로 있었다. 원수 4년 6월 정묘일, 후侯 노박덕路博德의 원년이다. 三 四年六月丁卯 侯路博德元年
원정元鼎	6년간 노박덕이 후侯로 있었다. 六
원봉元封	6년간 노박덕이 후侯로 있었다. 六
태초이후 太初已後	태초 원년, 후侯 노박덕이 죄를 지어 봉국이 없어졌다. 太初元年 侯路博德有罪 國除

11. 장후

국명國名	장壯 색은 〈표〉에는 동평군에 있다. 表在東平 신주 《한서》〈표〉에는 '두杜'라고 했다. 〈고조공신후자연표〉에 장후 허천許倩이 있고 이때까지 그의 봉국이 남아 있었다. 역시 《한서》〈표〉에는 중평重平에 있다고 하는데, 중평은 발해군 속현이다. 지금의 산동성 덕주시德州市 동북쪽이다.
후공侯功	흉노에서 귀의한 인순왕因淳王으로 표기장군을 4년간 따르며 좌왕(좌현왕)을 쳤고, 소수의 병력으로 많은 적을 격파했으며 포로 2,100명을 잡은 공으로 후侯가 되었다. 以匈奴歸義因淳王從驃騎將軍四年擊左王 以少破多 捕虜二千一百人功侯
원광元光	
원삭元朔	
원수元狩	3년간 복륙지가 후侯로 있었다. 원수 4년 6월 정묘일, 후侯 복륙지復陸支의 원년이다. 三 四年六月丁卯 侯復陸支元年
원정元鼎	2년간 복륙지가 후侯로 있었다. 4년간 복언이 금후로 있었다. 원정 3년, 금후今侯 복언復偃의 원년이다. 二 四 三年 今侯偃元年
원봉元封	6년간 복언이 금후로 있었다. 六
태초이후 太初已後	4년간 복언이 금후로 있었다. 四

12. 중리후

국명國名	중리衆利 색은 〈표〉와 〈지리지〉에는 들어있지 않다. 表志闕 신주 앞서 학현郝賢이 봉해졌다가 원수 2년에 폐지된 봉국이다. 낭야군 고막현에 있는 향 이름이다. 지금의 산동성 제성시諸城市 서북쪽이다.
후공侯功	흉노에서 귀의한 누전왕樓剸王으로 표기장군을 4년간 따르며 우현왕을 격파하고, 손수 검을 뽑아 싸운 공으로 후侯가 되었다. 以匈奴歸義樓剸王從驃騎將軍四年擊右王 手自劍合功侯 색은 (누전왕의) 剸은 '전專'으로 발음한다. 剸音專 색은 '手自劍'은 손수 그 왕을 찌르고 맞붙어 싸운 공으로 봉해진 것을 말한다. 手自劍 謂手刺其王而合戰 封
원광元光	
원삭元朔	
원수元狩	3년간 이즉헌이 질후로 있었다. 원수 4년 6월 정묘일, 질후質侯 이즉헌伊即軒의 원년이다. 三 四年六月丁卯 質侯伊即軒元年 색은 軒은 음이 '건[居言反]'이다. 軒 居言反
원정元鼎	6년간 이즉헌이 질후로 있었다. 六
원봉元封	5년간 이즉헌이 질후로 있었다. 1년간 당시가 금후로 있었다. 원봉 6년, 금후今侯 당시當時의 원년이다. 五 一 六年 今侯當時元年
태초이후 太初已後	4년간 당시가 금후로 있었다. 四

13. 상성후

국명國名	상성湘成
	색은 〈표〉에는 (남양군) 양성현에 있다.
	表在陽城
	신주 지금은 그 위치가 불명하다.
후공侯功	흉노 부리왕符離王으로 항복하여 후侯가 되었다.
	以匈奴符離王降侯
원광元光	
원삭元朔	
원수元狩	3년간 창도락이 후侯로 있었다. 원수 4년 6월 정묘일, 후侯 창도락敝屠洛의 원년이다.
	三 四年六月丁卯 侯敝屠洛元年
	신주 《한서》 〈표〉에는 상성·산·장마 세 후侯가 의양후 다음에 있으며, 봉한 날짜가 6월 병자이다. 양옥승은 《사기》가 잘못되었다고 한다.
원정元鼎	4년간 창도락이 후侯로 있었다. 원정 5년, 후侯 창도락이 주금에 걸려 봉국이 없어졌다.
	四 五年 侯敝屠洛坐酎金 國除
원봉元封	
태초이후太初已後	

14. 의양후

국명國名	의양義陽
	색은 〈표〉에는 (남양군) 평지平氏에 있다.
	表在平氏
	신주 지금의 하남성 당하현唐河縣 동남쪽이다.

후공侯功	북지도위로 표기장군을 4년간 따르며 좌현왕을 치고 왕을 잡은 공으로 후侯가 되었다. 以北地都尉從驃騎將軍四年擊左王 得王功侯
원광元光	
원삭元朔	
원수元狩	3년간 위산이 후侯로 있었다. 원수 4년 6월 정묘일, 후侯 위산衞山의 원년이다. 三 四年六月丁卯 侯衞山元年
원정元鼎	6년간 위산이 후侯로 있었다. 六
원봉元封	6년간 위산이 후侯로 있었다. 六
태초이후 太初已後	4년간 위산이 후侯로 있었다. 四

15. 산후

국명國名	산散 　색은　〈표〉에는 (영천군) 양성현에 있다. 表在陽城 　신주　지금은 그 위치가 불명하다.
후공侯功	흉노도위로 항복하여 후侯가 되었다. 以匈奴都尉降侯
원광元光	
원삭元朔	
원수元狩	3년간 동도오가 후로 있었다. 원수 4년 6월 정묘일, 후侯 동도오董荼吾의 원년이다. 三 四年六月丁卯 侯董荼吾元年 　색은　유씨는 荼는 발음을 '도[大姑反]'라 하고, 이름은 잘못되었다고 했다. 지금 그 사람 이름을 '여오余吾'라 하며, 여오는 흉노의 하천 이름이다. 劉氏荼音大姑反 蓋誤耳 今以其人名余吾 余吾 匈奴水名也

원정元鼎	6년간 동도오가 후侯로 있었다. 六
원봉元封	6년간 동도오가 후侯로 있었다. 六
태초이후 太初已後	2년간 동도오가 후侯로 있었다. 2년간 안한이 금후로 있었다. 태초 3년, 금후今侯 안한安漢의 원년이다. 二 二 太初三年 今侯安漢元年

16. 장마후

국명國名	장마臧馬 색은 〈표〉에는 (낭야군) 주허현에 있다. 表在朱虛 신주 지금의 산동성 임구현臨朐縣 동남쪽이다.
후공侯功	흉노 왕으로 항복하여 후侯가 되었다. 以匈奴王降侯
원광元光	
원삭元朔	
원수元狩	1년간 연년이 강후로 있었다. 원수 4년 6월 정묘일, 강후康侯 연년延年의 원 년이다. 원수 5년, 후侯 연년이 죽고 후사를 두지 못하여 봉국이 없어졌다. 一 四年六月丁卯 康侯延年元年 五年 侯延年死 不得置後 國除 신주 《한서》〈표〉에는 '조연년雕延年'이라 한다.
원정元鼎	
원봉元封	
태초이후 太初已後	

원정 연간 제후표

1. 주자남군후

국명國名	주자남군周子南君
	색은 〈표〉에는 (영천군) 장사현에 있다.
	表在長社
	신주 지금의 하남성 장갈시長葛市 동북쪽이다.
후공侯功	주나라의 후예를 계속 잇도록 봉했다.
	以周後紹封
원광元光	
원삭元朔	
원수元狩	
원정元鼎	3년간 희가가 후侯로 있었다. 원정 4년 11월 정묘일, 후侯 희가姬嘉의 원년이다.
	三 四年十一月丁卯 侯姬嘉元年
원봉元封	3년간 희가가 후侯로 있었다.
	3년간 희매가 후侯로 있었다. 원봉 4년, 군후君侯 희매姬買의 원년이다.
	三
	三 四年君買元年
	신주 희매(?~기원전 84년)는 《한서》에는 희치姬置로 나온다.
태초이후太初已後	4년간 희매가 후侯로 있었다.
	四

2. 낙통후

국명國名	낙통樂通
	색은 위소는 임회군 고평현에 있다고 한다. 韋昭云 在臨淮高平 신주 지금의 강소성 사홍현泗洪縣 동남쪽이다.
후공侯功	방술로 후侯가 되었다. 以方術侯
원광元光	
원삭元朔	
원수元狩	
원정元鼎	1년간 오리장군 난대가 후侯로 있었다. 원정 4년 4월 을사일, 후侯 오리장군 난대欒大의 원년이다. 원정 5년, 후侯 난대가 죄를 지어 참수당하고 봉국이 없어졌다. 一 四年四月乙巳 侯五利將軍欒大元年 五年 侯大有罪 斬 國除
원봉元封	
태초이후 太初已後	

3. 요후

국명國名	요瞭
	색은 발음은 '요遼'이다. 〈표〉에는 (영천군) 무양현에 있다. 音遼 表在舞陽 신주 지금의 하남성 무양현舞陽縣이다.
후공侯功	흉노 귀의왕으로 항복하여 후侯가 되었다. 以匈奴歸義王降侯

원광元光	
원삭元朔	
원수元狩	
원정元鼎	1년간 차공이 후侯로 있었다. 원정 4년 6월 병오일, 후侯 차공次公의 원년이다. 원정 5년, 후侯 차공이 주금에 걸려 봉국이 없어졌다. 一 四年六月丙午 侯次公元年 五年 侯次公坐酎金 國除
원봉元封	
태초이후 太初已後	

4. 술양후

국명國名	술양術陽 색은 술양述陽이며, 〈표〉에는 하비군에 있다. 述陽 表在下邳 신주 지금의 강소성 비주시邳州市 서남쪽이다.
후공侯功	남월왕의 형으로 월나라 고창후이다. 以南越王兄越高昌侯
원광元光	
원삭元朔	
원수元狩	
원정元鼎	1년간 건덕이 후侯로 있었다. 원정 4년, 후侯 건덕建德의 원년이다. 원정 5년, 후侯 건덕이 죄를 지어 봉국이 없어졌다. 一 四年 侯建德元年 五年 侯建德有罪 國除
원봉元封	

5. 용항후

국명國名	용항龍亢
	색은 진작은 "용龍이며 기록에 빠졌다."라고 했는데, 《좌전》에는 "제나라 후작이 용을 포위했다."라고 하니 용은 노나라 읍이다. 소해는 말했다. "광덕이 봉해진 땅은 곧 용龍이며, '亢'이 있는 것은 잘못이다."
	晉灼云龍 闕 左傳齊侯圍龍 龍 魯邑 蕭該云廣德所封土是龍 有亢者誤也
	신주 〈지리지〉에는 패국 용항현이 있다. 용항은 지금의 안휘성 방부시蚌埠市 내의 용항진龍亢鎭이다. 노국에 있다고 본 색은 주석은 〈지리지〉와 다르다.
후공侯功	교위 규악摎樂이 남월을 공격하다가 전사하자 아들이 후侯가 되었다.
	以校尉摎樂擊南越 死事 子侯
	색은 摎는 발음이 '규[居虯反]'이다.
	摎 居虯反
원광元光	
원삭元朔	
원수元狩	
원정元鼎	2년간 규광덕이 후侯로 있었다. 원정 5년 3월 임오일, 후侯 규광덕摎廣德의 원년이다.
	二 五年三月壬午 侯廣德元年
원봉元封	6년간 규광덕이 후侯로 있었다. 원봉 6년, 후侯 규광덕이 죄를 지어 주살당하여 봉국이 없어졌다.
	六 六年 侯廣德有罪誅 國除
태초이후 太初已後	

6. 성안후

국명國名	성안成安
	색은 〈표〉에는 (영천군) 겹현에 있다고 했고, 〈지리지〉에는 진류군에 있다고 했다. 表在郟 志在陳留
	신주 《사기지의》에 따르면 〈지리지〉에는 영천과 진류군 두 곳에 모두 성안현이 있는데, 《한서》〈표〉에는 겹에 있다고 하고 대개 성안은 겹을 나누어 설치한 현이며 한천추가 영천 사람이니 영천 성안에 봉해졌다고 한다. 성안은 하남성 여주시汝州市 동남쪽에 있다.
후공侯功	교위 한천추가 남월을 공격하다가 전사하자 아들이 후侯가 되었다. 以校尉韓千秋擊南越死事 子侯
원광元光	
원삭元朔	
원수元狩	
원정元鼎	2년간 한연년이 후侯로 있었다. 원정 5년 3월 임자일, 후侯 한연년韓延年의 원년이다. 二 五年三月壬子 侯延年元年
	신주 원정 5년 3월 임오일이 후侯 한연년 원년이라고 보는 견해도 있다.
원봉元封	6년간 한연년이 후侯로 있었다. 원봉 6년, 후侯 한연년이 죄를 지어 봉국이 없어졌다. 六 六年 侯延年有罪 國除
태초이후 太初已後	

7. 곤후

국명國名	곤昆
	색은 〈표〉에는 거록군에 있다. 表在鉅鹿
	신주 지금의 하북성 동남부이다.

후공侯功	속국대차거로 흉노를 친 공으로 후侯가 되었다.
	以屬國大且渠擊匈奴功侯
원광元光	
원삭元朔	
원수元狩	
원정元鼎	2년간 거복루가 後侯로 있었다. 원정 5년 5월 무술일, 後侯 거복루渠復累의 원년이다.
	二 五年五月戊戌 侯渠復累元年
	색은 악언루이며 累의 발음은 '뤼[力委反]'다. 안사고는 발음을 '루[力追反]'라고 했다.
	樂彦累 力委反 顏師古音力追反
원봉元封	6년간 거복루가 後侯로 있었다.
	六
태초이후太初已後	4년간 거복루가 後侯로 있었다.
	四

8. 기후

국명國名	기騏
	색은 〈지리지〉에는 하동군에 속하고, 〈표〉에는 (하동군) 북굴현에 있다.
	志屬河東 表在北屈
	신주 지금의 산서성 신강현新絳縣 서북쪽이다.
후공侯功	속국기로 흉노를 치고, 선우의 형을 사로잡은 공으로 후侯가 되었다.
	以屬國騎擊匈奴 捕單于兄功侯
원광元光	
원삭元朔	
원수元狩	

원정元鼎	2년간 구기가 후侯로 있었다. 원정 5년 6월 임자일, 후侯 구기駒幾의 원년이다. 二 五年六月壬子 侯駒幾元年 집해 일설에는 '기기'라고 했다. 一云騎幾
원봉元封	6년간 구기가 후侯로 있었다. 六
태초이후 太初已後	4년간 구기가 후侯로 있었다. 四

9. 양기후

국명國名	양기梁期 색은 〈지리지〉에는 위군에 속한다. 志屬魏郡 신주 지금의 하북성 자현磁縣 동북쪽이다.
후공侯功	속국도위로 5년간 출전하여 흉노를 치고, 복루復累와 치만絺縵 등을 잡은 공으로 후侯가 되었다. 以屬國都尉五年閒出擊匈奴 得復累絺縵等功侯
원광元光	
원삭元朔	
원수元狩	
원정元鼎	2년간 임파호가 후侯로 있었다. 원정 5년 7월 신사일, 후侯 임파호任破胡의 원년이다. 二 五年七月辛巳 侯任破胡元年
원봉元封	6년간 임파호가 후侯로 있었다. 六

태초이후 太初已後	4년간 임파호가 후侯로 있었다. 四

10. 목구후

국명國名	목구牧丘 색은 〈표〉에는 평원군에 있다. 表在平原 신주 지금의 산동성 평원현平原縣이다.
후공侯功	승상으로 선친 만석군 석분처럼 덕을 쌓고 행실을 삼간 덕에 후侯가 되었다. 以丞相及先人萬石積德謹行侯
원광元光	
원삭元朔	
원수元狩	
원정元鼎	2년간 석경이 각후로 있었다. 원정 5년 9월 정축일, 각후恪侯 석경石慶의 원년이다. 二 五年九月丁丑 恪侯石慶元年 신주 《한서》〈표〉와 〈만석전〉에는 시호를 '념恬'이라 한다.
원봉元封	6년간 석경이 후侯로 있었다. 六
태초이후 太初已後	2년간 석경이 후侯로 있었다. 2년간 석덕이 후侯로 있었다. 태초 3년, 후侯 석덕石德의 원년이다. 二 二 三年 侯德元年 신주 〈만석전〉에는 태상이 되었다가 죄를 지어 죽을 뻔했으나 속죄금을 내고 평민이 되었다고 한다. 그 부분은 후대의 가필이다. 《한서》〈백관공경표〉에는 태초 3년에 태상이 되고 3년이 지나 천한 2년에 물러난다.

11. 요후

국명國名	요瞭
	색은 〈표〉에는 하비군에 있다. 처음에 차공을 봉했다가 또 필취를 봉했다. 表在下邳 初以封次公 又封畢取 신주 요瞭는 영천군 무양현에 속하며, 하비에 있다는 것은 잘못이다. 지금의 하남성 중남부에 있었다.
후공侯功	남월의 장수로 항복하여 후侯가 되었다. 以南越將降侯
원광元光	
원삭元朔	
원수元狩	
원정元鼎	1년간 필취가 侯로 있었다. 원정 6년 3월 을유일, 후侯 필취畢取의 원년이다. 一 六年三月乙酉 侯畢取元年
원봉元封	6년간 필취가 후侯로 있었다. 六
태초이후 太初已後	4년간 필취가 후侯로 있었다. 四

12. 장량후

국명國名	장량將梁
	색은 〈표〉와 〈지리지〉에는 들어있지 않다. 表志闕 신주 〈건원이래왕자후자연표〉에는 중산정왕의 아들 유조평劉朝平이 원삭 2년에 봉해졌다가 원정 5년에 폐지된다. 《한서》〈표〉에는 탁군에 있다고 했다. 《사기지의》에서도 《수경주》를 인용하여 탁군涿郡 광망현廣望縣에 있는 향 이름이라고 했다. 지금의 하북성 고양현高陽縣 서쪽이다.

후공侯功	누선장군으로 남월을 공격하면서 철퇴와 창날로 적을 물러가게 하여 후侯가 되었다. 以樓船將軍擊南越 椎鋒卻敵侯
원광元光	
원삭元朔	
원수元狩	
원정元鼎	1년간 양복이 후侯로 있었다. 원정 6년 3월 을유일, 후侯 양복楊僕의 원년이다. 一 六年三月乙酉 侯楊僕元年
원봉元封	3년간 양복이 후侯로 있었다. 원봉 4년, 후侯 양복이 죄를 지어 봉국이 없어졌다. 三 四年 侯僕有罪 國除 **신주** 위만조선을 치다가 순체와 다툰 죄에 걸렸다.
태초이후 太初已後	

13. 안도후

국명國名	안도安道 **색은** 《한서》〈표〉에는 "남양군에 있다."라고 했다. 表在南陽 **신주** 지금은 그 위치가 불명하다.
후공侯功	남월 게양령揭陽令으로 한나라 군대가 이르렀다는 것을 듣고 스스로 거취를 정해 항복하여 후侯가 되었다. 以南越揭陽令聞漢兵至自定降侯
원광元光	
원삭元朔	
원수元狩	

원정元鼎	1년간 사정이 후侯로 있었다. 원정 6년 3월 을유일, 후侯 계양령 사정史定의 원년이다. 一 六年三月乙酉 侯揭陽令史定元年
원봉元封	6년간 사정이 후侯로 있었다. 六
태초이후 太初已後	4년간 사정이 후侯로 있었다. 四

14. 수도후

국명國名	수도隨桃
	색은 〈표〉에는 남양군에 있다. 表在南陽 신주 남양 소속이라 한 것은 현재 〈남월전〉에는 위소의 주석에 남아있다. 지금은 그 위치가 불명하다.
후공侯功	남월 창오왕으로 한나라 군대가 이르렀다는 것을 듣고 항복하여 후侯가 되었다. 以南越蒼梧王聞漢兵至降侯
원광元光	
원삭元朔	
원수元狩	
원정元鼎	1년간 조광이 후侯로 있었다. 원정 6년 4월 계해일, 후侯 조광趙光의 원년이다. 一 六年四月癸亥 侯趙光元年
원봉元封	6년간 조광이 후侯로 있었다. 六
태초이후 太初已後	4년간 조광이 후侯로 있었다. 四

15. 상성후

국명國名	상성湘成
	
	  색은 〈표〉에는 (남양군) 도양현에 있다.
	表在堵陽
	  신주 지금의 하남성 방성현方城縣 동쪽이다.

후공侯功	남월 계림감으로 한나라 군대가 번우番禺를 격파했다는 것을 알고, 구락甌駱의 병력 40만 남짓을 회유해 항복하여 후侯가 되었다. 以南越桂林監聞漢兵破番禺 諭甌駱兵四十餘萬降侯
원광元光	
원삭元朔	
원수元狩	
원정元鼎	1년간 거옹이 후侯로 있었다. 원정 6년 5월 임신일, 후侯 계림감 거옹居翁의 원년이다. 一 六年五月壬申 侯監居翁元年 색은 監은 관직이고 居는 성이며, 翁은 자다. 監 官也 居 姓 翁 字
원봉元封	6년간 거옹이 후侯로 있었다. 六
태초이후 太初已後	4년간 거옹이 후侯로 있었다. 四

16. 해상후

국명國名	해상海常
	색은 〈표〉에는 낭야군에 있다. 表在琅邪 신주 〈건원이래왕자후자연표〉에는 성양공왕의 아들 유복劉福이 원삭 4년에 봉해졌다가 원정 5년에 폐해진다. 유복은 나중에 동월을 치고 요앵후로 봉해진다. 해상의 지금 위치는 명확하지 않다.
후공侯功	복파장군의 사마가 되어 남월왕 건덕을 사로잡은 공으로 후侯가 되었다. 以伏波司馬捕得南越王建德功侯
원광元光	
원삭元朔	
원수元狩	
원정元鼎	1년간 소홍이 장후로 있었다. 원정 6년 7월 을유일, 장후莊侯 소홍蘇弘의 원년이다. 一 六年七月乙酉 莊侯蘇弘元年
원봉元封	6년간 소홍이 장후로 있었다. 六
태초이후 太初已後	태초 원년, 후侯 소홍이 죽고 후사가 없어 봉국이 없어졌다. 太初元年 侯弘死 無後 國除

원봉 연간 제후표

1. 북석후

국명國名	북석北石
	색은 《한서》〈표〉에는 '외석外石'이라 했고 제남군에 있다. 漢表作外石原 在濟南 신주 《한서》〈표〉에는 제양에 있다고 했다. 제양은 진류군 속현으로 지금의 위치는 불명하다.
후공侯功	옛 동월의 연후衍侯로 요왕繇王을 도와 여선餘善을 벤 공으로 후侯가 되었다. 以故東越衍侯佐繇王斬餘善功侯
원광元光	
원삭元朔	
원수元狩	
원정元鼎	
원봉元封	6년간 오양이 후侯로 있었다. 원봉 원년 정월 임오일, 후侯 오양吳陽의 원년이다. 六 元年正月壬午 侯吳陽元年
태초이후 太初已後	3년간 오양이 후侯로 있었다. 태초 4년, 금후今侯 오수吳首의 원년이다. 三 太初四年 今侯首元年

2. 하력후

국명國名	하력下酈
	색은 《한서》〈표〉에는 '부력酈'라 한다.
	漢表作酈
	신주 《사기지의》에서는 《수경주》를 인용하여 남양군 역현酈縣이라 한다. 지금의 위치는 하남성 남소현南召縣 남쪽이다.
후공侯功	옛 구락 부족의 좌장으로 서우왕西于王을 벤 공으로 후侯가 되었다.
	以故甌駱左將斬西于王功侯
	신주 《사기지의》에 따르면 서우는 '서간西干'의 잘못이며, 서간은 '교지交阯'라 한다.
원광元光	
원삭元朔	
원수元狩	
원정元鼎	
원봉元封	6년간 황동이 후侯로 있었다. 원봉 원년 4월 정유일, 후侯 좌장 황동黃同의 원년이다.
	六 元年四月丁酉 侯左將黃同元年
	색은 〈서남이전〉에는 '구락의 장수 좌황동左黃同'이라 했는데, 좌는 성이니 (관직으로 본 것은) 잘못일 것이다. 그러나 《한서》〈표〉에는 '장수 황동'이라 했으니 좌장左將은 관직이라는 것으로 의심의 여지가 없다.
	西南夷傳甌駱將左黃同 則左是姓 恐誤 漢表云將黃同 則左將是官不疑
태초이후 太初已後	4년간 황동이 후侯로 있었다.
	四

3. 요앵후

국명國名	요앵繚縈
	색은 繚의 발음은 '료요繚繞'의 '료繚'이다. 縈은 《자림》을 살피건대 발음은 '령[乙耕反]'이다. 〈서남이전〉에는 발음이 '료앵聊縈'이라고 한다. 繚音繚繞之繚 縈 案字林音乙耕反 西南夷傳音聊縈 신주 지금은 그 위치가 불명확하다.
후공侯功	옛 교위로 횡해장군 한열을 따라서 동월을 친 공으로 후侯가 되었다. 以故校尉從橫海將軍說擊東越功侯
원광元光	
원삭元朔	
원수元狩	
원정元鼎	
원봉元封	1년간 유복이 후侯로 있었다. 원봉 원년 5월 기묘일, 후侯 유복劉福의 원년이다. 원봉 2년, 후侯 유복이 죄를 지어 봉국이 없어졌다. 一 元年五月己卯 侯劉福元年 二年 侯福有罪 國除
태초이후 太初已後	

4. 어아후

국명國名	어아䈗兒
	색은 위소가 말했다. "오월의 영역에 있으며, 지금은 향이 되었다." 韋昭云 在吳越界 今爲鄕也 신주 지금은 절강성 동향시桐鄕市의 서남쪽이다.
후공侯功	군졸로 동월의 순북장군을 벤 공으로 후侯가 되었다. 以軍卒斬東越徇北將軍功侯

원광元光	
원삭元朔	
원수元狩	
원정元鼎	
원봉元封	6년간 원종고가 장후로 있었다. 원봉 원년 윤월 계묘일, 장후莊侯 원종고轅終古의 원년이다. 六 元年閏月癸卯 莊侯轅終古元年 집해 서광이 말했다. "윤4월이다." 徐廣曰 閏四月也
태초이후 太初已後	태초 원년, 원종고가 죽고 후사가 없어 봉국이 없어졌다. 太初元年 終古死 無後 國除

5. 개릉후

국명國名	개릉開陵 색은 〈표〉에는 임회군에 있다. 表在臨淮 신주 지금은 그 위치가 불명하다.
후공侯功	옛 동월의 건성후로 요왕과 함께 동월왕 여선을 벤 공으로 후侯가 되었다. 以故東越建成侯 與繇王共斬東越王餘善功侯
원광元光	
원삭元朔	
원수元狩	
원정元鼎	

원봉元封	6년간 건성이 후侯로 있었다. 원봉 원년 윤월 계묘일, 후侯 건성建成의 원년이다. 六 元年閏月癸卯 侯建成元年 신주 〈동월전〉에는 이름을 '오敖'라 한다.
태초이후 太初已後	

6. 임채후

국명國名	임채臨蔡 색은 〈표〉에는 하내군에 있다. 表在河內 신주 《사기지의》에 따르면, 《수경주》에 '금성군 임강臨羌에 봉했다'고 한다. 지금은 그 위치가 불명하다.
후공侯功	옛 남월의 낭으로 한나라 군사가 번우를 격파했다는 것을 듣고, 복파장군을 위해 남월상 여가呂嘉를 잡은 공으로 후侯가 되었다. 以故南越郎聞漢兵破番禺 爲伏波得南越相呂嘉功侯
원광元光	
원삭元朔	
원수元狩	
원정元鼎	
원봉元封	6년간 손도가 후侯로 있었다. 원봉 원년 윤월 계묘일, 후侯 손도孫都의 원년이다. 六 元年閏月癸卯 侯孫都元年
태초이후 太初已後	

7. 동성후

국명國名	동성東成
	색은 〈표〉에는 구강군에 있다. 表在九江 신주 지금은 안휘성 정원현定遠縣의 동남쪽이다.
후공侯功	옛 동월 요왕으로 동월왕 여선을 벤 공으로 후侯가 되었으며, 식읍은 1만 호다. 以故東越繇王斬東越王餘善功侯 萬戶
원광元光	
원삭元朔	
원수元狩	
원정元鼎	
원봉元封	6년간 거복이 후侯로 있었다. 원봉 원년 윤월 계묘일, 후侯 거복居服의 원년이다. 六 元年閏月癸卯 侯居服元年
태초이후 太初已後	

8. 무석후

국명國名	무석無錫
	색은 〈표〉에는 회계군에 있다. 表在會稽 신주 지금은 강소성 무석시無錫市이다.
후공侯功	동월의 장군으로 한나라 군대가 이르자 군대를 버리고 항복하여 후侯가 되었다. 以東越將軍漢兵至棄軍降侯
원광元光	

원삭元朔	
원수元狩	
원정元鼎	
원봉元封	6년간 다군이 후侯로 있었다. 원봉 원년, 후侯 다군多軍의 원년이다. 六 元年 侯多軍元年
태초이후 太初已後	

9. 섭도후

국명國名	섭도涉都 색은 섭다涉多이다. 〈표〉에는 남양군에 있다. 涉多 表在南陽 신주 《후한서》〈군국지〉에는 남양군 축양현筑陽縣에 섭도향이 있다고 한다.
후공侯功	부친이 옛 남해군수를 버리고 한나라 군사가 이르자 성읍을 들어 항복하였 으므로 아들이 후侯가 되었다. 以父棄故南海守 漢兵至以城邑降 子侯
원광元光	
원삭元朔	
원수元狩	
원정元鼎	
원봉元封	6년간 가가 후侯로 있었다. 원봉 원년 연간, 후侯 가嘉의 원년이다. 六 元年中 侯嘉元年
태초이후 太初已後	2년간 가가 후侯로 있었다. 태초 2년, 후侯 가가 죽고 후사가 없어 봉국이 없어 졌다. 二 太初二年 侯嘉薨 無後 國除

10. 평주후

국명國名	평주平州
	
	  색은 〈표〉에는 (태산군) 양보현에 있다.
	表在梁父
	  신주 지금의 산동성 신태시新泰市 서쪽이다. 고조 공신 111위인 소섭도미가 평주후로 봉해졌다가 원수 5년에 봉국이 없어졌다. 위만조선에서 후侯로 봉해진 자는 평주후를 비롯하여 다섯 명이다. 일부에서 이들이 봉해진 지역이 위만조선의 영역, 곧 고조선의 영역이었다고 하지만 잘못된 주장임을 알 수 있다.

후공侯功	조선의 장수로 한나라 군사가 이르자 항복하여 후侯가 되었다. 以朝鮮將漢兵至降侯
원광元光	
원삭元朔	
원수元狩	
원정元鼎	

원봉元封	1년간 협이 후侯로 있었다. 원봉 3년 4월 정묘일, 후侯 협唊의 원년이다. 원봉 4년, 후侯 협이 죽고 후사가 없어 봉국이 없어졌다.
	一 三年四月丁卯 侯唊元年
	四年 侯唊薨 無後 國除
	
	  집해 여순이 말했다. "唊의 발음은 '협頰'이다."
	如淳曰 唊音頰
	  신주 〈조선전〉에는 '왕협王唊'이라 하니 성이 '王'일 것이다. 적어도 동방의 국가 지배층들이 일찍부터 성을 사용했음을 알 수 있다.

태초이후 太初已後	

11. 적저후

국명國名	적저荻苴
	색은 발음은 '적저狄蛆'이다. 〈표〉에는 발해군에 있다. 音狄蛆 表在勃海 신주 백납본 〈조선전〉에는 추저萩苴, 《한서》 〈조선전〉에는 추저秋苴라 한다. 《사기지의》에 따르면, 《방여기요》에서 적저는 발해군 경운현慶雲縣(당시 남피현 南皮縣) 동쪽에 있고 성 아래로 적저하가 흐른다고 한다. 지금은 그 위치가 불명하다.
후공侯功	조선상으로 한나라 군사가 이르러 포위하자 항복하여 후侯가 되었다. 以朝鮮相漢兵至圍之降侯
원광元光	
원삭元朔	
원수元狩	
원정元鼎	
원봉元封	4년간 한음이 후侯로 있었다. 원봉 3년 4월, 후侯 조선상 한음韓陰의 원년이다. 四 三年四月 侯朝鮮相韓陰元年 신주 《위략》에 위만이 조선의 준왕을 공격하자 바다를 건너 갈 때 그의 아들과 인척 중에 그 나라에 남은 자들은 그로 인해 한韓이라는 성씨를 쓰게 되었다고 하니 한음韓陰은 그 후손이 아닌가 생각된다.
태초이후 太初已後	

12. 홰청후

국명國名	홰청澅淸
	색은 〈표〉에는 제군에 있다. 澅의 발음은 '획獲'이고 하천 이름이며, 제군에 있다. 또 발음은 '홰[乎卦反]'이다. 表在齊 澅音獲 水名 在齊 又音乎卦反

	신주 《사기지의》에 따르면, 제군 획읍畫邑이라 하고 《수경주》에는 '화灈'로 썼다고 하며, 발음은 '획獲'이라고 한다. 지금의 산동성 치박시淄博市 임치구臨淄區 서쪽이다.
후공侯功	조선 니계상尼谿相으로 사람을 시켜 조선 왕 우거右渠를 살해한 뒤 항복하여 후侯가 되었다. 以朝鮮尼谿相使人殺其王右渠來降侯
원광元光	
원삭元朔	
원수元狩	
원정元鼎	
원봉元封	4년간 참이 후侯로 있었다. 원봉 3년 6월 병진일, 후侯 조선 니계상 참參의 원년이다. 四 三年六月丙辰 侯朝鮮尼谿相參元年 **신주** 니계가 관직명인지 특정 지역명인지 알 길이 없다. 《한서》〈표〉에 따르면, 11년 만인 천한 2년에 조선에서 도망친 포로를 숨겼다가 걸려 하옥되고 병으로 죽었다고 한다.
태초이후 太初已後	

13. 제자후

국명國名	제자騠茲 **색은** 騠의 발음은 '제啼'이다. 〈표〉에는 낭야군에 있다고 한다. 騠音啼 表在琅邪 **신주** 지금은 그 위치가 불명하다.
후공侯功	소월지 약저왕으로 무리를 거느리고 항복하여 후侯가 되었다. 以小月氏若苴王將眾降侯 **색은** 苴는 음이 '저[子餘反]'다. 苴 子餘反

원광元光	
원삭元朔	
원수元狩	
원정元鼎	
원봉元封	3년간 계곡고가 후侯로 있었다. 원봉 4년 11월 정묘일, 후侯 계곡고稽谷姑의 원년이다. 三 四年十一月丁卯 侯稽谷姑元年 색은 계곡고稽谷姑는 '계골고'라고도 한다. 稽滑姑
태초이후 太初已後	태초 원년, 후侯 계곡고가 죽고 후사가 없어 봉국이 없어졌다. 太初元年 侯稽谷姑薨 無後 國除

14. 호후

국명國名	호浩 색은 〈표〉와 〈지리지〉에는 들어있지 않다. 表志闕 신주 지금은 그 위치가 불명하다.
후공侯功	옛 중랑장으로 군사를 거느리고 차사왕車師王을 사로잡은 공으로 후侯가 되었다. 以故中郎將將兵捕得車師王功侯
원광元光	
원삭元朔	
원수元狩	
원정元鼎	

원봉元封	1년간 왕회가 후侯로 있었다. 원봉 4년 정월 갑신일, 후侯 왕회王恢의 원년이다. 원봉 4년 4월, 후侯 왕회가 주천태수를 시켜 조서를 고친 해악에 걸려 죽음에 해당되었으나 속죄금을 내고 봉국이 없어졌다. 봉해진 기간은 총 3개월이다. 一 四年正月甲申 侯王恢元年 四年四月 侯恢坐使酒泉矯制害 當死 贖 國除 封凡三月
태초이후 太初已後	

15. 호섭후

국명國名	호섭瓡讘 집해 서광이 말했다. "하동군에 있다. 瓡의 발음은 '호胡'이다. 讘은 '접[之涉反]'이다." 徐廣曰 在河東 瓡音胡 讘 之涉反 색은 현 이름이다. 살피건대 〈표〉에는 하동군에 있고, 〈지리지〉 역시 같다. 즉, 瓡는 '호狐' 자다. 縣名 案 表在河東 志亦同 即狐字 신주 지금의 산서성 영화현永和縣 서남쪽이다.
후공侯功	소월지왕으로 무리 1,000기를 거느리고 항복하여 후侯가 되었다. 以小月氏王將眾千騎降侯
원광元光	
원삭元朔	
원수元狩	
원정元鼎	
원봉元封	2년간 우자가 후侯로 있었다. 원봉 4년 정월 을유일, 후侯 우자扜者의 원년이다. 1년간 승이 후侯로 있었다. 원봉 6년, 후侯 승勝의 원년이다. 二 四年正月乙酉 侯扜者元年 一 六年 侯勝元年 색은 扜의 발음은 '오烏'이고, 또한 '오汗'로 발음한다. 扜音烏 亦音汗

태초이후 太初已後	4년간 승이 후侯로 있었다. 四

16. 기후

국명國名	기幾 색은 발음은 '기機'이다. 〈표〉에는 하동군에 있다. 音機 表在河東 신주 지금은 그 위치가 불명하다.
후공侯功	조선 왕자로 한나라 군대가 조선을 포위하자 항복하여 후侯가 되었다. 以朝鮮王子 漢兵圍朝鮮降侯
원광元光	
원삭元朔	
원수元狩	
원정元鼎	
원봉元封	2년간 장각이 후侯로 있었다. 원봉 4년 3월 계미일, 후侯 장각張胳이 귀의한 원년이다. 원봉 6년, 후侯 장각이 조선을 시켜 모반하게 하려다 죽고, 봉국이 없어졌다. 二 四年三月癸未 侯張胳歸義元年 六年 侯張胳使朝鮮 謀反 死 國除 색은 위소는 (장각의) 胳은 음이 '각[姑洛反]'이라 했다. 韋昭云 胳 姑洛反 신주 장각에 대해 〈조선전〉에는 이름이 장항長降, 《한서》〈표〉에는 장각張胳, 또 다른 판본에는 장長이라 하여 다르다. 신주 비록 서쪽 한나라에 점령당했지만, 아직 한나라에 복종하지 않은 세력이 상당하 였음을 암시한다. 다만 '誅'나 '殺'이라 하지 않고 '死'라 하였으므로 자살한 것으로 보는 견 해도 있다.
태초이후 太初已後	

17. 열양후

국명國名	열양涅陽
	색은 〈표〉에는 제군에 있고, 〈지리지〉에는 남양군에 속한다. 表在齊 志屬南陽 신주 〈조선전〉에는 온양溫陽, 《한서》〈표〉에는 열양涅陽, 〈조선전〉에는 저양沮陽이라 하여 차이가 있다. 〈지리지〉에 따르면 저양은 상곡군 속현이며, 열양은 남양군 속현이다. 온양은 전거典據가 없다. 거리로 보아 저양일 것으로 생각된다. 열양은 하남성 남양시南陽市 서남쪽으로 추정한다.
후공侯功	조선의 승상 노인路人으로 한나라 군사가 이르자 맨 먼저 항복하였는데, 길에서 죽어 그 아들이 후侯가 되었다. 以朝鮮相路人 漢兵至 首先降 道死 其子侯 신주 路가 성인지 이름인지 알 수 없다.
원광元光	
원삭元朔	
원수元狩	
원정元鼎	
원봉元封	3년간 최가 후侯로 있었다. 원봉 4년 3월 임인일, 강후康侯의 아들 최最의 원년이다. 三 四年三月壬寅 康侯子最元年
태초이후 太初已後	2년간 최가 후侯로 있었다. 태초 2년, 후侯 최가 죽고 후사가 없어 봉국이 없어졌다. 二 太初二年 侯最死 無後 國除

이상 태사공의 본표

신주 《한서》〈표〉에 따르면, 저소손이 보충한 표 외에도 몇 명의 후侯가 더 있다. 국명과 후侯 그리고 봉한 날짜는 다음과 같다.

① 신치후新畤侯 조제趙弟: 태초 4년 4월 정사일

② 승보후承父侯 속상여續相如: 태초 4년 4월 정사일

③ 개릉후開陵侯 성만成娩: 시기 미상

④ 투후秺侯 상구성商丘成: 정화 2년 7월 계사일에 봉해졌다가 후원 2년(무제 말년) 폐위되었다.

⑤ 중합후重合侯 망통莽通: 정화 2년 7월 계사일

⑥ 덕후德侯 경건景建: 정화 2년 7월 계사일. 고제의 둘째 형인 유중의 아들이며 오왕 유비의 아우인 유광劉廣이 봉해졌다가 원정 4년에 폐위되었다.

⑦ 제후題侯 장부창張富昌: 정화 2년 9월. 여태자를 잡은 공으로 후侯가 되었다가 4년 만에 살해당했다.

⑧ 한후邗侯 이수李壽: 정화 2년 9월. 여태자를 잡은 공으로 후侯가 되었다가 3년 만에 주살당했다.

⑨ 승보후丞父侯 손왕孫王: 정화 4년 3월 을유일

저소손 보충 무제 시대 제후표

신주 양옥승이 말했다. "여기 아래 당도부터 양평에 이르기까지 46인의 후侯는 모두 저소손이 이어 기록한 것인데, 후侯의 지위가 대부분 빠졌을 뿐 아니라 그 편록의 잘못을 지적한 것이 헤아릴 수 없을 정도다. 무릇 공훈, 죄상, 국호, 성명, 관직에서 호수, 재위 연수에 이르기까지 모두 《한서》와 부합하지 않는다." 그의 말처럼 잘못된 곳이 많으나 《사기》〈표〉의 한 부분을 차지하고 있기에 실어둔다.

1. 당도후

국명國名	당도當塗
	색은 〈표〉에는 구강군에 있다.
	表在九江
	신주 지금의 안휘성 회남시淮南市 동북쪽이다.
후공侯功	위불해이며, 회양군 어현 수위로 회양에서 반란한 자인 공손용公孫勇 등을 포획하여 후侯가 되었다.
	魏不害 以圉守尉捕淮陽反者公孫勇等侯
	신주 《한서》〈표〉에 따르면, 당도 이하 세 후侯는 정화 2년 11월에 봉해진다.

2. 포후

국명國名	포蒲
	색은 〈표〉에는 낭야군에 있다. 表在琅邪 신주 지금은 그 위치가 불명하다.
후공侯功	소창이며, 어현 위사로 회양에서 반란한 자인 공손용 등을 포획하여 후侯 가 되었다. 蘇昌 以圍尉史捕淮陽反者公孫勇等侯

3. 요양후

국명國名	요양遼陽
	색은 遼의 발음은 '요遼'이다. 〈표〉에는 청하군에 있다. 遼音遼 表在清河 신주 지금은 그 위치가 불명하다.
후공侯功	강덕이며, 어현 구색부廄嗇夫로 회양에서 반란한 자인 공손용 등을 함께 포 획하여 후侯가 되었다. 江德 以圍廄嗇夫共捕淮陽反者公孫勇等侯

4. 부민후

국명國名	부민富民
	색은 〈표〉에는 (패군) 기현에 있다. 表在蕲 신주 《한서》 공신표에 따르면, 정화 4년 6월 정사에 봉해지며, 성姓을 '차車'라고 한다. 그러나 〈백관공경표〉에는 '田'이라 한다. 〈무오자전〉에는 또 '車'라 한다. 어사대부로 임명 될 때 봉해졌다. 지금은 위치가 불명하다.

후공侯功	전천추田千秋이며, 집안은 장릉에 있다. 옛 고묘침랑으로 무제에게 글을 올려 간하며 말했다.

후공侯功 전천추田千秋이며, 집안은 장릉에 있다. 옛 고묘침랑으로 무제에게 글을 올려 간하며 말했다.

"자식이 아비의 군사를 농락하면 죄는 태형에 해당합니다. 부자간에 분노한 일은 예로부터 있었습니다. 치우蚩尤가 부친을 배반하자 황제가 강을 건넜습니다."

올린 글의 뜻이 지극하여 대홍려로 임명했다. 정화 4년 승상이 되고 3,000호로 봉해졌다. 소제 때 이르러 병으로 죽고 아들 전순田順이 대를 이었는데, 호아장군이 되어 흉노를 치다가 약속한 곳에 도착하지 않아 주살당하고 봉국이 없어졌다.

田千秋 家在長陵 以故高廟寢郞上書諫孝武曰 子弄父兵 罪當笞 父子之怒 自古有之 蚩尤畔父 黃帝涉江 上書至意 拜爲大鴻臚 征和四年爲丞相 封三千戶 至昭帝時病死 子順代立 爲虎牙將軍 擊匈奴 不至質 誅死 國除

집해 《한서음의》에 따르면 質은 '약속한 곳'이라고 한다.
漢書音義曰 質 所期處也

이상 무제 시대 봉국명

후진으로 일을 좋아하는 유학자 저소손 선생이 말했다.

태사공이 사건을 기록한 것은 효무제 시대의 사적을 적는 것에서 끝이 났다. 그러므로 다시 효소제孝昭帝 이래로 공신과 제후들을 정리해 기록하여 왼쪽[1]에 엮어 넣었다. 이는 후대에 일을 좋아하는 사람으로 하여금 성공과 실패 그리고 정점과 단점, 세상과 단절해야 했던 허물을 보고 살피게 해서 스스로 경계할 수 있도록 한 것이다. 지금의 군자들은 권세를 변화에 적합하도록 행하고 시기를 가늠하여 마땅함을 베풀며 세상이 바라는대로 일을 처리했다. 이로써 공로를 세워 토지를 가지고 후작에 봉해지며 당세에 명성을 세웠으니 어찌 성대하지 않았 겠는가!

後進好事儒者褚先生曰 太史公記事盡於孝武之事 故復修記孝昭以來功臣 侯者 編於左方^① 令後好事者得覽觀成敗長短絕世之適 得以自戒焉 當世 之君子 行權合變 度時施宜 希世用事 以建功有土封侯 立名當世 豈不盛哉

① 左方좌방

신주 지금은 책을 위에서 아래로 쓰지만, 옛날 동아시아 한자문화권에서 는 오른쪽에서 왼쪽으로 썼다. 그래서 '左'라고 하면 오늘날로는 아래쪽을 말한다.

그들이 채우고 지킨 것을 가지고 이룩한 방법을 보건대, 모두 겸양하 지 않았다. 교만하게 권력을 다투었고 명성을 드날리는 것만 기뻐했 다. 나아갈 줄만 알고 물러날 줄을 알지 못했으니 끝내 자신은 죽고 국가도 없어졌다. 세 가지 방법으로 그것을 얻었으나^① 자신을 잃는 데 이르렀고, 공로를 후세에 전하지 못했으며 은덕을 자손에게 흐르지 못하게 했으니 어찌 슬프지 않은 일이겠는가!

觀其持滿守成之道 皆不謙讓 驕蹇爭權 喜揚聲譽 知進不知退 終以殺身滅 國 以三得之^① 及身失之 不能傳功於後世 令恩德流子孫 豈不悲哉

① 以三得之이삼득지

집해 以三得之란, 즉 위에서 이른바 '行權合變 度時施宜 希世用事(임기

응변에 맞춰 행하고, 시기를 가늠하여 마땅함을 베풀며, 일을 부리는 것을 세상에 맞추었다)'이다.

以三得之者 即上所謂 行權合變 度時施宜 希世用事也

대저 용락후龍雒侯는 일찍부터 전장군前將軍이 되었는데, 세상의 풍속

을 잘 따라 중후하고 삼가며 믿음이 있었지만, 정사에 참여하지 않고

사양하고 물러나 사람들에게 사랑을 받았다. 그의 선조는 진晉나라에

서 일어나 육경을 지냈다. 봉토를 가진 군주의 나라가 있은 이래로 왕

후王侯가 되어 자손들이 서로 계승하여 단절되지 않았고, 해를 거치

고 세대를 거쳐 지금에 이르러서 총 100여 년이나 되었다. 어찌 가히

공신이면서 자신의 시대에 봉국을 잃어버린 자와 기간이 같다고 말하

겠는가? 슬프다! 후세에서는 이를 경계할지어다.

夫龍雒侯曾爲前將軍 世俗順善 厚重謹信 不與政事 退讓愛人 其先起於晉

六卿之世 有土君國以來 爲王侯 子孫相承不絶 歷年經世 以至於今 凡百餘

歲 豈可與功臣及身失之者同日而語之哉 悲夫 後世其誡之

신주 용락龍雒은 '용액龍額'을 잘못 쓴 것이다. 한왕 신이 흉노로 도망갔다

가 그의 손자 한퇴당이 도망쳐 돌아와 궁고후弓高侯에 봉해졌는데 그의 손

자 때 봉국을 잃는다. 다시 한퇴당의 서손 한열이 흉노와 동월을 친 공으로

용액후로 봉해진다. 한열은 끊어졌다가 다시 안도후案道侯가 되었는데, 위태

자 사건에 말려 위태자에게 살해당한다. 다시 후손이 안도후를 거쳐 용액후

로 봉해진다.

제八장

저소손 보충 소제 시대 봉국표

1. 박륙후

국명國名	박륙博陸
	신주 《괄지지》에 "어양현의 동남쪽 70리에 북평성이 있는데, 연산에 의지해서 판축했다. 후한 때에는 우북평군의 군치가 토은인데, 혹자는 토은이 곧 이 성이라고 여겼다. 또 유주(북경)의 서남쪽에 박륙성이 있다."라고 했다. 설찬은 "박륙은 어양에 있는데 한선제 때 봉해 곽광이 후읍으로 삼았다."라고 했다. 이로 보아 북경의 서남쪽으로 그 위치를 추정할 수 있다.
후공侯功	곽광霍光이며, 집안은 (하동군) 평양현에 있다. 형 표기장군 곽거병 덕에 귀하게 되었다. 앞서 무제를 섬길 때, 시중 신분으로 모반한 자인 마하라馬何羅(망하라) 등을 적발하여 잡은 공으로 후侯가 되었고, 식읍은 3,000호다. 중간에 어린 군주 소제를 돕고, 대장군이 되었다. 삼가고 믿음이 있었으며, 일을 맡아 다스림을 전담했다. 높여 대사마를 삼고 봉읍 1만 호를 더했다. 뒤에 선제를 섬겼다. 세 군주를 거쳐 섬기자 천하의 신망이 그에게 향했으며 2만 호를 더하여 봉했다. 아들 곽우霍禹가 대를 이었으나 모반하여 멸족당하고 봉국이 없어졌다.
	霍光 家在平陽 以兄驃騎將軍故貴 前事武帝 覺捕得侍中謀反者馬何羅等功侯 三千戶 中輔幼主昭帝 爲大將軍 謹信 用事擅治 尊爲大司馬 益封邑萬戶 後事宣帝 歷事三主 天下信鄕之 益封二萬戶 子禹代立 謀反 族滅 國除
	집해 문영이 말했다. "博은 넓은 것이고, 陸은 평평한 것이다. 그 아름다운 이름을 취한 것이며, 이런 현은 없다. 식읍은 북해군과 하동군에 있다." 찬이 말했다. "어양군에 박륙성이 있다."
	文穎曰 博 廣 陸 平 取其嘉名 無此縣也 食邑北海河東 瓚曰 漁陽有博陸城也

2. 투후

국명國名	투치 投秅 집해 《한서음의》에서는 말했다. "발음은 '투妒'다. 제음군 성무현에 있으며, 지금 정후이 있다." 漢書音義曰 音妒 在濟陰成武 今有亭矣 신주 〈지리지〉에는 제음군 투현이 있다. 《후한서》 〈군국지〉에는 산양군 성무현이 제음 군으로 편입되는데, 투현은 성무현으로 속하게 된다. 제음군의 치소인 정도定陶의 동남쪽 40km 정도에 있다. 앞서 상구성商丘成이 정화 2년 7월에 봉해졌다가 후원 2년(무제 말년)에 없어진 뒤를 이어 새로 김일제가 봉해졌다. 투秅는 지금의 산동성 성무현成武縣이다.
후공侯功	김옹숙金翁叔의 이름은 일제日磾이며, 흉노 휴도왕의 태자로 혼야왕을 따라 무리 5만을 거느리고 한나라에 항복하여 귀의했다. 시중으로 무제를 섬길 때, 시중 신분으로 모반한 자인 마하라(망하라) 등을 적발하여 잡은 공으로 후侯가 되었고, 식읍은 3,000호였다. 중간에 소제를 섬기면서, 삼가고 중후 하여 3,000호를 더하여 봉했다. 아들 김홍金弘이 대를 이었고, 봉거도위가 되어 선제를 섬겼다. 金翁叔名日磾 以匈奴休屠王太子從渾邪王將眾五萬 降漢歸義 侍中 事 武帝 覺捕侍中謀反者馬何羅等功侯 三千戶 中事昭帝 謹厚 益封三千戶 子弘代立 為奉車都尉 事宣帝 신주 일제는 소제 시원 2년(서기전 85) 9월에 후侯로 임명되고 하루 만에 죽는다. 《한 서》 〈표〉에는 소제 시원 2년 상賞이 후사를 잇고 42년 만에 죽으며 후사가 끊긴다. 평제 원 시 4년(서기 4) 상常(《김일제전》의 당當이 맞음)이 일제의 증손으로 후侯를 이었다가 왕망이 몰 락하자 세습이 끊겼다고 한다.

3. 안양후

국명國名	안양安陽 색은 〈표〉에는 (하내군) 탕음현에 있고, 〈지리지〉에는 여남군에 속한다. 表在蕩陰 志屬汝南 신주 《고조공신후자연표》에서 살핀 것처럼, 하내군 탕음蕩陰에 봉해졌다. 안양은 지금 의 하남성 탕음현이다.

후공侯功	상관걸上官桀이며, 집안은 농서군에 있다. 기사騎射를 잘해서 종군했다. 점차 귀하게 되어 무제를 섬겨 좌장군이 되었다. 시중 신분으로 모반한 자인 마하라의 아우 중합후 마통馬通을 적발하여 잡은 공으로 후侯가 되었고, 식읍은 3,000호다. 중간에 소제를 섬겼는데, 대장군 곽광과 권력을 다투다 모반하여 멸족당하고 봉국이 없어졌다.
	上官桀 家在隴西 以善騎射從軍 稍貴 事武帝 爲左將軍 覺捕斬侍中謀反者馬何羅弟重合侯通功侯 三千戶 中事昭帝 與大將軍霍光爭權 因以謀反 族滅 國除

4. 상락후

국명國名	상락桑樂
	색은 〈표〉에는 천승군에 있다.
	表在千乘
	신주 지금의 산동성 고청현高青縣이다.
후공侯功	상관안上官安이다. 부친 상관걸이 장군이 된 까닭에 귀하게 되어 시중으로 소제를 섬겼다. 상관안의 딸이 소제의 부인이 되었다가 황후로 세워진 까닭에 후侯가 되었고, 식읍은 3,000호다. 교만하고 건방져서 대장군 곽광과 권력을 다투었고, 그로 인해 부자가 모반하다 멸족당하여 봉국이 없어졌다.
	上官安 以父桀爲將軍故貴 侍中 事昭帝 安女爲昭帝夫人 立爲皇后故侯 三千戶 驕蹇 與大將軍霍光爭權 因以父子謀反 族滅 國除

5. 부평후

국명國名	부평富平
	색은 〈지리지〉에는 평원군에 속한다.
	志屬平原
	신주 〈지리지〉에는 평원과 북지군 두 곳에 있다. 평원 부평에 후국이 있다 하니 아마 평원일 것이다. 지금의 산동성 덕주시德州市 중부이다.

| 후공侯功 | 장안세張安世이며, 집안은 (경조윤) 두릉현에 있다. 옛 어사대부 장탕의 아들로 무제 때 상서에서 급사 일을 보다가 상서령이 되었다. 소제를 섬기면서 삼가고 중후하며 일에 능숙하여 광록훈과 우장군이 되었다. 13년간 정치를 보필하면서 아무런 과실이 없어 후侯가 되었으며, 식읍은 3,000호다. 선제를 섬길 때 곽광을 대신하여 대사마가 되어 권력을 행사했으며 1만 6,000호를 더하여 봉했다. 아들 장연수張延壽가 대를 이어 태복과 시중이 되었다.
張安世 家在杜陵 以故御史大夫張湯子武帝時給事尙書 爲尙書令 事昭帝 謹厚習事 爲光祿勳右將軍 輔政十三年 無適過 侯 三千戶 及事宣帝 代霍光爲大司馬 用事 益封萬六千戶 子延壽代立 爲太僕 侍中

신주 무제 태초 원년(서기전 104), 수도 장안長安을 경조京兆라 하고, 태수에 해당하는 직책을 윤尹이라 하여 구별했다. |

6. 의양후

| 국명國名 | 의양義陽

색은 〈표〉에는 (남양군) 평지현에 있다.
表在平氏
신주 지금의 하남성 당하현唐河縣이다. |
| 후공侯功 | 부개자傅介子이며, 집안은 북지군에 있다. 종군하여 낭이 되었고, 평락감이 되었다. 소제 때 외국 왕을 찔러 죽이자 천자가 조서를 내렸다.
"평락감 부개자는 외국에 사신으로 갔다가 누란왕樓蘭王을 죽여 곧바로 원한을 갚았고, 군사를 동원하는 번거로움을 없게 한 공이 있으니 식읍 1,300호로 부개자를 봉하여 의양후로 삼는다."
아들 부려傅厲가 대를 이었는데, 재물을 다투어 서로 고발하는 죄를 지어 봉국이 없어졌다.
傅介子 家在北地 以從軍爲郎 爲平樂監 昭帝時 刺殺外國王 天子下詔書曰 平樂監傅介子使外國 殺樓蘭王 以直報怨 不煩師 有功 其以邑千三百戶封介子爲義陽侯 子厲代立 爭財相告 有罪 國除 |

7. 상리후

국명國名	상리商利 색은 〈표〉에는 서군에 있다. 表在徐郡 신주 〈지리지〉에는 임회군 서현이 있는데 서현에 속한 향 이름일 것이다. 지금의 안휘성 사현泗縣 서북쪽이다.
후공侯功	왕산王山이며, 제군 사람이다. 예전에 승상사가 되어 때마침 기장군 상관안의 모반을 알게 되었는데, 왕산이 상관안을 설득하여 함께 승상부로 들어가자고 유인하여 상관안을 베었다. 왕산은 군공으로 후侯가 되었고, 식읍은 3,000호다. 글을 올려 백성을 다스리기를 원하여, 대代의 태수가 되었다. 다른 사람이 글을 올려 고발한 일로 옥에 갇혀 죽게 되었으나 때마침 사면을 받아 출소하여 서인이 되었고, 봉국이 없어졌다. 王山 齊人也 故爲丞相史 會騎將軍上官安謀反 山說安與俱入丞相 斬安山以軍功爲侯 三千戶 上書願治民 爲代太守 爲人所上書言 繫獄當死 會赦 出爲庶人 國除

8. 건평후

국명國名	건평建平 색은 〈표〉에는 (진류군) 제양현에 있다. 表在濟陽 신주 지금의 하남성 영성시永城市 서남쪽이다.
후공侯功	두연년杜延年이다. 옛 어사대부 두주杜周의 아들로 대장군 막부에서 급사로 일하면서 모반을 꾀한 기장군 상관안 등의 죄를 발각하여 후侯로 봉해졌으며, 식읍은 2,700호이고, 태복으로 임명되었다. 오봉 원년, 밖으로 나가 서하태수가 되었다. 오봉 3년, 조정에 들어와 어사대부가 되었다. 杜延年 以故御史大夫杜周子給事大將軍幕府 發覺謀反者騎將軍上官安等罪 封爲侯 邑二千七百戶 拜爲太僕 元年 出爲西河太守 五鳳三年 入爲御史大夫

9. 익양후

국명國名	익양弋陽
	색은 〈지리지〉에는 여남군에 속한다.
	志屬汝南
	신주 지금의 하남성 황천현潢川縣 서북쪽이다.
후공侯功	임궁任宮이다. 옛 상림위로 모반을 꾀한 좌장군 상관걸을 잡아 편문에서 죽여 후侯로 봉해졌으며 식읍은 2,000호다. 나중에 태상이 되고 위위의 일을 대행했다. 절검하고 삼가며 믿음이 있었고, 천수를 누리고 자손에게 전했다.
	任宮 以故上林尉捕格謀反者左將軍上官桀 殺之便門 封爲侯 二千戶 後爲太常 及行衞尉事 節儉謹信 以壽終 傳於子孫

10. 의성후

국명國名	의성宜城
	색은 〈표〉에는 제음군에 있다.
	表在濟陰
	신주 〈지리지〉에는 제남군과 남군 두 곳에 있다. 단, 제남군은 의성宜成이라 하지만, 후국이 있다. 《한서》 〈표〉로 보건대, 제남군 의성현이다. 따라서 지금의 산동성 제남시齊南市 상하현商河縣이다.
후공侯功	연창燕倉이다. 옛 대장군 막부의 군리 출신으로 모반한 자인 기장군 상관안의 죄를 발각한 공을 세워 후侯로 봉해졌으며, 식읍은 2,000호다. 여남태수가 되어 유능하다는 명성을 얻었다.
	燕倉 以故大將軍幕府軍吏發謀反者騎將軍上官安罪有功 封侯 邑二千戶 爲汝南太守 有能名

11. 의춘후

국명國名	의춘宜春
	색은 〈지리지〉에는 여남군에 속한다.
	志屬汝南
	신주 지금의 하남성 학산현确山縣 동쪽이다.
후공侯功	왕흔王訢이며, 집안은 제군에 있다. 본래 말단 관리인 좌사로 있다가 점차 승진하여 우보도위에 이르렀다. 무제가 자주 부풍군에 행차했는데, 왕흔이 일을 잘 처리하여 우부풍右扶風으로 임명했다. 소제 시대에 이르러 상홍양桑弘羊을 대신해 어사대부가 되었다. 원봉 3년, 전천추田千秋를 대신해 승상이 되고, 식읍 2,000호로 봉해졌다. 2년 만에 다른 사람이 글을 올려 폭로하여 고발했으나 자살한 까닭에 처형당하지 않았다. 아들이 대를 잇고 속국도위가 되었다.
	王訢 家在齊 本小吏佐史 稍遷至右輔都尉 武帝數幸扶風郡 訢共置辦 拜爲右扶風 至孝昭時 代桑弘羊爲御史大夫 元鳳三年 代田千秋爲丞相 封二千戶 立二年 爲人所上書言暴 自殺 不殊 子代立 爲屬國都尉
	신주 풍익과 부풍은 수도 장안의 좌우(동과 서)에 있어서 좌우 내사內史라고 했으며, 태초 원년에 좌풍익과 우부풍으로 고쳤다.

12. 안평후

국명國名	안평安平
	색은 〈표〉에는 여남군에 있고, 〈지리지〉에는 탁군에 속한다고 했다.
	表在汝南 志屬涿郡
	신주 안평이란 지명이 많아 딱히 어디라고 정하기 어렵다.
후공侯功	양창楊敞이며, 집안은 (경조윤) 화음현에 있다. 예전에 대장군 막부에서 급사로 일하며 점차 승진하여 대사농에 이르고 어사대부가 되었다. 원봉 6년, 왕흔을 대신하여 승상이 되고, 2,000호로 봉해졌다. 2년 만에 병으로 죽었다. 아들 양분楊賁이 대를 이었는데, 13년에 병으로 죽었다. 아들 양옹군楊翁君이

대를 잇고, 전속국이 되었다. 3년 만에 계부 양운楊惲이 고의로 험악한 말을 내뱉어 감옥에 갇혀 죽게 되었으나 사면을 얻고 서인이 되어 봉국이 없어졌다.

楊敞 家在華陰 故給事大將軍幕府 稍遷至大司農 爲御史大夫 元鳳六年 代王訢爲丞相 封二千戶 立二年 病死 子賁代立 十三年病死 子翁君代立 爲典屬國 三歲 以季父惲故出惡言 繫獄當死 得免 爲庶人 國除

이상 소제 시대 봉국명

신주 투후 김일제는 《한서》 〈곽광 김일제전〉에 자세하게 나온다. 여기서는 김일제의 계보를 중심으로 《삼국사기》 〈신라본기〉와 〈문무왕릉 비문〉에 나오는 알지關智와 성한왕星漢王과의 관계를 살펴본다.

① 《한서》 〈무제기〉에는 무제 원수 2년(서기전 121) 가을(7~9월)에 혼야왕이 휴도(저)왕을 죽이고 항복하였다고 되어 있다. 〈김일제전〉에서는 일제는 관청으로 보내졌다가 다시 황문의 말 키우는 곳으로 보내질 때가 14세라고 하였다. 한나라에 끌려왔다가 포로 분류, 배치 등 여러 가지 정황으로 보아 원수 3년(서기전 120) 이후에 보내졌을 가능성이 높다. 그러다가 〈소제기〉에서 소제 시원 원년(서기전 86) 9월 병자일에 죽었다고 했으므로 서기전 120년에 14세였다면 48세(만 47세)에 죽은 것이 된다. 이를 토대로 계산하면 탄생은 서기전 133년이다. 만약 서기전 118년에 14세라면 46세에 죽었고, 탄생은 서기전 131년으로 보아야 할 것이다.

② 〈김일제전〉에 따라 계보를 정리하면 다음과 같다.

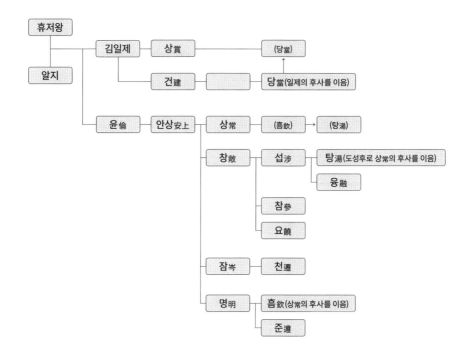

③ 민족사학자 문정창은 《가야사(1978)》 등을 통해서 많은 연구결과를 발표한 바 있다. 신나라를 세운 왕망이 후한 광무제에게 무너진 후, 신나라의 조정을 장악하고 있던 김일제의 후손들이 도피했는데, 이들이 가야 김씨 및 신라 김씨의 후예라는 연구결과였다. 이 견해에 대한 후속 연구들이 40여 년이 지나도록 진행되지 않고 있는 것이 한국사학계의 안타까운 현실이다.

제
九
장

저소손 보충 선제 시대 봉국표

1. 양평후

국명國名	양평陽平
	색은 〈지리지〉에는 동군에 속한다. 志屬東郡 신주 지금의 산동성 신현莘縣이다.
후공侯功	채의蔡義이며, 집안은 (하내군) 온현에 있다. 옛날에 스승에게《한시》를 전수받고 박사가 되었다. 대장군 막부에서 급사로 일하며 두성문후杜城門候가 되었다. 조정에 들어와 시중이 되어 소제에게《한시》를 가르치고, 어사대부가 되었다. 이때 나이가 80세로 노쇠하여 항상 두 사람이 부축해야 움직일 수 있었다. 그러나 공경대신들이 의논하여 사람됨이 군주의 스승으로 삼을 만하니 마땅히 승상으로 삼아야 한다고 했다. 원평 원년, 양창楊敞을 대신해 승상이 되고 식읍 2,000호에 봉해졌다. 병으로 죽었는데, 후사가 없어 세습이 끊겨 봉국이 없어졌다. 蔡義 家在溫 故師受韓詩 爲博士 給事大將軍幕府 爲杜城門候 入侍中 授昭帝韓詩 爲御史大夫 是時年八十 衰老 常兩人扶持乃能行 然公卿大臣議 以爲爲人主師 當以爲相 以元平元年代楊敞爲丞相 封二千戶 病死 絕無後 國除

2. 부양후

국명國名	부양扶陽
	색은 〈지리지〉에는 패군에 속하고, 〈표〉에는 (패군) 소현에 있다. 志屬沛郡 表在蕭 신주 나중에 부양현이 소현에 편입되었을 것이다. 지금의 안휘성 소현蕭縣 서남쪽이다.

| 후공侯功 | 위현韋賢이며, 집안은 노국에 있다. 《시경》, 《예기》, 《상서》에 통달하여 박사가 되어 노국 땅의 대단한 유학자들을 가르쳤다. 조정에 들어와 시중이 되고, 소제의 스승이 되었다. 광록대부로 승진하고, 대홍려가 되었다가 장신궁의 소부少府가 되었다. 사람됨이 군주의 스승이 될 만하여 본시 3년 채의蔡義를 대신해 승상이 되고 부양후로 봉해졌으며, 식읍은 1,800호다. 승상이 되어 5년간 은혜를 많이 베풀었으며, 관리의 일에 익숙하지 않다고 하여 승상을 그만두고 집으로 돌아가 병으로 죽었다. 아들 위현성韋玄成이 대를 잇고 태상이 되었다. 종묘에서 말을 탄 일에 걸려 작위를 박탈당하고 관내후가 되었다.

韋賢 家在魯 通詩禮尙書 爲博士 授魯大儒 入侍中 爲昭帝師 遷爲光祿大夫 大鴻臚 長信少府 以爲人主師 本始三年代蔡義爲丞相 封扶陽侯千八百戶 爲丞相五歲 多恩 不習吏事 免相就第 病死 子玄成代立 爲太常 坐祠廟騎 奪爵 爲關內侯

신주 〈한흥이래장상명신연표〉에 따르면, 위현성 역시 승상까지 오른다. |

3. 평릉후

국명國名	평릉平陵 **색은** 〈표〉에는 (남양군) 무당현에 있다. 表在武當 **신주** 지금의 호북성 단강구시丹江口市 일대이다.
후공侯功	범명우范明友이며, 집안은 농서군에 있다. 집안이 대대로 외국의 일에 익숙하였으므로 서강西羌을 지키게 했다. 소제를 섬겨 도요장군으로 임명되었으며, 오환烏桓을 친 공으로 후侯가 되었고 식읍은 2,000호다. 곽광의 딸을 처로 삼았다. 지절 4년, 곽광의 아들 곽우 등과 모반을 꾀하다 멸족당하고 봉국이 없어졌다. 范明友 家在隴西 以家世習外國事 使護西羌 事昭帝 拜爲度遼將軍 擊烏桓功侯 二千戶 取霍光女爲妻 地節四年 與諸霍子禹等謀反 族滅國除 **신주** 흉노가 약화된 동북방에서 오환과 선비가 서서히 새로운 세력으로 기지개를 펴기 시작한다.

4. 영평후

국명國名	영평營平
	색은 〈표〉에는 제남군에 있다.
	表在濟南
	신주 지금은 위치가 불명하다.
후공侯功	조충국趙充國이다. 농서군의 기사로 종군하여 관직을 얻고, 시중이 되어 무제를 섬겼다. 자주 군사를 거느리고 흉노를 쳐서 공을 세웠고, 호군도위가 되었으며, 시중이 되어 소제를 섬겼다. 소제가 붕어하고 선제를 세울 것을 의논하는데 의혹을 풀고 정책을 결정하여 종묘를 안정시킨 공으로 후侯가 되었고 식읍 2,500호에 봉해졌다.
	趙充國 以隴西騎士從軍得官 侍中 事武帝 數將兵擊匈奴有功 爲護軍都尉 侍中 事昭帝 昭帝崩 議立宣帝 決疑定策 以安宗廟功侯 封二千五百戶

5. 양성후

국명國名	양성陽成
	색은 〈표〉에는 제음군에 있다고 했지만 잘못이다. 또 제음에는 성양현이 있을 뿐이며, 영천군과 여남군에도 각각 양성현陽城縣이 있다. '城' 자는 '土'를 부수로 하고, '陽' 다음에 있는데, 지금 여기서는 비슷해서 잘못 썼으니 분별하지 못한 탓이다.
	表在濟陰 非也 且濟陰有城陽縣耳 而潁川汝南又各有陽城縣 城字從土 在陽之下 今此似誤 不可分別也
	신주 지금의 하남성 탑하시漯河市 동쪽이다.
후공侯功	전연년田延年이다. 군리로 소제를 섬겨 상관걸의 모반을 발각했지만, 뒤에 지체했다는 이유로 봉지를 받지 못하고 대사농이 되었다. 본래 창읍왕을 폐하고 선제를 세울 일을 의논하는 걸 조직했으며, 머뭇거리는 정책을 결단하여 종묘를 안정시킨 공으로 후侯가 되었고, 식읍은 2,700호다. 소제가 붕어했을 때 주상의 일이 급하다는 이유로 도내都內의 3,000만 전을 훔쳤다가 발각되자 자살하여 봉국이 없어졌다.
	田延年 以軍吏事昭帝 發覺上官桀謀反事 後留遲不得封 爲大司農 本造廢昌邑王議立宣帝 決疑定策 以安宗廟功侯 二千七百戶 逢昭帝崩 方上事並急 因以盜都內錢三千萬 發覺 自殺 國除

6. 평구후

국명國名	평구平丘

색은 〈지리지〉에는 진류군에 속하고, 〈표〉에는 (태산군) 비성현에 있다.
志屬陳留 表在肥城

신주 지금의 하남성 장원현長垣縣 서남쪽이다.

후공侯功	왕천王遷이며, 집안은 위衞에 있다. 상서랑이 되어 도필刀筆 문자를 익혔다. 시중으로 소제를 섬겼다. 소제가 붕어하자 선제를 세웠는데, 머뭇거리는 정책을 결단하여 종묘를 안정시킨 공으로 후侯가 되었고, 식읍은 2,000호다. 광록대부가 되어 녹질이 중 2,000석이 되었다. 제후왕들에게 금전과 재물을 받은 일에 걸리고 궁중의 일을 누설하여 주살당하고, 봉국이 없어졌다.

王遷 家在衞 爲尙書郞 習刀筆之文 侍中 事昭帝 帝崩 立宣帝 決疑定策 以安宗廟功侯 二千戶 爲光祿大夫 秩中二千石 坐受諸侯王金錢財 漏洩 中事 誅死 國除

색은 다른 판본에는 '衙'라 하며, 발음은 '아牙'다. 〈지리지〉에 따르면 아현은 풍익군에 있다.
一作衙 音牙 地理志衙縣在馮翊

7. 낙성후

국명國名	낙성樂成

색은 〈표〉에는 (남양군) 평지현에 있고, 〈지리지〉에는 남양군에 속한다.
表在平氏 志屬南陽

신주 지금의 하남성 등주시鄧州市 서남쪽이다.

후공侯功	곽산霍山이다. 곽산은 대장군 곽광 형의 아들이다. 곽광이 아직 죽지 않았을 때 글을 올렸다.
	"신의 형 표기장군 곽거병이 종군하여 공을 세우고 병으로 죽자 경환후란 시호를 내리셨습니다. 다만, 세습이 끊어지고 후사가 없으니 신 곽광이 봉해진 동무양의 식읍 3,500호를 나누어 곽산에게 주기를 원하옵니다."
	천자가 허락하고 곽산을 임명하여 후侯로 삼았다. 나중에 모반을 꾀하다가 걸려 멸족당하고 봉국이 없어졌다.
	霍山 山者 大將軍光兄子也 光未死時上書曰 臣兄驃騎將軍去病從軍有功 病死 賜諡景桓侯 絶無後 臣光願以所封東武陽邑三千五百戶分與山 天子許之 拜山爲侯 後坐謀反 族滅 國除

8. 관군후

국명國名	관군冠軍
	색은 〈지리지〉에는 남양군에 속한다.
	志屬南陽
	신주 지금의 하남성 등현鄧縣 서북쪽이다.
후공侯功	곽운霍雲이다. 대장군 곽광의 형 표기장군의 적손으로 후侯가 되었다. 지절 3년, 천자가 조서를 내렸다.
	"표기장군 곽거병은 흉노를 쳐서 공을 세워 관군후冠軍侯로 봉해졌다. 그가 죽고 곽자후子侯(곽선霍嬗)가 대를 이었지만, 병으로 죽고 후사가 없었다. 《춘추》의 대의에 선행을 잘하면 자손에게 미친다고 했다. 식읍 3,000호로 곽운을 봉하여 관군후로 삼는다."
	나중에 모반에 걸려 멸족당하고 봉국이 없어졌다.
	霍雲 以大將軍兄驃騎將軍適孫爲侯 地節三年 天子下詔書曰 驃騎將軍去病擊匈奴有功 封爲冠軍侯 薨卒 子侯代立 病死無後 春秋之義 善善及子孫 其以邑三千戶封雲爲冠軍侯 後坐謀反 族滅 國除

9. 평은후

국명國名	평은平恩 색은 〈지리지〉에는 위군에 속한다. 志屬魏郡 신주 지금의 하북성 구현邱縣 서남쪽이다.
후공侯功	허광한許廣漢이며, 집안은 (산양군) 창읍昌邑에 있다. 어떤 사건에 걸려 잠실蠶室에 보내져 궁형을 당하게 되었을 때 딸 하나가 있었는데, 그녀를 선제에게 시집보냈다. 선제가 아직 즉위하지 않았을 때 평소 허광한과 왕래하며 서로 통했는데, 점을 치며 관상을 보는 자가 마땅히 크게 귀하게 될 것이라는 말을 하였으므로 허광한은 은덕을 베푸는 것이 매우 두터웠다. 지절 3년, 후侯로 봉해졌으며 식읍은 3,000호다. 병으로 죽고 후사가 없어 봉국이 없어졌다. 許廣漢 家昌邑 坐事下蠶室 獨有一女 嫁之 宣帝未立時 素與廣漢出入相通 卜相者言當大貴 以故廣漢施恩甚厚 地節三年 封爲侯 邑三千戶 病死無後 國除

10. 창수후

국명國名	창수昌水 색은 〈표〉에는 (제남군) 어릉현에 있다. 表在於陵 신주 인근에 창수가 흐른다. 지금의 산동성 치박시淄博市 서쪽이다.
후공侯功	전광명田廣明이다. 옛 낭으로 사마가 되었으며, 점차 승진하여 남군도위·회양태수·홍려·좌풍익에 이르렀다. 소제가 붕어하고 창읍왕을 폐하고 선제를 세울 것을 의논할 때 머뭇거리는 정책을 결단하여 종묘를 안정시켰다. 본시 3년, 후侯로 봉해졌고 식읍은 2,300호다. 어사대부가 되었다. 나중에 기련장군祁連將軍이 되어 흉노를 쳤는데, 군대가 약속한 곳에 이르지 못해 사형당해 마땅했으나 자살하여 봉국이 없어졌다. 田廣明 故郎 爲司馬 稍遷至南郡都尉淮陽太守鴻臚左馮翊 昭帝崩 議廢昌邑王 立宣帝 決疑定策 以安宗廟 本始三年 封爲侯 邑二千三百戶 爲御史大夫 後爲祁連將軍 擊匈奴 軍不至質 當死 自殺 國除

11. 고평후

국명國名	고평高平 색은 〈지리지〉에는 임회군에 속한다. 志屬臨淮 신주 지금의 강소성 사홍현泗洪縣 동남쪽이다.
후공侯功	위상魏相이며, 집안은 제음군에 있다. 어려서《역경》을 배우고 제음군 관부의 졸사가 되었다. 현량賢良으로 천거되어 (우부풍) 무릉茂陵 현령이 되었으며, 하남태수로 승진했다. 무고하게 함부로 사람을 죽인 일에 걸려 감옥에 갇혔다. 사형당해 마땅했으나 때마침 사면을 받아 죄를 벗고 서인이 되었다. 조서를 내려 다시 수守 무릉령을 삼았고, 양주자사가 되었으며, 조정으로 들어가 간의대부가 되고 다시 하남태수가 되었다. 승진하여 대사농과 어사대부가 되었다. 지절 3년, 위현韋賢을 헐뜯고 대신 승상이 되어, 식읍 1,500호로 봉해졌다. 병으로 죽자 맏아들 위빈魏賓이 대를 이었는데, 종묘의 제사 일에 걸려 후작을 잃었다. 魏相 家在濟陰 少學易 爲府卒史 以賢良擧爲茂陵令 遷河南太守 坐賊殺不辜 繫獄 當死 會赦 免爲庶人 有詔守茂陵令 爲楊州刺史 入爲諫議大夫 復爲河南太守 遷爲大司農御史大夫 地節三年 譖毀韋賢 代爲丞相 封千五百戶 病死 長子賓代立 坐祠廟失侯

12. 박망후

국명國名	박망博望 색은 〈지리지〉에는 남양군에 속한다. 志屬南陽 신주 지금의 하남성 방성현方城縣 서남쪽이다. 무제 때 장건이 봉해졌다가 박탈된 곳이다.
후공侯功	허중옹許中翁이다. 평은후 허광한의 아우인데 후侯로 봉해졌으며, 식읍은 2,000호다. 또한 선제에게 개인적 은혜를 베푼 까닭에 장락궁 위위가 되었다. 죽고 아들 허연년許延年이 대를 이었다. 許中翁 以平恩侯許廣漢弟封爲侯 邑二千戶 亦故有私恩 爲長樂衛尉 死 子延年代立 집해 이름은 '순舜'이다. 名舜

13. 낙평후

국명國名	낙평樂平
	신주 《한서》〈표〉에는 '낙성樂成'으로 되어 있다. 지금은 그 위치가 불명하다.
후공侯功	허옹손許翁孫이다. 평은후 허광한의 막내아우인 덕에 후侯가 되었으며, 식읍 2,000호로 봉해졌다. 강노장군으로 임명되어 서강西羌을 격파하고 돌아와서 다시 대사마와 광록훈으로 임명되었다. 또 선제에게 개인적 은혜를 베푼 까닭에 봉해지게 되었다. 술을 즐기고 색을 좋아하여 일찍 병으로 죽었다. 아들 허탕許湯이 대를 이었다.
	許翁孫 以平恩侯許廣漢少弟故爲侯 封二千戶 拜爲彊弩將軍 擊破西羌 還 更拜爲大司馬光祿勳 亦故有私恩 故得封 嗜酒好色 以早病死 子湯代立
	신주 허옹손은 《한서》〈표〉에서 '허연수許延壽'로 되어 있다.

14. 장릉후

국명國名	장릉將陵
	신주 지금은 위치가 불명하다.
후공侯功	사자회史子回이다. 선제의 할머니 집안 출신으로 후侯로 봉해졌고 식읍은 2,600호이며, 평대후 맏아우와 함께 받았다. 자회의 처는 의군宜君으로 옛 성왕 후손인데, 질투가 심하여 시비 40명 남짓을 목 졸라 죽이고, 부인이 갓 낳은 아들을 훔쳐서 팔과 다리를 자르고는 이를 미도媚道(방술로 남편에게 잘 보이려는 것)로 여겼다. 다른 사람이 글을 올려 고발하자 의논하여 기시에 처했다. 자회는 외가인 까닭에 후작을 잃지 않았다.
	史子回 以宣帝大母家封爲侯 二千六百戶 與平臺侯昆弟行也 子回妻宜君 故成王孫 嫉妒 絞殺侍婢四十餘人 盜斷婦人初産子臂膝以爲媚道 爲人所上書言 論棄市 子回以外家故 不失侯
	집해 이름은 '증曾'이다.
	名曾

15. 평대후

국명國名	평대平臺
	색은 〈지리지〉에는 상산군에 속한다. 志屬常山 신주 지금의 하북성 평향현平鄉縣 동북쪽이다.
후공侯功	사자숙史子叔이다. 선제의 할머니 집안 출신으로 후侯에 봉해졌고, 식읍은 2,500호다. 위태자衛太子 때 사씨는 딸 하나를 태자에게 들이고, 딸 하나는 노왕魯王에게 시집보냈으니 지금 보건대 노왕도 사씨의 외손이다. 외가는 선제에게 친함이 있어서 귀하게 되었고, 수차에 걸쳐 상을 내려 받았다. 史子叔 以宣帝大母家封爲侯 二千五百戶 衛太子時 史氏內一女於太子 嫁一女魯王 今見魯王亦史氏外孫也 外家有親 以故貴 數得賞賜 집해 이름은 '현玄'이다. 名玄

16. 낙릉후

국명國名	낙릉樂陵
	색은 〈지리지〉에는 임회군에 속한다. 평원군에도 낙릉현이 있다. 志屬臨淮 平原亦有樂陵 신주 지금의 산동성 낙릉현樂陵縣이다.
후공侯功	사자장史子長이다. 선제의 할머니 집안 출신으로 귀하게 되었고, 시중이 되어 중후하고 충성스러우며 신의가 있었다. 곽씨의 모반을 발각하여 식읍 3,500호에 봉해졌다. 史子長 以宣帝大母家貴 侍中 重厚忠信 以發覺霍氏謀反事 封三千五百戶 집해 이름은 '고高'다. 名高

17. 박성후

국명國名	박성博成
	색은 〈표〉에는 임회군에 있다. 表在臨淮 신주 〈지리지〉에는 "임회군에 이런 현은 없다. 태산군에 박博이 있다."라고 했으나 지금은 그 위치가 불명하다.
후공侯功	장장張章이며, 부친이 영천군 사람인 연고로(수도와 가깝다는 뜻) 장안의 정장亭長이 되었다. 관직을 잃고 북궐로 가서 글을 올리려고 곽씨의 저택에서 기숙하며 말과 구유 사이에서 잠을 잤는데, 밤에 말을 기르는 노복들이 서로 말하는 것을 들었다. 여러 곽씨의 자손들이 모반하려 한다는 상황 얘기였다. 그래서 글을 올려 반란을 알렸고, 후侯가 되어 식읍 3,000호에 봉해졌다. 張章 父故穎川人 爲長安亭長 失官 之北闕上書 寄宿霍氏第舍 臥馬櫪間 夜聞養馬奴相與語 言諸霍氏子孫欲謀反狀 因上書告反 爲侯 封三千戶

18. 도성후

국명國名	도성都成
	색은 〈지리지〉에는 영천군에 속한다. 志屬穎川 신주 〈지리지〉에 따르면 영천에는 이런 현은 없다. 〈표〉에도 어디인지 지적하지 않았다. 《수경주》에는 동군 늠구현廩丘縣 남쪽 30리에 성도郕都 옛 성이 있는데, 저소손은 "김안상이 봉해진 후국이며, 왕망이 이름을 고쳐 성곡城穀이라 했다."라고 말했다. 김일제가 봉해진 투현에서 북쪽으로 100km 정도 기리디.
후공侯功	김안상金安上이며, 선조는 옛 흉노였다. 옛 대장군 곽광의 아들 곽우 등이 모반한 사건을 발각한 공으로 후侯에 봉해졌으며, 식읍은 2,800호다. 김안상은 봉거도위인 투후秺侯에게 여러 자식이 따르게 했는데, 행실을 삼가고 선량하며, 물러나고 양보하면서 스스로 지키게 하여 공덕을 자손들에게 전하려고 한 것이다. 金安上 先故匈奴 以發覺故大將軍霍光子禹等謀反事有功 封侯二千八百戶 安上者 奉車都尉秺侯從羣子 行謹善 退讓以自持 欲傳功德於子孫

신주 김일제의 아우 김윤의 아들이다. 자는 자후子侯이고 시호는 '경敬'이다. 《한서》 〈표〉에 따르면, 선제 오봉 3년(서기전 55)에 이후夷侯 상常이 후사를 잇고 1년 만에 죽어 세습이 끊겼다. 다시 평제 원시 원년(서기 1)에 흠欽이 안상의 손자로 봉해졌다가 왕망에게 주살당했다(〈김일제전〉에는 자살함). 원시 원년에 대후戴侯 양楊(〈김일제전〉에는 탕湯)이 후사를 이었다가 왕망이 몰락하자 세습이 끊겼다고 한다.

19. 평통후

국명國名	평통平通
	색은 〈표〉에는 (여남군) 박양현에 있다.
	表在博陽
	신주 지금의 산동성 태안시泰安市 동남쪽이다.
후공侯功	양운楊惲이며, 집안은 화음에 있다. 옛 승상 양창楊敞의 작은아들로 임무를 맡아 낭이 되었다. 사대부를 좋아하고, 스스로 다른 사람을 아는 것을 기뻐했다. 많은 사람 속에 있으면 늘 다른 사람과 함께했다. 옛 고창후 동충董忠이 그를 당겨 귓속말을 하면서 곽씨들이 모반한 상황을 말하자 함께 이 사실을 알려 후侯가 되었으며, 식읍 2,000호로 광록훈이 되었다. 오봉 4년에 이르러 요망한 말을 하여 대역죄로 요참을 당하고 봉국이 없어졌다.
	楊惲 家在華陰 故丞相楊敞少子 任爲郎 好士 自喜知人 居眾人中常與人顏色 以故高昌侯董忠引與屏語 言霍氏謀反狀 共發覺告反侯 二千戶爲光祿勳 到五鳳四年 作爲妖言 大逆罪腰斬 國除
	신주 양창이 사마천의 사위이니 양운은 사마천의 외손이 된다. 양창은 소제 말년에 승상이 되었는데, 대장군 곽광과 거기장군 장안세張安世가 창읍왕을 폐하고 선제를 옹립할 것을 알리자 놀라서 등에 식은땀만 흘리며 "예, 예."라고 할 뿐이었다. 《한서》에 따르면, 이 때 부인이 나와서 이렇게 말했다.
	"이는 국가의 큰일이고 지금 대장군이 의견을 이미 정하고, 9경을 시켜 군후에게 와서 보고하는 것입니다. 군후께서 빨리 응답하여 대장군과 같은 마음이라고 하지 않으면 결심이 없음과 같으니 일에 앞서 군후를 죽일 것입니다."
	양운은 훗날 황제에게 밉보여서 끝내 요참을 당하는데, 그가 남긴 고사성어가 '일구지학一丘之貉'으로 '같은 언덕 위의 담비 무리'라는 뜻이다. 서로 다를 바 없는 똑같은 부류의 사람들을 가리키며, 좋지 않은 의미로 쓰인다.

20. 고창후

국명國名	고창高昌
	색은 〈지리지〉에는 천승군에 속한다. 志屬千乘 신주 지금의 산동성 박흥현博興縣 서남쪽이다.
후공侯功	동충董忠이며, 부친이 영천군 양적현 사람인 덕에 글을 익히고 장안에 이르렀다. 동충은 재주와 힘이 있고 기사騎射에 능숙했으며 짧은 병기를 잘 써서 기문期門에서 급사 일을 했다. 장장張章과 서로 익히 알고 지냈는데, 장장이 동충에게 곽우 등이 모반한 상황을 알렸고, 동충은 상시기랑 양운楊惲에게 말하여 함께 반란을 알려 후侯가 되었으며, 식읍은 2,000호다. 지금 효기도위가 되어 시중으로 일했다. 종묘의 제사에서 작은 수레를 타다가 식읍 100호를 빼앗겼다. 董忠 父故穎川陽翟人 以習書詣長安 忠有材力 能騎射 用短兵 給事期門 與張章相習知 章告語忠霍禹謀反狀 忠以語常侍騎郎楊惲 共發覺告反 侯 二千戶 今爲梟騎都尉 侍中 坐祠宗廟乘小車 奪百戶 집해 《한서》〈동방삭전〉에서 말한다. "무제가 미행할 때, 시중·상시·무기 및 대조待詔와 농서군과 북지군의 양가 자식들로 말 타며 활쏘기에 능숙한 자들을 여러 궁전의 문에서 기다려 출궁했다. 그래서 '기문'이란 호칭이 있게 되었다." 漢書東方朔傳曰 武帝微行 出與侍中常侍武騎及待詔隴西北地良家子能騎射者期諸殿門 故有期門之號

21. 원척후

국명國名	원척爰戚
	신주 지금의 산동성 가상현嘉祥縣 남쪽이다.
후공侯功	조성趙成이다. 초나라에서 반란 사건을 발각하여 후侯가 되었고, 식읍은 2,300호다. 지절 원년, 초왕이 광릉왕과 모반했는데, 조성이 반란한 상황을 발각하자 천자는 은혜를 펼치고 덕을 넓히려는 뜻에서 조서를 내려 "광릉왕을 치죄함이 없도록 하라"라고 했지만, 광릉왕은 뜻을 변경하지 않았다.

나중에 다시 봉국을 멸망시키려고 저주한 일에 걸려 자살하고 봉국이 없어졌다. 지금 황제가 다시 아들을 세워 광릉왕으로 삼았다.

趙成 用發覺楚國事侯 二千三百戶 地節元年 楚王與廣陵王謀反 成發覺反狀 天子推恩廣德義 下詔書曰 無治廣陵王 廣陵不變更 後復坐祝詛滅國 自殺 國除 今帝復立子爲廣陵王

> 색은 (조성을) 《한서》〈표〉에서는 '조장평'이라 한다.

漢表作趙長平

22. 찬후

국명國名 | 찬鄼

> 신주 지금의 호북성 노하구시老河口市 북서쪽이다.

후공侯功 | 지절 3년(서기전 67), 천자가 조서를 내렸다.

"짐이 듣건대, 한나라가 발흥하면서 상국 소하의 공이 제일이라고 한다. 지금 세습이 끊겨 후사가 없으니 짐이 심히 가련히 여긴다. 식읍 3,000호로 소하의 현손 소건세蕭建世를 봉하여 찬후로 삼는다."

地節三年 天子下詔書曰 朕聞漢之興 相國蕭何功第一 今絕無後 朕甚憐之 其以邑三千戶封蕭何玄孫建世爲鄼侯

> 신주 《한서》〈표〉에는 지절 4년이다. 14년에 죽고 시호가 '안安'이다. 감로 2년 사후思侯 소보蕭輔가 잇고 36년에 죽는다. 성제 영시 원년(서기전 16), 소획蕭獲이 후사했다가 종을 시켜 살인한 죄에 걸렸으나 죽음을 면하고 성 쌓는 벌을 받아 봉국이 없어졌다. 이 해 다시 소하의 6세손인 거록군 남련현南䜌縣 현장 소희蕭喜를 다시 찬후로 삼는다. 영시 3년에 죽으니 시호를 '희僖'라 했다. 영시 4년 질후 소존蕭尊이 잇고 5년에 죽었다. 애제 수화 원년(서기전 8) 질후 소장蕭章이 잇고 13년에 죽는다. 유자영 거섭 원년 소우蕭禹가 잇고 왕망 신 건국 원년(서기 8) 소향후가 되나 왕망의 몰락과 함께 세습이 마침내 끊겼다. 소하로부터 전한 말까지 이어진 소하의 계보는 다음과 같다.
> 찬문종후 소하9 – 찬애후 소록6 – 찬의후 동7·축양후 소연7 – 찬정후 소연19 – 찬양후 소유1 – 소칙4 – 무양유후 소가7 – 소승18 – 공백 7 – 찬공후 소경3 – 소수성13 – 공백41 – 찬안후 소건세14 – 찬사후 소보36 – 소획 – 찬희후 소희3 – 찬질후 소존5 – 찬질후 소장13 – 찬후 소우3 – 소향후 소우

23. 평창후

국명國名	평창平昌 **신주** 지금의 산동성 상하현商河縣 서북쪽이다.
후공侯功	왕장군王長君이며, 집안은 조국에 있고, 상산군 광망읍廣望邑 사람이다. 위 태자 때, (여동생을) 태자의 집안에 시집보내 태자의 아들 사황손史皇孫이 배 필로 삼아 을을 낳았다. 들리는 소식도 묻는 일도 없이 끊어져 흐른 세월이 40년 남짓이었는데, 지금 원강 원년 연간에 이르러 조서로 불러 세워서 후 侯로 삼았으며, 식읍 5,000호로 봉했다. 선제의 외숙부다. 王長君 家在趙國 常山廣望邑人也 衛太子時 嫁太子家 爲太子男史皇孫 爲配 生子男 絶不聞聲問 行且四十餘歲 至今元康元年中 詔徵 立以爲 侯 封五千戶 宣帝舅父也 **집해** 이름은 '무고無故'이다. 名無故

24. 악창후

국명國名	악창樂昌 **색은** 〈표〉에는 여남군에 있다. 表在汝南 **신주** 고후 8년에 장오의 아들 장수張受가 봉해졌다가 없어진 후국이다. 지금의 하남성 남악현南樂縣 남쪽이다.
후공侯功	왕치군王稚君이며, 집안은 조국에 있고, 상산군 광망읍 사람이다. 선제의 외 가 외숙으로 후侯로 봉해졌으며, 식읍은 5,000호다. 평창후 왕장군의 아우다. 王稚君 家在趙國 常山廣望邑人也 以宣帝舅父外家封爲侯 邑五千戶 平 昌侯王長君弟也 **집해** 이름은 '무武'다. 名武

25. 공성후

국명國名	공성邛成
	색은 〈표〉에는 제음군에 있다. 表在濟陰 신주 지금은 그 위치가 불명하다.
후공侯功	왕봉광王奉光이며, 집안은 (한중군) 방릉房陵에 있다. 딸이 선제의 황후로 세워진 덕에 식읍 1,500호로 봉해졌다. 왕봉광이 처음 태어날 때 밤에 그 위에 빛이 보였다. 전해들은 자들이 "당연히 귀하게 될 것이라고 했다"라고 말했다. 훗날에 과연 딸 덕에 후侯가 되었다. 王奉光 家在房陵 以女立爲宣帝皇后 故封千五百戶 言奉光生時 夜見光其上 傳聞者以爲當貴云 後果以女故爲侯

26. 안원후

국명國名	안원安遠
	색은 〈표〉에는 (여남군) 신현에 있다. 表在慎 신주 지금의 안휘성 영상현潁上縣 서북쪽이다.
후공侯功	정길鄭吉이며, 집안은 회계군에 있다. 졸오로 일어나 종군하여 낭이 되었으며, 장수를 보호하고 형을 느슨하게 하며 사졸들이 거리渠梨에서 둔전하게 했다. 때마침 흉노 선우가 죽고 국가가 혼란해져 서로 공격하자 일축왕日逐王이 무리를 거느리고 한나라에 와서 항복하려고 사신을 정길에게 먼저 보내 말하니 정길이 이졸 수백 명을 거느리고 가서 맞이했다. 무리 중에 자못 돌아가려는 자가 있어 그 수령을 참살하고, 마침내 함께 한나라로 들어왔다. 군공으로 후侯가 되었으며, 식읍은 2,000호다. 鄭吉 家在會稽 以卒伍起從軍爲郎 使護將弛刑士田渠梨 會匈奴單于死 國亂 相攻 日逐王將眾來降漢 先使語吉 吉將吏卒數百人往迎之 眾頗有欲還者 斬殺其渠率 遂與俱入漢 以軍功侯 二千戶

27. 박양후

국명國名	박양博陽 색은 〈표〉에는 (여남군) 남돈현에 있다. 表在南頓 신주 지금의 하남성 항성시項城市 서쪽이다.
후공侯功	병길邴吉이며, 집안은 노국에 있다. 본래 감옥을 다스려 어사속이 되었고, 대장군 막부에서 급사로 일했다. 선제가 항상 옛 은혜를 베풀어 주어 승진해 어사대부가 되었으며, 후侯로 봉해지고 식읍은 2,000호다. 신작 2년, 위상魏相을 대신해 승상이 되었다. 5년 만에 병으로 죽었다. 아들 병옹맹邴翁孟이 대를 이어 장군이 되고 시중 일을 했다. 감로 원년, 종묘의 제사에서 큰 수레를 타지 않고 말을 달려 종묘의 문에 도착한 죄로 작위를 박탈당하고 관내후가 되었다. 邴吉 家在魯 本以治獄爲御史屬 給事大將軍幕府 常施舊恩宣帝 遷爲御史大夫 封侯 二千戶 神爵二年 代魏相爲丞相 立五歲 病死 子翁孟代立 爲將軍 侍中 甘露元年 坐祠宗廟不乘大車而騎至廟門 有罪 奪爵 爲關內侯

28. 건성후

국명國名	건성建成 색은 〈표〉에는 패군에 있다. 表在沛 신주 고조 6년에 여석지가 봉해지고 혜제 7년에 봉국이 없어졌다. 지금의 하남성 영성시永城市 동남쪽이다.
후공侯功	황패黃霸이며, 집안은 (회양군) 양하陽夏에 있고, 부역을 위해 (좌풍익) 운양雲陽으로 이사했다. 염리廉吏로 하내군 수승守丞이 되었다가 승진하여 정위감이 되었고 승상장사의 일을 대행했다. 하후승夏侯勝이 (무제의 묘악을 성대하게 하라는) 조서를 크게 비난한 것을 보고도 알리지 않은 불경죄에 걸려 3년간 감옥에 갇혀 있으면서 (같이 갇힌) 하후승을 따라 《상서》를 배웠다. 때마침 사면을 받고 현량으로 천거되어 양주자사가 되었으며, 이윽고 영천태수가 되었다. 교화를 잘하여 남녀가 다른 길로 가고 농사하는 자들이 밭두둑을 양보했다. 황금 100근을 하사받고, 녹질 중 2,000석이 되었다. 영천군에서 살다가 조정에 들어와 태자의 스승이 되었고, 어사대부로 승진했다. 오봉 3년,

병길을 대신해 승상이 되었다. 식읍 1,800호로 봉해졌다.

黃霸 家在陽夏 以役使徙雲陽 以廉吏爲河內守丞 遷爲廷尉監 行丞相長
史事 坐見知夏侯勝非詔書大不敬罪 久繫獄三歲 從勝學尙書 會赦 以賢良
擧爲揚州刺史 潁川太守 善化 男女異路 耕者讓畔 賜黃金百斤 秩中二千石
居潁川 入爲太子傅 遷御史大夫 五鳳三年 代邴吉爲丞相 封千八百戶

29. 서평후

국명國名	서평西平
	색은 〈표〉에는 임회군에 있다.
	表在臨淮
	신주 지금의 하남성 무양현舞陽縣 동남쪽이다.
후공侯功	우정국于定國이며, 집안은 동해군에 있다. 본래 감옥을 다스리는 급사로 정위 사가 되었고, 점차 승진하여 어사중승이 되었다. 창읍왕에게 글을 올려 간했고, 승진하여 광록대부가 되었으며, 정위가 되었다. 스승에게 이르러 《춘추》를 수업 받고서 변화하는 도리로 교화를 행하고 후덕하게 남을 사랑하는 것을 도모했다. 승진하여 어사대부가 되고, 황패를 대신하여 승상이 되었다.
	于定國 家在東海 本以治獄給事爲廷尉史 稍遷御史中丞 上書諫昌邑王 遷爲光祿大夫 爲廷尉 乃師受春秋 變道行化 謀厚愛人 遷爲御史大夫 代黃霸爲丞相

이상 선제 시대 봉국명

30. 양평후

국명國名	양평陽平
	색은 〈표〉에는 동군에 있다.

	表在東郡 **신주** 지금의 산동성 신현莘縣이다.
후공侯功	왕치군王稚君이며, 집안은 위군에 있다. 옛 승상사다. 딸이 태자비가 되었다. 태자가 즉위하여 원제元帝가 되고, 딸이 황후가 된 덕에 후侯가 되었으며, 식읍은 1,200호다. 초원 이래 바야흐로 성대하고 귀하게 되어 일을 부리자 경사에서 벼슬을 떠돌며 관직을 구하는 자들이 대부분 그의 힘을 얻으려고 했지만, 그가 지략을 가지고 국가에 널리 베풀었다는 말은 아직 듣지 못했다. 王稚君 家在魏郡 故丞相史 女爲太子妃 太子立爲帝 女爲皇后 故侯千二百戶 初元以來 方盛貴用事 游宦求官於京師者多得其力 未聞其有知略廣宣於國家也 **집해** (왕치군의) 이름은 '걸傑'이다. 名傑 **색은** 《한서》〈표〉에는 이름이 '금禁'이다. 漢表名禁

색은술찬 사마정이 펼쳐서 밝히다.

효무제 시대, 천하에는 걱정이 많았다. 남쪽에서 구甌와 월越을 토벌하고 북쪽에서 선우를 쳤다. 장평후(위청)가 군사를 굴리니 으뜸가는 군대가 앞에서 내달렸다. 술양후(건덕建德)는 항복했고 임채후(손도孫都)는 번우番禺를 깨뜨렸다. 박륙후(곽광)는 재상이었고, 평진후(공손홍)는 거물 유학자였다. 금으로 된 인장을 차고 자수가 드리워졌다. 소제 이후 공훈과 총애가 다르지 않았다. 애석하구나, 태사공의 붓이 끊어졌으니! 저씨가 여럿을 보충했도다.

孝武之代 天下多虞 南討甌越 北擊單於 長平鞠旅 冠軍前驅 術陽銜璧* 臨蔡破禺 博陸上宰 平津巨儒 金章且佩 紫綬行紆 昭帝已後 勳寵不殊 惜哉絕筆 褚氏補諸

신주 '함벽銜璧'이란 입에 구슬을 머금는다는 말로 항복하는 의식을 뜻한다. 건덕은 남월왕이었는데, 한나라에 항복했고 남월이라는 독립 국가는 이후로 사라졌다.

사기 제21권 史記卷二十一

건원이래왕자후자연표 建元已來王子侯者年表

건원이래왕자후자연표 들어가기

　무제는 원삭元朔 2년(서기전 127) 조신朝臣 주부언主父偃의 상서를 계기로 추은법推恩法, 곧 추은령推恩令을 반포했다. 주요 내용은 제후들이 영지를 상속할 때 한 아들이 아니라 여러 아들에게 분할 상속하게 한 것인데, 이로써 제후왕들의 여러 아들이 제후로 봉함을 받았지만 영지가 나누어지면서 제후국의 세력은 약화되었고, 중앙의 힘이 강화되었다.

　〈건원이래왕자후자연표〉는 무제 건원 원년(서기전 140)부터 태초 4년(서기전 101)까지 기재되어 있는데, 이 표에 기록된 수봉자受封者는 모두 162명이다. 그러나 그들 역시 많은 수가 얼마 가지 못해 영지를 잃고 소멸하게 된다. 대부분이 주금령酎金令 위반죄다. 이 표의 서문은 거의 사라지고 지금은 아주 일부만 전해지고 있다.

　전한 초기에 실시했던 군국제郡國制는 제후들을 분봉해서 다스리는 봉건제와 중앙에서 직접 다스리는 군현제郡縣制를 병용해서 실시하였는데 경제 때 오초칠국의 난과 무제 때의 추은령으로 제후들은 대거 몰락하고 사실상 군현제가 실시되었다.

사기 제21권 건원이래왕자후자연표 제9

史記卷二十一 建元已來王子侯者年表第九

[신주] 이 연표는 건원 원년부터 태초 4년까지의 수봉자들을 기록했다고 하여 '건원이래'라고 했으나 실제는 원광 5년부터 원정 원년까지, 후를 이은 제후들의 자식들을 기록하고 있다.

태사공이 말한다

어사에게 조서를 내렸다.

"제후왕 누구라도 개인의 은혜를 미루어 자식이나 아우에게 식읍을 나누어 주고자 할 때 각각 법률의 조문을 따라 올리면 짐은 장차 다다라서 그 호칭을 정할 것이다."

태사공은 말한다.

"성대하구나! 천자의 덕이여! 한 사람에게 덕이 있으니 천하에서 그것에 힘입는구나!"

制詔御史 諸侯王或欲推私恩分子弟邑者 令各條上 朕且臨定其號名 太史公曰 盛哉 天子之德 一人有慶 天下賴之

신주 양옥승이 말했다.

"이것은 원삭 2년 조서다. 《한서》 조서에 '제후왕이 자제에게 읍을 주기를 청하면 짐이 장차 친히 살펴서 열후의 지위에 있게 하겠노라.'라고 하여 실린 것이 다른데 어쩜 반고와 사마천이 조서의 말을 또한 멋대로 고친 것인가? 왕자의 봉함은 곧 본국의 읍을 갈라서 후국을 만들지만, 표 안의 국명은 자못 봉국을 넘어 다른 땅에도 있었다. 〈중산정왕전〉에는 '분봉된 자제는 다른 한나라 군에 속한다.'라고 했다. 가만히 생각하면 당일에 무더기로 봉건하는 제도는 반드시 조정에서 먼저의 봉읍을 나누거나 천자가 따로 부근 군의 땅으로 바꾸어 봉하기도 했다. 또《한서》〈지리지〉에는 원시元始(평제平帝 연호, 서기 1~5년) 판적版籍에 근거했는데, 기록한 후국은 성제成帝와 원제元帝 말에 끊어지게 되었으며, 모든 기록은 남아있는 후국만 보이게 되었다. 그 사이에 군현이 갈라지고 예속되고 이동된 것이 무릇 얼마나 되는지 모르므로 한나라 초기와 달라졌다. 또 봉국이 먼저 끊어진 곳은 함께 후국으로 기록하지 않았고, 봉국이 없어지거나 그 지명이 폐지되었으면서도 현縣이 되지 못한 곳 또한 기록하지 않았으므로 지명을 대부분 고찰할 수 없었다."

원광 연간 왕자후자표

1. 자후

국명國名	자茲
	색은 〈표〉와 〈지리지〉에는 들어있지 않다. 表志闕
왕자호王子號	하간헌왕 아들 河閒獻王子
원광元光	2년간 유명이 후侯로 있었다. 원광 5년 정월 임자일, 후侯 유명劉明 원년이다. 二 五年正月壬子 侯劉明元年
원삭元朔	2년간 유명이 후侯로 있었다. 원삭 3년, 후侯 유명이 모반하여 살인한 일에 걸려 기시를 당하고 봉국이 없어졌다. 二 三年 侯明坐謀反殺人 棄市 國除
	집해 서광이 말했다. "다른 판본에는 남을 노략질하고 죽여서 기시를 당했다고 한다." 徐廣曰 一作掠殺人 棄市 신주 《사기지의》에 따르면, 집해의 말과 《한서》 〈표〉가 같다.
원수元狩	
원정元鼎	
원봉元封	
태초太初	

2. 안성후

국명國名	안성安成
	색은 〈표〉에는 예장군에 있다.
	表在豫章
	신주 〈지리지〉에는 장사군에 있으며, 장사정왕 아들이라고 한다.
왕자호王子號	장사정왕 아들 長沙定王子
원광元光	1년간 유창이 사후로 있었다. 원광 6년 7월 을사일, 사후思侯 유창劉蒼의 원년이다. 一 六年七月乙巳 思侯劉蒼元年
원삭元朔	6년간 유창이 사후로 있었다. 六
원수元狩	6년간 유창이 사후로 있었다. 六
원정元鼎	6년간 유자당이 금후로 있었다. 원정 원년, 금후今侯 유자당劉自當의 원년이다. 六 元年 今侯自當元年
원봉元封	6년간 유자당이 금후로 있었다. 六
태초太初	4년간 유자당이 금후로 있었다. 四

3. 의춘후

국명國名	의춘宜春
	색은 〈표〉와 〈지리지〉에는 들어있지 않다.
	表志闕

	신주 〈지리지〉에는 여남과 예장 두 곳에 있으며, 《사기지의》에는 예장군 의춘현이 봉해진 곳이라고 한다.
왕자호王子號	장사정왕 아들 長沙定王子
원광元光	1년간 유성이 후侯로 있었다. 원광 6년 7월 을사일, 후侯 유성劉成의 원년이다. 一 六年七月乙巳 侯劉成元年
원삭元朔	6년간 유성이 후侯로 있었다. 六
원수元狩	6년간 유성이 후侯로 있었다. 六
원정元鼎	4년간 유성이 후侯로 있었다. 원정 5년, 후侯 유성이 주금에 걸려 봉국이 없어졌다. 四 五年 侯成坐酎金 國除
원봉元封	
태초太初	

4. 구용후

국명國名	구용句容 색은 〈표〉에는 회계군에 있다. 表在會稽 신주 〈지리지〉에는 단양군에 있다고 한다.
왕자호王子號	장사정왕 아들 長沙定王子
원광元光	1년간 유당이 애후로 있었다. 원광 6년 7월 을사일, 애후哀侯 유당劉黨의 원년이다. 一 六年七月乙巳 哀侯劉黨元年

원삭元朔	원삭 원년, 애후 유당이 죽고 후사가 없어 봉국이 없어졌다. 元年 哀侯黨薨 無後 國除
원수元狩	
원정元鼎	
원봉元封	
태초太初	

5. 구릉후

국명國名	구릉句陵 집해 서광이 말했다. "다른 판본에는 '용릉容陵'이라 한다." 徐廣曰 一作容陵 색은 〈표〉와 〈지리지〉에는 들어있지 않다. 表志闕 신주 〈지리지〉에는 장사군 속현 용릉이 있다.
왕자호王子號	장사정왕 아들 長沙定王子
원광元光	1년간 유복이 후侯로 있었다. 원광 6년 7월 을사일, 후侯 유복劉福의 원 년이다. 一 六年七月乙巳 侯劉福元年
원삭元朔	6년간 유복이 후侯로 있었다. 六
원수元狩	6년간 유복이 후侯로 있었다. 六
원정元鼎	4년간 유복이 후侯로 있었다. 원정 5년, 후侯 유복이 주금에 걸려 봉국 이 없어졌다. 四 五年 侯福坐酎金 國除

원봉元封	
태초太初	

6. 행산후

국명國名	행산杏山
	색은 〈표〉와 〈지리지〉에는 들어있지 않다.
	表志闕
왕자호王子號	초안왕 아들
	楚安王子
원광元光	1년간 유성이 후侯로 있었다. 원광 6년 후9월 임술일, 후侯 유성劉成의 원년이다.
	一 六年後九月壬戌 侯劉成元年
원삭元朔	6년간 유성이 후侯로 있었다.
	六
원수元狩	6년간 유성이 후侯로 있었다.
	六
원정元鼎	4년간 유성이 후侯로 있었다. 원정 5년, 후侯 유성이 주금에 걸려 봉국이 없어졌다.
	四 五年 侯成坐酎金 國除
원봉元封	
태초太初	

7. 부구후

국명國名	부구浮丘 [색은] 〈표〉에는 패군에 있다. 表在沛
왕자호王子號	초안왕 아들 楚安王子
원광元光	1년간 유불심이 후侯로 있었다. 원광 6년 후9월 임술일, 후侯 유불심劉不審의 원년이다. 一 六年後九月壬戌 侯劉不審元年 [신주] 《한서》〈표〉에 불해不害라 한다.
원삭元朔	6년간 유불심이 후侯로 있었다. 六
원수元狩	4년간 유불심이 후侯로 있었다. 2년간 유패가 후侯로 있었다. 원수 5년, 후侯 유패劉霸의 원년이다. 四 二 五年 侯霸元年
원정元鼎	4년간 유패가 후侯로 있었다. 원정 5년, 후侯 유패가 주금에 걸려 봉국이 없어졌다. 四 五年 侯霸坐酎金 國除
원봉元封	
태초太初	

원삭 연간 왕자후자표

1. 광척후

국명國名	광척廣戚
	색은 〈표〉와 〈지리지〉에는 들어있지 않다. 表志闕 신주 〈지리지〉에는 패군 속현이다. 노나라에서 가까운 곳이다.
왕자호王子號	노공왕 아들 魯共王子
원광元光	
원삭元朔	6년간 유택이 절후로 있었다. 원삭 원년 10월 정유일, 절후節侯 유택劉擇의 원년이다. 六 元年十月丁酉 節侯劉擇元年 집해 서광이 말했다. "擇을 다른 판본에는 '장將'이라 한다." 徐廣曰 擇一作將
원수元狩	6년간 유시가 후侯로 있었다. 원수 원년, 후侯 유시劉始의 원년이다. 六 元年 侯始元年
원정元鼎	4년간 유시가 후侯로 있었다. 원정 5년, 후侯 유시가 주금에 걸려 봉국이 없어졌다. 四 五年 侯始坐酎金 國除
원봉元封	
태초太初	

2. 단양후

국명國名	단양丹楊
	색은 단양이다. 〈표〉에는 무호에 있다. 丹陽 表在蕪湖 신주 〈지리지〉에는 단양군(오늘날 남경 일대) 단양현이며, 무호는 단양군 속현이다.
왕자호王子號	강도역왕 아들 江都易王子
원광元光	
원삭元朔	6년간 유감이 애후로 있었다. 원삭 원년 12월 갑진일, 애후哀侯 유감劉敢의 원년이다. 六 元年十二月甲辰 哀侯敢元年
원수元狩	원수 원년, 후侯 유감이 죽고 후사가 없어 봉국이 없어졌다. 元狩元年 侯敢薨 無後 國除
원정元鼎	
원봉元封	
태초太初	

3. 우이후

국명國名	우이盱台
	색은 〈표〉와 〈지리지〉에는 들어있지 않다. 表志闕 신주 〈지리지〉에는 임회군에 있으며, 초회왕이 도읍했던 곳이다.
왕자호王子號	강도역왕 아들 江都易王子
원광元光	

원삭元朔	6년간 유상지가 후侯로 있었다. 원삭 원년 12월 갑진일, 후侯 유상지劉象之의 원년이다. 六 元年十二月甲辰 侯劉象之元年 색은 〈표〉에는 '유몽지'라 한다. 表作蒙之
원수元狩	6년간 유상지가 후侯로 있었다. 六
원정元鼎	4년간 유상지가 후侯로 있었다. 원정 5년, 후侯 유상지가 주금에 걸려 봉국이 없어졌다. 四 五年 侯象之坐酎金 國除
원봉元封	
태초太初	

4. 호숙후

국명國名	호숙湖孰 색은 〈표〉에는 단양군에 있다. 表在丹陽
왕자호王子號	강도역왕 아들 江都易王子
원광元光	
원삭元朔	6년간 유서가 경후로 있었다. 원삭 원년 정월 정묘일, 경후頃侯 유서劉胥의 원년이다. 六 元年正月丁卯 頃侯劉胥元年 색은 〈표〉에는 '유서행'이라 한다. 表作胥行

원수元狩	6년간 유서가 경후로 있었다. 六
원정元鼎	4년간 유서가 경후로 있었다. 2년간 유성이 금후로 있었다. 원정 5년, 금후今侯 유성劉聖의 원년이다. 四 二 五年 今侯聖元年 **신주** 《사기지의》에 따르면, 《한서》〈표〉에는 살인을 보호한 일로 봉해진 해에 봉국이 없어졌다고 한다.
원봉元封	6년간 유성이 금후로 있었다. 六
태초太初	4년간 유성이 금후로 있었다. 四

5. 질양후

국명國名	질양秩陽 **색은** 〈표〉에는 '말릉'이라 한다. 表作秣陵 **신주** 강도역왕의 아들이니 가까운 단양군 말릉일 것으로 보는 견해도 있다.
왕자호王子號	강도역왕 아들 江都易王子
원광元光	
원삭元朔	6년간 유련이 종후로 있었다. 원삭 원년 정월 정묘일, 종후終侯 유련劉漣의 원년이다. 六 元年正月丁卯 終侯劉漣元年 **색은** 〈표〉에는 이름을 '전纏'이라 한다. 表名纏

원수元狩	6년간 유련이 종후로 있었다. 六
원정元鼎	3년간 유련이 종후로 있었다. 원정 4년, 종후 유련이 죽고 후사가 없어 봉국이 없어졌다. 三 四年 終侯漣薨 無後 國除
원봉元封	
태초太初	

6. 수릉후

국명國名	수릉睢陵 색은 〈표〉에는 '회릉'이라 한다. 表作淮陵 신주 《사기지의》에 따르면, 두 현은 모두 임회군에 속하며 당시 선평후 장언의 손자 장광張廣이 수릉후로 바꿔 봉해져 있었으므로 《한서》〈표〉의 기록이 옳다고 한다.
왕자호王子號	강도역왕 아들 江都易王子
원광元光	
원삭元朔	6년간 유정국이 후侯로 있었다. 원삭 원년 정월 정묘일, 후侯 유정국劉定 國의 원년이다. 六 元年正月丁卯 侯劉定國元年
원수元狩	6년간 유정국이 후侯로 있었다. 六
원정元鼎	4년간 유정국이 후侯로 있었다. 원정 5년, 후侯 유정국이 주금에 걸려 봉 국이 없어졌다. 四 五年 侯定國坐酎金 國除

원봉元封	
태초太初	

7. 용구후

국명國名	용구龍丘 색은 〈표〉에는 낭야군에 있다. 表在琅邪
왕자호王子號	강도역왕 아들 江都易王子 신주 《한서》〈표〉에는 치천의왕 아들로 나오는데, 봉한 날짜로 보아 타당해 보인다.
원광元光	
원삭元朔	5년간 유대가 후侯로 있었다. 원삭 2년 5월 을사일, 후侯 유대劉代의 원년이다. 五 二年五月乙巳 侯劉代元年
원수元狩	6년간 유대가 후侯로 있었다. 六
원정元鼎	4년간 유대가 후侯로 있었다. 원정 5년, 후侯 유대가 주금에 걸려 봉국이 없어졌다. 四 五年 侯代坐酎金 國除
원봉元封	
태초太初	

8. 장량후

국명國名	장량張梁
	색은 〈표〉와 〈지리지〉에는 들어있지 않다. 表志闕
왕자호王子號	강도역왕 아들 江都易王子
	신주 양옥승이 말했다. "《한서》〈표〉에는 용구후 앞에 있으며, 양공왕 아들이 봉해졌다고 한다. 〈무제기〉 원삭 2년 조서에 '양왕과 성양왕은 동생에게 친밀하고 자애로워 봉읍을 아우에게 나누기 원하는데, 허락하노라.'라고 한다. 즉, 장량은 양공왕 아들이 봉해진 후국이다. 그 땅은 아마 양국 수양현의 양량취楊粱聚일 것이다."
원광元光	
원삭元朔	5년간 유인이 애후로 있었다. 원삭 2년 5월 을사일, 애후哀侯 유인劉仁의 원년이다. 五 二年五月乙巳 哀侯劉仁元年
원수元狩	6년간 유인이 애후로 있었다. 六
원정元鼎	2년간 유인이 애후로 있었다. 4년간 유순이 금후로 있었다. 원정 3년, 금후今侯 유순劉順의 원년이다. 二 四 三年 今侯順元年
원봉元封	6년간 유순이 금후로 있었다. 六
태초太初	4년간 유순이 금후로 있었다. 四

9. 극후

국명國名	극劇
	색은 〈표〉와 〈지리지〉에는 들어있지 않다. 表志闕 신주 〈지리지〉에는 북해군 속현이며 후국이 있다고 한다.
왕자호王子號	치천의왕 아들 菑川懿王子
원광元光	
원삭元朔	5년간 유조가 원후로 있었다. 원삭 2년 5월 을사일, 원후原侯 유조劉錯의 원년이다. 五 二年五月乙巳 原侯劉錯元年
원수元狩	6년간 유조가 원후로 있었다. 六
원정元鼎	1년간 유조가 원후로 있었다. 5년간 유광창이 효후로 있었다. 원정 2년, 효후孝侯 유광창劉廣昌의 원년이다. 一 五 二年 孝侯廣昌元年
원봉元封	6년간 유광창이 효후로 있었다. 六
태초太初	4년간 유광창이 효후로 있었다. 四

10. 양후

국명國名	양壤
	색은 〈표〉와 〈지리지〉에는 들어있지 않다. 表志闕

왕자호王子號	치천의왕 아들 菑川懿王子
원광元光	
원삭元朔	5년간 유고수가 이후로 있었다. 원삭 2년 5월 을사일, 이후夷侯 유고수劉 高遂의 원년이다. 五 二年五月乙巳 夷侯劉高遂元年 색은 '유고'이다. 劉高
원수元狩	6년간 유고수가 이후로 있었다. 六
원정元鼎	6년간 유연이 금후로 있었다. 원정 원년, 금후今侯 유연劉延의 원년이다. 六 元年 今侯延元年
원봉元封	6년간 유연이 금후로 있었다. 六
태초太初	4년간 유연이 금후로 있었다. 四

11. 평망후

국명國名	평망平望 색은 〈표〉와 〈지리지〉에는 들어있지 않다. 表志闕 신주 〈지리지〉에는 북해군 속현이며 후국이 있다고 한다.
왕자호王子號	치천의왕 아들 菑川懿王子
원광元光	

원삭元朔	5년간 유상이 이후로 있었다. 원삭 2년 5월 을사일, 이후夷侯 유상劉賞의 원년이다. 五 二年五月乙巳 夷侯劉賞元年
원수元狩	2년간 유상이 이후로 있었다. 4년간 유초인이 금후로 있었다. 원수 3년, 금후今侯 유초인劉楚人의 원년이다. 二 四 三年 今侯楚人元年
원정元鼎	6년간 유초인이 금후로 있었다. 六
원봉元封	6년간 유초인이 금후로 있었다. 六
태초太初	4년간 유초인이 금후로 있었다. 四

12. 임원후

국명國名	임원臨原 색은 〈표〉에는 '임중'이라 한다. 表作臨眾 신주 〈지리지〉에는 낭야군 속현이며 《한서》〈표〉가 잘못이라는 견해도 있다.
왕자호王子號	치천의왕 아들 菑川懿王子
원광元光	
원삭元朔	5년간 유시창이 경후로 있었다. 원삭 2년 5월 을사일, 경후敬侯 유시창劉始昌의 원년이다. 五 二年五月乙巳 敬侯劉始昌元年

원수元狩	6년간 유시창이 경후로 있었다. 六
원정元鼎	6년간 유시창이 경후로 있었다. 六
원봉元封	6년간 유시창이 경후로 있었다. 六
태초太初	4년간 유시창이 경후로 있었다. 四

13. 갈괴후

국명國名	갈괴葛魁 집해 서광이 말했다. "葛을 다른 판본에는 거뮴라 한다." 徐廣曰 葛 一作苢 색은 〈표〉와 〈지리지〉에는 빠져 있다. 혹자는 향 이름이라 한다. 表志闕 或鄉名
왕자호王子號	치천의왕 아들 菑川懿王子
원광元光	
원삭元朔	5년간 유관이 절후로 있었다. 원삭 2년 5월 을사일, 절후節侯 유관劉寬의 원년이다. 五 二年五月乙巳 節侯劉寬元年
원수元狩	3년간 유관이 절후로 있었다. 3년간 유척이 후侯로 있었다. 원수 4년, 후侯 유척劉戚의 원년이다. 三 三 四年 侯戚元年
원정元鼎	2년간 유척이 후侯로 있었다. 원정 3년, 후侯 유척이 살인하다 걸려 기시를 당하고 봉국이 없어졌다. 二 三年 侯戚坐殺人 棄市 國除

원봉元封	
태초太初	

14. 익도후

국명國名	익도益都 색은 〈표〉와 〈지리지〉에는 모두 들어있지 않다. 表志皆闕 신주 《사기지의》에는 향 이름으로 북해군 익현益縣 북쪽에 있으며, 《수경주》에 의거했다고 한다.
왕자호王子號	치천의왕 아들 菑川懿王子
원광元光	
원삭元朔	5년간 유호가 후侯로 있었다. 원삭 2년 5월 을사일, 후侯 유호劉胡의 원년이다. 五 二年五月乙巳 侯劉胡元年
원수元狩	6년간 유호가 후侯로 있었다. 六
원정元鼎	6년간 유호가 후侯로 있었다. 六
원봉元封	6년간 유호가 후侯로 있었다. 六
태초太初	4년간 유호가 후侯로 있었다. 四

15. 평작후

국명國名	평작平酌
	색은 《한서》〈표〉에는 '평적'이라 하며, 〈지리지〉에는 북해군에 속한다. 漢表作平酌 志屬北海
왕자호王子號	치천의왕 아들 菑川懿王子
원광元光	
원삭元朔	5년간 유강이 대후로 있었다. 원삭 2년 5월 을사일, 대후戴侯 유강劉彊의 원년이다. 五 二年五月乙巳 戴侯劉彊元年
원수元狩	6년간 유강이 대후로 있었다. 六
원정元鼎	6년간 유중시가 사후로 있었다. 원정 원년, 사후思侯 유중시劉中時의 원년이다. 六 元年 思侯中時元年
원봉元封	6년간 유중시가 사후로 있었다. 六
태초太初	4년간 유중시가 사후로 있었다. 四

16. 극괴후

국명國名	극괴劇魁
	색은 〈지리지〉에는 북해군에 속한다. 志屬北海
왕자호王子號	치천의왕 아들 菑川懿王子

원광元光	
원삭元朔	5년간 유묵이 이후로 있었다. 원삭 2년 5월 을사일, 이후夷侯 유묵劉墨의 원년이다. 五 二年五月乙巳 夷侯劉墨元年
원수元狩	6년간 유묵이 이후로 있었다. 六
원정元鼎	6년간 유묵이 이후로 있었다. 六
원봉元封	3년간 유소가 후侯로 있었다. 원봉 원년, 후侯 유소劉昭의 원년이다. 3년간 유덕이 후侯로 있었다. 원봉 4년, 후侯 유덕劉德의 원년이다. 三 元年 侯昭元年 三 四年 侯德元年
태초太初	4년간 유덕이 후侯로 있었다. 四

17. 수량후

국명國名	수량壽梁 색은 〈표〉에는 수락에 있다. 表在壽樂 신주 《사기지의》에 따르면, 동군 수량壽良이며, 수락은 수량의 향 이름이라 한다.
왕자호王子號	치천의왕 아들 菑川懿王子
원광元光	
원삭元朔	5년간 유수가 후侯로 있었다. 원삭 2년 5월 을사일, 후侯 유수劉守의 원년이다. 五 二年五月乙巳 侯劉守元年

원수元狩	6년간 유수가 후侯로 있었다. 六
원정元鼎	4년간 유수가 후侯로 있었다. 원정 5년, 후侯 유수가 주금에 걸려 봉국이 없어졌다. 四 五年 侯守坐酎金 國除
원봉元封	
태초太初	

18. 평도후

국명國名	평도平度 色은 〈지리지〉에는 동래군에 속한다. 志屬東萊
왕자호王子號	치천의왕 아들 菑川懿王子
원광元光	
원삭元朔	5년간 유연이 후侯로 있었다. 원삭 2년 5월 을사일, 후侯 유연劉衍의 원 년이다. 五 二年五月乙巳 侯劉衍元年
원수元狩	6년간 유연이 후侯로 있었다. 六
원정元鼎	6년간 유연이 후侯로 있었다. 六
원봉元封	6년간 유연이 후侯로 있었다. 六
태초太初	4년간 유연이 후侯로 있었다. 四

19. 의성후

국명國名	의성宜成 색은 〈표〉에는 평원군에 있다. 表在平原 신주 〈지리지〉에는 제남군에 있으며, 후국이 있다고 한다.
왕자호王子號	치천의왕 아들 菑川懿王子
원광元光	
원삭元朔	5년간 유언이 강후로 있었다. 원삭 2년 5월 을사일, 강후康侯 유언劉偃의 원년이다. 五 二年五月乙巳 康侯劉偃元年
원수元狩	6년간 유언이 강후로 있었다. 六
원정元鼎	6년간 유복이 후侯로 있었다. 원정 원년, 후侯 유복劉福의 원년이다. 六 元年 侯福元年
원봉元封	6년간 유복이 후侯로 있었다. 六
태초太初	태초 원년, 후侯 유복이 아우를 살해한 일에 걸려 기시를 당하고 봉국이 없어졌다. 元年 侯福坐殺弟 棄市 國除

20. 임구후

국명國名	임구臨朐 색은 〈표〉에는 동해군에 있다. 表在東海 신주 〈지리지〉에는 동래군과 제군 두 곳에 있다. 《사기지의》에 따르면, 이 후侯는 동래군에 봉해졌는데《수경주》에 의거), 동해는 동래를 잘못 쓴 것이라 한다.

왕자호王子號	치천의왕 아들 菑川懿王子
원광元光	
원삭元朔	5년간 유노가 애후로 있었다. 원삭 2년 5월 을사일, 애후哀侯 유노劉奴의 원년이다. 五 二年五月乙巳 哀侯劉奴元年 신주 《한서》〈표〉에는 이후夷侯라 한다.
원수元狩	6년간 유노가 애후로 있었다. 六
원정元鼎	6년간 유노가 애후로 있었다. 六
원봉元封	6년간 유노가 애후로 있었다. 六
태초太初	4년간 유노가 애후로 있었다. 四

21. 뇌후

국명國名	뇌雷 색은 〈표〉에는 동해군에 있다. 表在東海 신주 《사기지의》에서는 《수경주》를 고찰하여 성양군 노현盧縣이며, 옛 (태산군)개현 蓋縣의 노상리盧上里라고 한다. 고대에 盧와 雷는 통하는 글자라 한다.
왕자호王子號	성양공왕 아들 城陽共王子
원광元光	
원삭元朔	5년간 유희가 후侯로 있었다. 원삭 2년 5월 갑술일, 후侯 유희劉稀 원년이다. 五 二年五月甲戌 侯劉稀元年

원수元狩	6년간 유희가 후侯로 있었다.
	六
원정元鼎	5년간 유희가 후侯로 있었다. 원정 5년, 후侯 유희가 주금에 걸려 봉국이 없어졌다.
	五 五年 侯稀坐酎金 國除
원봉元封	
태초太初	

22. 동완후

국명國名	동완東莞
	색은 〈지리지〉에는 낭야군에 속한다.
	志屬琅邪
왕자호王子號	성양공왕 아들
	城陽共王子
원광元光	
원삭元朔	3년간 유길이 후侯로 있었다. 원삭 2년 5월 갑술일, 후侯 유길劉古의 원년이다.
	원삭 5년, 후侯 유길이 고질병이 있어 조회하지 못하자 폐위되어 봉국이 없어졌다.
	三 二年五月甲戌 侯劉古元年
	五年 侯吉有痼疾 不朝 廢 國除
원수元狩	
원정元鼎	
원봉元封	
태초太初	

23. 벽후

국명國名	벽辟
	색은 〈표〉에는 동해군에 있다.
	表在東海
왕자호王子號	성양공왕 아들
	城陽共王子
원광元光	
원삭元朔	3년간 유장이 절후로 있었다. 원삭 2년 5월 갑술일, 절후節侯 유장劉壯의 원년이다.
	2년간 유붕이 후侯로 있었다. 원삭 5년, 후侯 유붕劉朋의 원년이다.
	三 二年五月甲戌 節侯劉壯元年
	二 五年 侯朋元年
원수元狩	6년간 유붕이 후侯로 있었다.
	六
원정元鼎	4년간 유붕이 후侯로 있었다. 원정 5년, 후侯 유붕이 주금에 걸려 봉국이 없어졌다.
	四 五年 侯朋坐酎金 國除
원봉元封	
태초太初	

24. 위문후

국명國名	위문尉文
	색은 〈표〉에는 남군에 있다.
	表在南郡
	신주 《사기지의》에 따르면, 멀리 남군에 봉해질 리가 없다며 〈조세가〉 정의 주석에 나오는 염파廉頗가 봉해진 울주蔚州가 맞다고 한다. 《통전》을 보면 울주는 대군 영구靈丘 일대이다.

왕자호王子號	조경숙왕 아들 趙敬肅王子
원광元光	
원삭元朔	5년간 유병이 절후로 있었다. 원삭 2년 6월 갑오일, 절후節侯 유병劉丙의 원년이다. 五 二年六月甲午 節侯劉丙元年
원수元狩	6년간 유독이 후侯로 있었다. 원수 원년, 후侯 유독劉犢의 원년이다. 六 元年 侯犢元年
원정元鼎	4년간 유독이 후侯로 있었다. 원정 5년, 후侯 유독이 주금에 걸려 봉국 이 없어졌다. 四 五年 侯犢坐酎金 國除
원봉元封	
태초太初	

25. 봉시후

국명國名	봉시封斯
	색은 〈지리지〉에는 상산군에 속한다. 志屬常山 신주 斯는 '사'보다는 주로 '시'로 발음한다. '쪼갠다'는 뜻이다.
왕자호王子號	조경숙왕 아들 趙敬肅王子
원광元光	
원삭元朔	5년간 유호양이 공후로 있었다. 원삭 2년 6월 갑오일, 공후共侯 유호양劉 胡陽의 원년이다. 五 二年六月甲午 共侯劉胡陽元年
원수元狩	6년간 유호양이 공후로 있었다. 六

원정元鼎	6년간 유호양이 공후로 있었다. 六
원봉元封	6년간 유호양이 공후로 있었다. 六
태초太初	2년간 유호양이 공후로 있었다. 2년간 유여의가 금후로 있었다. 태초 3년, 금후今侯 유여의劉如意의 원년 이다. 二 二 三年 今侯如意元年

26. 유구후

국명國名	유구榆丘 색은 〈표〉와 〈지리지〉에는 모두 들어있지 않다. 表志皆闕
왕자호王子號	조경숙왕 아들 趙敬肅王子
원광元光	
원삭元朔	5년간 유수복이 후侯로 있었다. 원삭 2년 6월 갑오일, 후侯 유수복劉壽福 의 원년이다. 五 二年六月甲午 侯劉壽福元年
원수元狩	6년간 유수복이 후侯로 있었다. 六
원정元鼎	4년간 유수복이 후侯로 있었다. 원정 5년, 후侯 유수복이 주금에 걸려 봉국이 없어졌다. 四 五年 侯壽福坐酎金 國除
원봉元封	
태초太初	

27. 양참후

국명國名	양참襄嘁
	색은 위소는 (광평군) '광평현'이라 하는데, 嘁의 발음은 '삼[仕咸反]'이고 또 '섬[仕儉反]'이다. 韋昭云 廣平縣 嘁音仕咸反 又仕儉反
왕자호王子號	조경숙왕 아들 趙敬肅王子
원광元光	
원삭元朔	5년간 유건이 후侯로 있었다. 원삭 2년 6월 갑오일, 후侯 유건劉建의 원년이다. 五 二年六月甲午 侯劉建元年
원수元狩	6년간 유건이 후侯로 있었다. 六
원정元鼎	4년간 유건이 후侯로 있었다. 원정 5년, 후侯 유건이 주금에 걸려 봉국이 없어졌다. 四 五年 侯建坐酎金 國除
원봉元封	
태초太初	

28. 감회후

국명國名	감회邯會
	색은 〈지리지〉에는 위군에 속한다. 志屬魏郡
왕자호王子號	조경숙왕 아들 趙敬肅王子
원광元光	

원삭元朔	5년간 유인이 후侯로 있었다. 원삭 2년 6월 갑오일, 후侯 유인劉仁의 원년이다. 五 二年六月甲午 侯劉仁元年
원수元狩	6년간 유인이 후侯로 있었다. 六
원정元鼎	6년간 유인이 후侯로 있었다. 六
원봉元封	6년간 유인이 후侯로 있었다. 六
태초太初	4년간 유인이 후로 있었다. 四

29. 조후

국명國名	조朝 색은 무릇 후侯에 군현을 설명하지 않은 것은 모두 〈표〉와 〈지리지〉에 빠져 있어서이다. 凡侯不言郡縣 皆表志闕
왕자호王子號	조경숙왕 아들 趙敬肅王子
원광元光	
원삭元朔	5년간 유의가 후侯로 있었다. 원삭 2년 6월 갑오일, 후侯 유의劉義의 원년이다. 五 二年六月甲午 侯劉義元年
원수元狩	6년간 유의가 후侯로 있었다. 六
원정元鼎	2년간 유의가 후侯로 있었다. 4년간 유록이 금후로 있었다. 원정 3년, 금후今侯 유록劉祿의 원년이다. 二 四 三年 今侯祿元年

원봉元封	6년간 유록이 금후로 있었다. 六
태초太初	4년간 유록이 금후로 있었다. 四

30. 동성후

국명國名	동성東城 색은 〈지리지〉에는 구강군에 속한다. 志屬九江 신주 《사기지의》에 따르면, 조왕의 아들이 멀리 구강에 봉해질 리 없다며 다른 동성이 있을 것이라고 한다.
왕자호王子號	조경숙왕 아들 趙敬肅王子
원광元光	
원삭元朔	5년간 유유가 후侯로 있었다. 원삭 2년 6월 갑오일, 후侯 유유劉遺의 원년이다. 五 二年六月甲午 侯劉遺元年
원수元狩	6년간 유유가 후侯로 있었다. 六
원정元鼎	원정 원년, 후侯 유유가 죄를 지어 봉국이 없어졌다. 元年 侯遺有罪 國除 신주 《한서》〈표〉에는 유자孺子(첩)에게 살해당했다고 하는데, 《사기지의》에서는 그것에 무게를 실어주고 있다.
원봉元封	
태초太初	

31. 음성후

국명國名	음성陰城
	색은 〈표〉와 〈지리지〉에는 들어있지 않다.
	表志闕
왕자호王子號	조경숙왕 아들
	趙敬肅王子
원광元光	
원삭元朔	5년간 유창이 후侯로 있었다. 원삭 2년 6월 갑오일, 후侯 유창劉蒼의 원년이다.
	五 二年六月甲午 侯劉蒼元年
원수元狩	6년간 유창이 후侯로 있었다.
	六
원정元鼎	6년간 유창이 후侯로 있었다.
	六
원봉元封	원봉 원년, 후侯 유창이 죄를 지어 봉국이 없어졌다.
	元年 侯蒼有罪 國除
	신주 《한서》 〈표〉에는 유창이 태초 원년에 죽고 후계자가 죄를 지어 대를 잇지 못했다고 한다. 《사기지의》에 따르면, 태초는 원봉을 잘못 쓴 것이다.
태초太初	

32. 광망후

국명國名	광망廣望
	색은 〈지리지〉에는 탁군에 속한다.
	志屬涿郡
왕자호王子號	중산정왕 아들
	中山靖王子

원광元光	
원삭元朔	5년간 유안중이 후侯로 있었다. 원삭 2년 6월 갑오일, 후侯 유안중劉安中의 원년이다. 五 二年六月甲午 侯劉安中元年
원수元狩	6년간 유안중이 후侯로 있었다. 六
원정元鼎	6년간 유안중이 후侯로 있었다. 六
원봉元封	6년간 유안중이 후侯로 있었다. 六
태초太初	4년간 유안중이 후侯로 있었다. 四

33. 장량후

국명國名	장량將梁 색은 〈표〉에는 탁군에 있다. 表在涿郡
왕자호王子號	중산정왕 아들 中山靖王子
원광元光	
원삭元朔	5년간 유조평이 후侯로 있었다. 원삭 2년 6월 갑오일, 후侯 유조평劉朝平의 원년이다. 五 二年六月甲午 侯劉朝平元年
원수元狩	6년간 유조평이 후侯로 있었다. 六

원정元鼎	4년간 유조평이 후侯로 있었다. 원정 5년, 후侯 유조평이 주금에 걸려 봉국이 없어졌다. 四 五年 侯朝平坐酎金 國除 **신주** 이후 원정 6년에 남월을 친 공으로 누선장군 양복楊僕이 새로운 장량후로 봉해졌는데, 위만조선을 치다가 좌장군 순체와 다툰 죄로 봉국을 잃었다.
원봉元封	
태초太初	

34. 신관후

국명國名	신관新館 **색은** 〈표〉에는 탁군에 있다. 表在涿郡 **신주** 〈지리지〉에 따르면, 탁군에는 신창新昌이 있고 후국이 있다는데, 신창을 잘못 쓴 것이 아닌가 하지만 《한서》〈표〉에도 신관이라 한다.
왕자호王子號	중산정왕 아들 中山靖王子
원광元光	
원삭元朔	5년간 유미앙이 후侯로 있었다. 원삭 2년 6월 갑오일, 후侯 유미앙劉未央의 원년이다. 五 二年六月甲午 侯劉未央元年
원수元狩	6년간 유미앙이 후侯로 있었다. 六
원정元鼎	4년간 유미앙이 후侯로 있었다. 원정 5년, 후侯 유미앙이 주금에 걸려 봉국이 없어졌다. 四 五年 侯未央坐酎金 國除
원봉元封	
태초太初	

35. 신처후

국명國名	신처新處 색은 〈표〉에는 탁군에 있다. 表在涿郡 신주 〈지리지〉에는 중산군에 있다고 한다.
왕자호王子號	중산정왕 아들 中山靖王子
원광元光	
원삭元朔	5년간 유가가 후侯로 있었다. 원삭 2년 6월 갑오일, 후侯 유가劉嘉의 원년이다. 五 二年六月甲午 侯劉嘉元年
원수元狩	6년간 유가가 후侯로 있었다. 六
원정元鼎	4년간 유가가 후侯로 있었다. 원정 5년, 후侯 유가가 주금에 걸려 봉국이 없어졌다. 四 五年 侯嘉坐酎金 國除
원봉元封	
태초太初	

36. 형성후

국명國名	형성陘城 색은 〈표〉에는 탁군에 있고, 〈지리지〉에는 중산군에 속한다. 表在涿郡 志屬中山 신주 《한서》〈표〉에는 육성陸城이라 했으며, 중산국 속현이다. 《삼국지-촉지》〈선주전〉에 유비劉備는 육성후의 후손이라 한다. 즉, 경제의 후손이다. 배송지의 주석에 따르면, 임읍후臨邑侯의 후손이라는데 둘 다 경제의 후손이다.

왕자호王子號	중산정왕 아들 中山靖王子
원광元光	
원삭元朔	5년간 유정이 후侯로 있었다. 원삭 2년 6월 갑오일, 후侯 유정劉貞의 원년이다. 五 二年六月甲午 侯劉貞元年
원수元狩	6년간 유정이 후侯로 있었다. 六
원정元鼎	4년간 유정이 후侯로 있었다. 원정 5년, 후侯 유정이 주금에 걸려 봉국이 없어졌다. 四 五年 侯貞坐酎金 國除
원봉元封	
태초太初	

37. 포령후

국명國名	포령蒲領 색은 〈표〉에는 동해군에 있다. **表在東海** 신주 〈지리지〉에 발해군 속현이다.
왕자호王子號	광천혜왕 아들 廣川惠王子
원광元光	
원삭元朔	4년간 유가가 후侯로 있었다. 원삭 3년 10월 계유일, 후侯 유가劉嘉의 원년이다. 四 三年十月癸酉 侯劉嘉元年 신주 《한서》〈표〉에는 죄를 지어 세습이 끊겼다고 하는데 기년이 나와 있지 않다.

원수元狩	
원정元鼎	
원봉元封	
태초太初	

38. 서웅후

국명國名	서웅西熊 색은 〈표〉와 〈지리지〉에는 들어있지 않다. 表志闕
왕자호王子號	광천혜왕 아들 廣川惠王子
원광元光	
원삭元朔	4년간 유명어 후侯로 있었다. 원삭 3년 10월 계유일, 후侯 유명劉明의 원년이다. 四 三年十月癸酉 侯劉明元年 신주 《한서》〈표〉에는 조강후와 더불어 죽고 후사가 없어 끊겼다고 한다.
원수元狩	
원정元鼎	
원봉元封	
태초太初	

39. 조강후

국명國名	조강棗彊
	색은 〈지리지〉에는 청하군에 속한다. 志屬淸河
왕자호王子號	광천혜왕 아들 廣川惠王子
원광元光	
원삭元朔	4년간 유안이 후侯로 있었다. 원삭 3년 10월 계유일, 후侯 유안劉晏 원년이다. 四 三年十月癸酉 侯劉晏元年
원수元狩	
원정元鼎	
원봉元封	
태초太初	

40. 필량후

국명國名	필량畢梁
	색은 〈표〉에는 위군에 있다. 表在魏郡 신주 〈지리지〉에 따르면, 위군에는 필양현과 아래의 방광현이 없다.
왕자호王子號	광천혜왕 아들 廣川惠王子
원광元光	
원삭元朔	4년간 유영이 후侯로 있었다. 원삭 3년 10월 계유일, 후侯 유영劉嬰의 원년이다. 四 三年十月癸酉 侯劉嬰元年

원수元狩	6년간 유영이 후侯로 있었다. 六
원정元鼎	6년간 유영이 후侯로 있었다. 六
원봉元封	3년간 유영이 후侯로 있었다. 원봉 4년, 후侯 유영이 죄를 지어 봉국이 없어졌다. 三 四年 侯嬰有罪 國除
태초太初	

41. 방광후

국명國名	방광房光 색은 〈표〉에는 위군에 있다. 表在魏郡
왕자호王子號	하간헌왕 아들 河間獻王子
원광元光	
원삭元朔	4년간 유은이 후侯로 있었다. 원삭 3년 10월 계유일, 후侯 유은劉殷의 원년이다. 四 三年十月癸酉 侯劉殷元年
원수元狩	6년간 유은이 후侯로 있었다. 六
원정元鼎	원정 원년, 후侯 유은이 죄를 지어 봉국이 없어졌다. 元年 侯殷有罪 國除
원봉元封	
태초太初	

42. 거양후

국명國名	거양距陽
	색은 〈표〉와 〈지리지〉에는 모두 들어있지 않다. 表志皆闕
왕자호王子號	하간헌왕 아들 河間獻王子
원광元光	
원삭元朔	4년간 유개가 후侯로 있었다. 원삭 3년 10월 계유일, 후侯 유개劉勻의 원년이다. 四 三年十月癸酉 侯劉勻元年 신주 《한서》〈표〉에는 시호를 '헌憲'이라 한다.
원수元狩	4년간 유개가 후侯로 있었다. 2년간 유도가 후侯로 있었다. 원수 5년, 후侯 유도劉渡의 원년이다. 四 二 五年 侯渡元年
원정元鼎	4년간 유도가 후侯로 있었다. 원정 5년, 후侯 유도가 죄를 지어 봉국이 없어졌다. 四 五年 侯渡有罪 國除 신주 《한서》〈표〉에는 유도가 원정 5년에 대를 이었고 주금법에 연좌되어 봉국이 없어졌다. 이름은 '처처淒'라고 한다.
원봉元封	
태초太初	

43. 루(안)후

국명國名	루蔞(안安)
	색은 蔞의 발음은 '루[力俱反]'이다. 《한서》〈표〉에는 '루절후蔞節侯'라고 하는데, '安' 자가 없다. 節은 시호이다.
	蔞音力俱反 漢表蔞節侯 無安字 節 諡也
	신주 《사기지의》에 따르면, 《후한서》〈군국지〉에 안평국 요양饒陽은 옛날 탁군에 속했으며 루정蔞亭이 있고, 북해군 창평昌平은 옛날 낭야에 속했으며 루향蔞鄕이 있다고 한다. 아마도 이곳은 안평국(전한 때 신도군) 루정일 것으로 추정한다.
왕자호王子號	하간헌왕 아들 河間獻王子
원광元光	
원삭元朔	4년간 유막이 후侯로 있었다. 원삭 3년 10월 계유일, 후侯 유막劉邈의 원년이다. 四 三年十月癸酉 侯劉邈元年
	신주 《한서》〈표〉에는 시호를 '절節'이라 하고 이름을 '퇴退'라 한다.
원수元狩	6년간 유막이 후侯로 있었다. 六
원정元鼎	6년간 유막이 후侯로 있었다. 六
원봉元封	6년간 유영이 금후로 있었다. 원봉 원년, 금후今侯 유영劉嬰의 원년이다. 六 元年 今侯嬰元年
태초太初	4년간 유영이 금후로 있었다. 四

44. 아무후

국명國名	아무阿武 색은 〈표〉와 〈지리지〉에는 모두 들어있지 않다. 表志皆闕 신주 〈지리지〉에 따르면, 탁군에 있다.
왕자호王子號	하간헌왕 아들 河間獻王子
원광元光	
원삭元朔	4년간 유예가 민후로 있었다. 원삭 3년 10월 계유일, 민후潣侯 유예劉豫의 원년이다. 四 三年十月癸酉 潣侯劉豫元年 신주 《한서》〈표〉에는 시호를 '대戴'라 한다.
원수元狩	6년간 유예가 민후로 있었다. 六
원정元鼎	6년간 유예가 민후로 있었다. 六
원봉元封	6년간 유예가 민후로 있었다. 六
태초太初	2년간 유예가 민후로 있었다. 2년간 유관이 금후로 있었다. 태초 3년, 금후今侯 유관劉寬의 원년이다. 二 二 三年 今侯寬元年

45. 참호후

국명國名	참호參戸
	색은 〈지리지〉에는 발해군에 속한다. 志屬勃海
왕자호王子號	하간헌왕 아들 河閒獻王子
원광元光	
원삭元朔	4년간 유면이 후侯로 있었다. 원삭 3년 10월 계유일, 후侯 유면劉勉 원년이다. 四 三年十月癸酉 侯劉勉元年
원수元狩	6년간 유면이 후侯로 있었다. 六
원정元鼎	6년간 유면이 후侯로 있었다. 六
원봉元封	6년간 유면이 후侯로 있었다. 六
태초太初	4년간 유면이 후侯로 있었다. 四

46. 주향후

국명國名	주향州鄉
	색은 〈지리지〉에는 탁군에 속한다. 志屬涿郡
왕자호王子號	하간헌왕 아들 河閒獻王子
원광元光	

원삭元朔	4년간 유금이 절후로 있었다. 원삭 3년 10월 계유일, 절후節侯 유금劉禁의 원년이다. 四 三年十月癸酉 節侯劉禁元年 신주 《한서》〈표〉와 비교하면, 원정 2년에 사후思侯 유제劉齊가 대를 이은 내용이 빠졌다.
원수元狩	6년간 유금이 절후로 있었다. 六
원정元鼎	6년간 유금이 절후로 있었다. 六
원봉元封	5년간 유금이 절후로 있었다. 1년간 유혜가 금후로 있었다. 원봉 6년, 금후今侯 유혜劉惠의 원년이다. 五 一 六年 今侯惠元年
태초太初	4년간 유혜가 금후로 있었다. 四

47. 성평후

국명國名	성평成平 색은 〈표〉에는 (발해군) 남피현에 있다. 表在南皮. 신주 《한서》〈표〉에는 평성平城이라 하여 거꾸로 썼다.
왕자호王子號	하간헌왕 아들 河間獻王子
원광元光	
원삭元朔	4년간 유례가 후侯로 있었다. 원삭 3년 10월 계유일, 후侯 유례劉禮의 원년이다. 四 三年十月癸酉 侯劉禮元年

원수元狩	2년간 유례가 후侯로 있었다. 원수 3년, 후侯 유례가 죄를 지어 봉국이 없어졌다. 二 三年 侯禮有罪 國除
원정元鼎	
원봉元封	
태초太初	

48. 광후

국명國名	광廣 색은 〈표〉에는 발해군에 있다. 表在勃海 신주 〈지리지〉에 따르면, 제군에 있다. 고조 공신서열 28위의 소구召歐를 봉했다가 문제 시대에 없어진 후국이다.
왕자호王子號	하간헌왕 아들 河間獻王子
원광元光	
원삭元朔	4년간 유순이 후侯로 있었다. 원삭 3년 10월 계유일, 후侯 유순劉順의 원년이다. 四 三年十月癸酉 侯劉順元年
원수元狩	6년간 유순이 후侯로 있었다. 六
원정元鼎	4년간 유순이 후侯로 있었다. 원정 5년, 후侯 유순이 주금에 걸려 봉국이 없어졌다. 四 五年 侯順坐酎金 國除
원봉元封	
태초太初	

49. 개서후

국명國名	개서蓋胥 [색은] 《한서》〈지리지〉에는 태산군에 있고, 〈표〉에는 위군에 있다. 漢志在太山 表在魏郡 [신주] 태산군에는 개현蓋縣이 있다.
왕자호王子號	하간헌왕 아들 河閒獻王子
원광元光	
원삭元朔	4년간 유양이 후侯로 있었다. 원삭 3년 10월 계유일, 후侯 유양劉讓의 원 년이다. 四 三年十月癸酉 侯劉讓元年
원수元狩	6년간 유양이 후侯로 있었다. 六
원정元鼎	4년간 유양이 후侯로 있었다. 원정 5년, 후侯 유양이 주금에 걸려 봉국이 없어졌다. 四 五年 侯讓坐酎金 國除
원봉元封	
태초太初	

50. 배안후

국명國名	배안陪安 [색은] 〈표〉에는 위군에 있다. 表在魏郡 [신주] 《한서》〈표〉에는 음안陰安이 위군에 있다. 《사기》와 《한서》〈표〉에는 유불해 가 음안후로 봉해졌고 그의 아들 유진객이 대를 이은 것으로 되어 있다. 그러나 〈위청 전〉에는 위청의 아들이 음안후로 봉해졌다고 한다.

왕자호王子號	제북정왕 아들 濟北貞王子
원광元光	
원삭元朔	4년간 유불해가 강후로 있었다. 원삭 3년 10월 계유일, 강후康侯 유불해 劉不害의 원년이다. 四 三年十月癸酉 康侯劉不害元年
원수元狩	6년간 유불해가 강후로 있었다. 六
원정元鼎	1년간 유불해가 강후로 있었다. 원정 2년, 애후哀侯 유진객劉秦客 원년이다. 2년간 유진객이 애후로 있었다. 원정 3년, 후侯 유진객이 죽고 후사가 없 어 봉국이 없어졌다. 一 二年 哀侯秦客元年 二 三年 侯秦客薨 無後 國除
원봉元封	
태초太初	

51. 영간후

국명國名	영간榮簡 집해 서광이 말했다. "다른 판본에는 '營簡'이라 한다." 徐廣曰 一作營簡 색은 《한서》〈표〉에는 '營關'이라 하며, (동군) 치평茌平에 있다. 漢表作營關 在茌平
왕자호王子號	제북정왕 아들 濟北貞王子
원광元光	
원삭元朔	4년간 유건이 후侯로 있었다. 원삭 3년 10월 계유일, 후侯 유건劉騫 원년이다. 四 三年十月癸酉 侯劉騫元年

원수元狩	2년간 유건이 후侯로 있었다. 원수 3년, 후侯 유건이 죄를 지어 봉국이 없어졌다. 二 三年 侯建有罪 國除
원정元鼎	
원봉元封	
태초太初	

52. 주견후

국명國名	주견周堅 색은 〈표〉와 〈지리지〉에는 모두 들어있지 않다. 表志皆闕 신주 《한서》〈표〉에는 주망周望이라 한다.
왕자호王子號	제북정왕 아들 濟北貞王子
원광元光	
원삭元朔	4년간 유하가 후侯로 있었다. 원삭 3년 10월 계유일, 후侯 유하劉何의 원년이다. 四 三年十月癸酉 侯劉何元年 신주 《한서》〈표〉에는 시호를 '강康'이라 한다.
원수元狩	4년간 유하가 후侯로 있었다. 2년간 유당시가 후侯로 있었다. 원수 5년, 후侯 유당시劉當時의 원년이다. 四 二 五年 侯當時元年
원정元鼎	4년간 유당시가 후侯로 있었다. 원정 5년, 후侯 유당시가 주금에 걸려 봉국이 없어졌다. 四 五年 侯當時坐酎金 國除

원봉元封	
태초太初	

53. 안양후

국명國名	안양安陽 [색은] 〈표〉에는 평원군에 있다. 表在平原 [신주] 문제 8년에 회남여왕 아들 유발劉勃이 안양후로 봉해졌다가 문제 16년에 형산왕이 되어 봉국이 없어진다. 그 안양은 여남군 속현이다.
왕자호王子號	제북정왕 아들 濟北貞王子
원광元光	
원삭元朔	4년간 유걸이 후侯로 있었다. 원삭 3년 10월 계유일, 후侯 유걸劉桀의 원년이다. 四 三年十月癸酉 侯劉桀元年
원수元狩	6년간 유걸이 후侯로 있었다. 六
원정元鼎	6년간 유걸이 후侯로 있었다. 六
원봉元封	6년간 유걸이 후侯로 있었다. 六
태초太初	4년간 유걸이 후侯로 있었다. 四

54. 오거후

국명國名	오거五椐
	색은 〈표〉에는 태산군에 있다. 表在泰山
왕자호王子號	제북정왕 아들 濟北貞王子
	신주 《한서》〈표〉에는 오거후 앞에 배후陪侯와 총(추敕 혹은 전前)후를 기재하고 제 북정왕의 아들이라 하고, 오거후부터 호모후까지 다섯 명을 제북식왕濟北式王 아들이 라 한다. 式은 成을 잘못 쓴 것이며, 성왕成王은 정왕의 아들이라고 보는 견해도 있다.
원광元光	
원삭元朔	4년간 유확구가 후侯로 있었다. 원삭 3년 10월 계유일, 후侯 유확구劉賸 丘의 원년이다. 四 三年十月癸酉 侯劉賸丘元年
	색은 확구賸丘의 賸은 예전에 '㒺'로 썼으며, 丘의 발음은 '구劬'이다. 유씨는 賸의 발음은 '왁[烏霍反]'이라 했다. 賸丘 舊作㒺 音劬 劉氏音烏霍反
원수元狩	6년간 유확구가 후侯로 있었다. 六
원정元鼎	4년간 유확구가 후侯로 있었다. 원정 5년, 후侯 유확구가 주금에 걸려 봉 국이 없어졌다. 四 五年 侯賸丘坐酎金 國除
원봉元封	
태초太初	

55. 부후

국명國名	부富
	색은 〈표〉와 〈지리지〉에는 모두 들어있지 않다. 表志皆闕 신주 《사기지의》에 따르면, 제북은 태산군을 나눈 것에서 말미암았으니 태산군 부양富陽이나 동평군 부성富城일 것으로 보는 견해도 있다.
왕자호王子號	제북정왕 아들 濟北貞王子
원광元光	
원삭元朔	4년간 유습이 후侯로 있었다. 원삭 3년 10월 계유일, 후侯 유습劉襄의 원년이다. 四 三年十月癸酉 侯劉襄元年
원수元狩	6년간 유습이 후侯로 있었다. 六
원정元鼎	6년간 유습이 후侯로 있었다. 六
원봉元封	6년간 유습이 후侯로 있었다. 六
태초太初	4년간 유습이 후侯로 있었다. 四

56. 배후

국명國名	배陪
	색은 배倍이다. 〈표〉에는 평원군에 있다. 倍 表在平原
왕자호王子號	제북정왕 아들 濟北貞王子

원광元光	
원삭元朔	4년간 유명이 무후로 있었다. 원삭 3년 10월 계유일, 무후繆侯 유명劉明의 원년이다. 四 三年十月癸酉 繆侯劉明元年
원수元狩	6년간 유명이 무후로 있었다. 六
원정元鼎	2년간 유명이 무후로 있었다. 원정 3년, 후侯 유읍劉邑의 원년이다. 2년간 유읍이 후侯로 있었다. 원정 5년, 후侯 유읍이 주금에 걸려 봉국이 없어졌다. 二 三年 侯邑元年 二 五年 侯邑坐酎金 國除
원봉元封	
태초太初	

57. 총후

국명國名	총叢 　집해　서광이 말했다. "다른 판본에는 '산散'이라 한다." 徐廣曰 一作散 　색은　叢의 발음은 '추緅'이다. 《한서》〈표〉에는 '추菆'라고 하며, 평원군에 있다고 한다. 지금 평원에는 추현이 없으니 이곳의 사례는 하나같지 않으며, 아마 향 이름일 것이다. 叢音緅 漢表作菆 在平原 今平原無菆縣 此例非一 蓋鄉名也 　신주　《한서》〈표〉에는 '전前'이라 한다. 《사기지의》에는 "《속한서》〈군국지〉를 고찰하면, 낭야군 임기현은 옛날 동해에 속했으며 총정叢亭이 있다고 하니 아마 이 후侯가 봉해진 곳이다. 전前과 추菆는 모두 총叢이 바뀐 것이다."라고 한다.
왕자호王子號	제북정왕 아들 濟北貞王子

원광元光	
원삭元朔	4년간 유신이 후侯로 있었다. 원삭 3년 10월 계유일, 후侯 유신劉信의 원년이다. 四 三年十月癸酉 侯劉信元年
원수元狩	6년간 유신이 후侯로 있었다. 六
원정元鼎	4년간 유신이 후侯로 있었다. 원정 5년, 후侯 유신이 주금에 걸려 봉국이 없어졌다. 四 五年 侯信坐酎金 國除
원봉元封	
태초太初	

58. 평후

국명國名	평平 [색은] 〈지리지〉에는 하남군에 속한다. 志屬河南 [신주] 《사기지의》에 따르면, 원제가 치천효왕의 아들 유복劉服을 봉하여 평후로 삼았고, 〈표〉에는 제군에 있다고 한다. 즉 제군의 평광현平廣縣이며, 이 후侯도 그 곳에 봉해진 것이라고 보는 견해도 있다.
왕자호王子號	제북정왕 아들 濟北貞王子
원광元光	
원삭元朔	4년간 유수가 후侯로 있었다. 원삭 3년 10월 계유일, 후侯 유수劉遂의 원년이다. 四 三年十月癸酉 侯劉遂元年
원수元狩	원수 원년, 후侯 유수가 죄를 지어 봉국이 없어졌다. 元年 侯遂有罪 國除

원정元鼎	
원봉元封	
태초太初	

59. 우후

국명國名	우羽
	색은 〈지리지〉에는 평원군에 속한다. 志屬平原
왕자호王子號	제북정왕 아들 濟北貞王子
원광元光	
원삭元朔	4년간 유성이 후侯로 있었다. 원삭 3년 10월 계유일, 후侯 유성劉成의 원 년이다. 四 三年十月癸酉 侯劉成元年
원수元狩	6년간 유성이 후侯로 있었다. 六
원정元鼎	6년간 유성이 후侯로 있었다. 六
원봉元封	6년간 유성이 후侯로 있었다. 六
태초太初	4년간 유성이 후侯로 있었다. 四

60. 호모후

국명國名	호모胡母 색은 〈표〉에는 태산군에 있다. 表在泰山 신주 복성으로 호모씨가 있다. 《사기지의》에서 그 근원을 잘 논하고 있다. 《삼국지》에는 호모반胡母班이 나오고 《진서》에는 호모보지胡母輔之가 나온다. 《후한서》〈헌제기〉에는 호모반에 달린 주석에 《풍속통》을 인용하여 설명했다. "호모는 성姓이고 본래 진호공陳胡公의 후예다. 공자 완完이 제나라로 달아나 마침내 제에 머물렀는데, 제나라 선왕宣王이 어머니의 동생을 따로 어머니 고향에 봉했다. 멀리는 호공胡公을 본으로 하고, 가까이는 모읍母邑을 취하여 호모씨라 하였다."
왕자호王子號	제북정왕 아들 濟北貞王子 색은 배안후 유불해부터 이하 11명은 제북정왕의 아들이다. 《한서》〈표〉에는 안양후부터 이하를 제북식왕濟北式王(제북성왕을 잘못 씀)의 아들이라 하고 함께 원삭 3년 10월에 봉했다고 하는데, 아마 이것에 기인하면 잘못된 것이다. 自陪安侯不害已下十一人是濟北貞王子 而漢表自安陽侯已下是濟北式王子 同是元朔三年十月封 恐因此誤也
원광元光	
원삭元朔	4년간 유초가 후侯로 있었다. 원삭 3년 10월 계유일, 후侯 유초劉楚의 원년이다. 四 三年十月癸酉 侯劉楚元年
원수元狩	6년간 유초가 후侯로 있었다. 六
원정元鼎	4년간 유초가 후侯로 있었다. 원정 5년, 후侯 유초가 주금에 걸려 봉국이 없어졌다. 四 五年 侯楚坐酎金 國除
원봉元封	
태초太初	

61. 이석후

국명國名	이석離石 [색은] 〈표〉에는 상당군에 있고, 〈지리지〉에는 서하군에 속한다. 表在上黨 志屬西河
왕자호王子號	대공왕 아들 代共王子 [신주] 《한서》〈표〉에는 대공왕 등퓮의 아들 의義가 원정 3년 청하왕으로 옮겨지므로 그 아우들도 모두 이봉된다고 나온다. 《사기지의》에서는 《수경주》를 인용하여 이 후侯는 위군 속현인 섭후涉侯로 바꿔 봉했다고 한다. 섭현은 〈지리지〉에 따르면, 사현沙縣이다. 나중에 섭현으로 바뀐다. 《한서》〈표〉에도 섭후로 바뀌어 나온다.
원광元光	
원삭元朔	4년간 유관이 후侯로 있었다. 원삭 3년 정월 임술일, 후侯 유관劉綰 원년이다. 四 三年正月壬戌 侯劉綰元年
원수元狩	6년간 유관이 후侯로 있었다. 六
원정元鼎	6년간 유관이 후侯로 있었다. 六
원봉元封	6년간 유관이 후侯로 있었다. 六
태초太初	4년간 유관이 후侯로 있었다. 四

62. 소후

국명國名	소邵 [색은] 〈표〉에는 산양군에 있다. 表在山陽 [신주] 산양은 너무 멀고, 《사기지의》에서는 하동이나 서하로 추정한다.

왕자호王子號	대공왕 아들 代共王子
원광元光	
원삭元朔	4년간 유신이 후侯로 있었다. 원삭 3년 정월 임술일, 후侯 유신劉慎의 원년이다. 四 三年正月壬戌 侯劉慎元年
원수元狩	6년간 유신이 후侯로 있었다. 六
원정元鼎	6년간 유신이 후侯로 있었다. 六
원봉元封	6년간 유신이 후侯로 있었다. 六
태초太初	4년간 유신이 후侯로 있었다. 四

63. 이창후

국명國名	이창利昌 색은 창리이며, 〈지리지〉에는 제군에 속한다. 昌利 志屬齊郡 신주 《사기지의》에 따르면, 서하군 방리현方利縣이라 한다.
왕자호王子號	대공왕 아들 代共王子
원광元光	
원삭元朔	4년간 유가가 후侯로 있었다. 원삭 3년 정월 임술일, 후侯 유가劉嘉의 원년이다. 四 三年正月壬戌 侯劉嘉元年

원수元狩	6년간 유가가 후侯로 있었다. 六
원정元鼎	6년간 유가가 후侯로 있었다. 六
원봉元封	6년간 유가가 후侯로 있었다. 六
태초太初	4년간 유가가 후侯로 있었다. 四

64. 린후

국명國名	린蘭 색은 〈지리지〉에는 서하군에 속한다. 志屬西河 신주 《한서》〈표〉에는 나중에 무원武原으로 바꿔 봉하는데, 《사기지의》에 따르면, 초국 속현이라 한다.
왕자호王子號	대공왕 아들 代共王子
원광元光	
원삭元朔	원삭 3년 정월 임술일, 후侯 유희劉熹의 원년이다. 三年正月壬戌 侯劉熹元年
원수元狩	
원정元鼎	
원봉元封	
태초太初	

65. 임하후

국명國名	임하臨河
	색은 〈지리지〉에는 삭방군에 속한다. 志屬朔方 신주 《한서》〈표〉에 따르면, 나중에 고유高俞로 바꿔 봉한다.
왕자호王子號	대공왕 아들 代共王子
원광元光	
원삭元朔	원삭 3년 정월 임술일, 후侯 유현劉賢의 원년이다. 三年正月壬戌 侯劉賢元年
원수元狩	
원정元鼎	
원봉元封	
태초太初	

66. 습성후

국명國名	습성隰成
	색은 〈지리지〉에는 서하군에 속한다. 志屬西河 신주 《한서》〈표〉에는 '습습濕'으로 썼다. 나중에 하동군 단지端氏로 바꿔 봉한다.
왕자호王子號	대공왕 아들 代共王子
원광元光	
원삭元朔	원삭 3년 정월 임술일, 후侯 유충劉忠의 원년이다. 三年正月壬戌 侯劉忠元年

원수元狩	
원정元鼎	
원봉元封	
태초太初	

67. 토군후

국명國名	토군土軍 색은 〈지리지〉에는 서하군에 속한다. 志屬西河 신주 토군은 원래 고조 공신 122위인 선의宣義가 고조 11년에 봉해졌다가 4대 만인 무제 건원 6년에 없어진 후국이다.
왕자호王子號	대공왕 아들 代共王子
원광元光	
원삭元朔	원삭 3년 정월 임술일, 후侯 유영객劉郢客의 원년이다. 三年正月壬戌 侯劉郢客元年
원수元狩	
원정元鼎	후侯 유영객이 남의 처와 간통한 죄에 걸려 기시를 당했다. 侯郢客坐與人妻姦 棄市 신주 《한서》〈표〉에는 거승鉅乘으로 바꿔 봉해지고 주금에 걸려 봉국이 없어졌다고 나온다. 《사기지의》에서는 손시어의 말을 인용하여 "주금에 걸려 없어지고 나중에 남의 처와 간통하여 기시를 당했다."라고 하였는데, "단지 (제후가) 남의 처와 간통했다고 어찌 기시를 당할 것인가?"라고 하여 기시당한 것에 의문을 품는다. 문제 2년부터 5년까지 재위한 초왕 유영객과는 동명이인이다.
원봉元封	
태초太初	

68. 고랑후

국명國名	고랑皐狼
	색은 〈표〉에는 임회군에 있다. 表在臨淮 신주 〈지리지〉에는 서하군에 있다.
왕자호王子號	대공왕 아들 代共王子
원광元光	
원삭元朔	원삭 3년 정월 임술일, 후侯 유천劉遷의 원년이다. 三年正月壬戌 侯劉遷元年
원수元狩	
원정元鼎	
원봉元封	
태초太初	

69. 천장후

국명國名	천장千章
	집해 서광이 말했다. "다른 판본에는 '척斥'이라 한다." 徐廣曰 一作斥 색은 천장이며, 〈표〉에는 평원군에 있다. 千章 表在平原 신주 〈지리지〉에는 서하군에 있다. 나중에 패군 하구夏丘로 바꿔 봉한다.
왕자호王子號	대공왕 아들 代共王子
원광元光	

원삭元朔	원삭 3년 정월 임술일, 후侯 유우劉遇의 원년이다. 三年正月壬戌 侯劉遇元年
원수元狩	
원정元鼎	
원봉元封	
태초太初	

70. 박양후

국명國名	박양博陽 색은 〈지리지〉에는 여남군에 속한다. 志屬汝南 신주 고조 공신 19위 진비陳濞가 봉해졌다가 경제 5년에 없어진 후국이다. 다만, 《사기지의》에서 《방여기요》를 인용하여 "태산군 노현盧縣이며 전국시대 때 박관의 남 쪽이라 박양이라 하고, 항우가 전안田安을 제북왕으로 봉하고 박양에 도읍하게 했으 니, 즉 이곳이다."라고 한다. 또한 여기 박양은 제 땅에 가까운 곳이라는 견해도 있다.
왕자호王子號	제효왕 아들 齊孝王子
원광元光	
원삭元朔	4년간 유취가 강후로 있었다. 원삭 3년 3월 을묘일, 강후康侯 유취劉就의 원년이다. 四 三年三月乙卯 康侯劉就元年
원수元狩	6년간 유취가 강후로 있었다. 六
원정元鼎	2년간 유취가 강후로 있었다. 원정 3년, 후侯 유종길劉終吉의 원년이다. 2년간 유종길이 후侯로 있었다. 원정 5년, 후侯 유종길이 주금에 걸려 봉 국이 없어졌다. 二 三年 侯終吉元年 二 五年 侯終吉坐酎金 國除

원봉元封	
태초太初	

71. 영양후

국명國名	영양寧陽
	색은 〈표〉에는 제남군에 있다.
	表在濟南
	신주 《후한서》〈군국지〉에는 영양현은 태산군 속현이고 후국이 있다고 한다. 《사기지의》 주석에는 "《한서》〈하후승전〉에 따르면, 영양을 노국의 서쪽 영향寧鄉으로 삼았고 동평군에 속했다."라고 한다. 나중에 동평군에서 옮겨져 태산군에 속하여 현이 되었을 것이라는 견해도 있다.
왕자호王子號	노공왕 아들
	魯共王子
원광元光	
원삭元朔	4년간 유회가 절후로 있었다. 원삭 3년 3월 을묘일, 절후節侯 유회劉恢의 원년이다.
	四 三年三月乙卯 節侯劉恢元年
	신주 《사기지의》에 따르면, 《한서》〈표〉와 《수경주》에서는 이름을 '념恬'이라 한다.
원수元狩	6년간 유회가 절후로 있었다.
	六
원정元鼎	6년간 유회가 절후로 있었다.
	六
원봉元封	6년간 유회가 절후로 있었다.
	六
태초太初	4년간 유회가 절후로 있었다.
	四

72. 하구후

국명國名	하구瑕丘
	색은 〈지리지〉에는 산양군에 속한다.
	志屬山陽
	신주 《사기지의》에 따르면, 《수경주》를 인용하여 패군 경구敬丘라 한다.
왕자호王子號	노공왕 아들
	魯共王子
원광元光	
원삭元朔	4년간 유정이 절후로 있었다. 원삭 3년 3월 을묘일, 절후節侯 유정劉貞의 원년이다.
	四 三年三月乙卯 節侯劉貞元年
	신주 《사기지의》에 따르면, 《한서》 〈표〉와 《수경주》에는 이름을 '정政'이라 한다.
원수元狩	6년간 유정이 절후로 있었다.
	六
원정元鼎	6년간 유정이 절후로 있었다.
	六
원봉元封	6년간 유정이 절후로 있었다.
	六
태초太初	4년간 유정이 절후로 있었다.
	四

73. 공구후

국명國名	공구公丘
	색은 〈지리지〉에는 패군에 속한다.
	志屬沛郡

왕자호王子號	노공왕 아들 魯共王子
원광元光	
원삭元朔	4년간 유순이 이후로 있었다. 원삭 3년 3월 을묘일, 이후夷侯 유순劉順의 원년이다. 四 三年三月乙卯 夷侯劉順元年
원수元狩	6년간 유순이 이후로 있었다. 六
원정元鼎	6년간 유순이 이후로 있었다. 六
원봉元封	6년간 유순이 이후로 있었다. 六
태초太初	4년간 유순이 이후로 있었다. 四

74. 욱랑후

국명國名	욱랑郁狼 [색은] 위소는 "노국에 속한다."라고 한다. 〈지리지〉에는 기재되어 있지 않다. 狼의 발음은 '랑[盧黨反]'이고 또 발음은 '랑郎'이다. 韋昭云 屬魯 志不載 狼音盧黨反 又音郎 [신주] 《후한서》〈군국지〉에는 산양군 고평현에 욱랑정郁郎亭이 있다고 한다. 《사기지의》에서는 이곳이 노나라의 랑이라 한다.
왕자호王子號	노공왕 아들 魯共王子
원광元光	
원삭元朔	4년간 유기가 후侯로 있었다. 원삭 3년 3월 을묘일, 후侯 유기劉騎 원년이다. 四 三年三月乙卯 侯劉騎元年

원수元狩	6년간 유기가 후侯로 있었다.
	六
원정元鼎	4년간 유기가 후侯로 있었다. 원정 5년, 후侯 유기가 주금에 걸려 봉국이 없어졌다.
	四 五年 侯騎坐酎金 國除
원봉元封	
태초太初	

75. 서창후

국명國名	서창西昌
왕자호王子號	노공왕 아들
	魯共王子
원광元光	
원삭元朔	4년간 유경이 후侯로 있었다. 원삭 3년 3월 을묘일, 후侯 유경劉敬의 원년이다.
	四 三年三月乙卯 侯劉敬元年
원수元狩	6년간 유경이 후侯로 있었다.
	六
원정元鼎	4년간 유경이 후侯로 있었다. 원정 5년, 후侯 유경이 주금에 걸려 봉국이 없어졌다.
	四 五年 侯敬坐酎金 國除
원봉元封	
태초太初	

76. 형성후

국명國名	형성陘城
	색은 《한서》〈표〉에는 '육지후'로 되어 있다. 중산정왕이 아들 정貞을 얻게 되자 이 윽고 형성에 봉했는데, 응당 두 사람을 중복해서 봉하지는 않는다. 漢表作陸地 爲得靖王子貞 已封陘 二人不應重封 신주 유비의 선조로 알려진 육성후 유정이 봉해진 곳이 형성으로 잘못 기재되어 있기 때문에 색은 주석에서 '二人不應重封'이라고 한 것이다.
왕자호王子號	중산정왕 아들 中山靖王子
원광元光	
원삭元朔	4년간 유의가 후侯로 있었다. 원삭 3년 3월 계유일, 후侯 유의劉義의 원년이다. 四 三年三月癸酉 侯劉義元年
원수元狩	6년간 유의가 후侯로 있었다. 六
원정元鼎	4년간 유의가 후侯로 있었다. 원정 5년, 후侯 유의가 주금에 걸려 봉국이 없어졌다. 四 五年 侯義坐酎金 國除
원봉元封	
태초太初	

77. 감평후

국명國名	감평邯平
	색은 〈표〉에는 (광평국) 광평현에 있다. 表在廣平

왕자호王子號	조경숙왕 아들 趙敬肅王子 색은 조경숙왕 아들 네 명은 다른 해에 봉해졌으므로 따로 여기에 나타냈다. 趙敬肅王子四人 以異年封 故別見於此
원광元光	
원삭元朔	4년간 유순이 후侯로 있었다. 원삭 3년 4월 경진일, 후侯 유순劉順 원년이다. 四 三年四月庚辰 侯劉順元年
원수元狩	6년간 유순이 후侯로 있었다. 六
원정元鼎	4년간 유순이 후侯로 있었다. 원정 5년, 후侯 유순이 주금에 걸려 봉국이 없어졌다. 四 五年 侯順坐酎金 國除
원봉元封	
태초太初	

78. 무시후

국명國名	무시武始 색은 〈표〉에는 위군에 있다. 表在魏
왕자호王子號	조경숙왕 아들 趙敬肅王子 색은 나중에 조왕趙王으로 세웠다. 後立爲趙王
원광元光	
원삭元朔	4년간 유창이 후侯로 있었다. 원삭 3년 4월 경진일, 후侯 유창劉昌 원년이다. 四 三年四月庚辰 侯劉昌元年

원수元狩	6년간 유창이 후侯로 있었다. 六
원정元鼎	6년간 유창이 후侯로 있었다. 六
원봉元封	6년간 유창이 후侯로 있었다. 六
태초太初	4년간 유창이 후侯로 있었다. 四

79. 상지후

국명國名	상지象氏 色은 위소는 거록군에 있다고 한다. 韋昭云在鉅鹿
왕자호王子號	조경숙왕 아들 趙敬肅王子
원광元光	
원삭元朔	4년간 유하가 절후로 있었다. 원삭 3년 4월 경진일, 절후節侯 유하劉賀의 원년이다. 四 三年四月庚辰 節侯劉賀元年
원수元狩	6년간 유하가 절후로 있었다. 六
원정元鼎	6년간 유하가 절후로 있었다. 六
원봉元封	2년간 유하가 절후로 있었다. 4년간 유안덕이 사후로 있었다. 원봉 3년, 사후思侯 유안덕劉安德 원년이다. 二 四 三年 思侯安德元年

태초太初	4년간 유안덕이 사후로 있었다. 四

80. 이후

국명國名	이易 색은 다른 판본에는 '호鄗'라고 한다. 〈지리지〉에는 탁군에 속하고, 〈표〉에는 ⟨상산군⟩ 호鄗에 있다. 一作鄗 志屬涿郡 表在鄗 신주 흉노 왕으로 항복한 복달僕䵣이 경제 중3년에 봉해졌다가 6년 만에 없어진 후 국이다.
왕자호王子號	
원광元光	
원삭元朔	4년간 유평이 안후로 있었다. 원삭 3년 4월 경진일, 안후安侯 유평劉平의 원년이다. 四 三年四月庚辰 安侯劉平元年
원수元狩	6년간 유평이 안후로 있었다. 六
원정元鼎	6년간 유평이 안후로 있었다. 六
원봉元封	4년간 유평이 안후로 있었다. 2년간 유종이 금후로 있었다. 원봉 5년, 금후今侯 유종劉種의 원년이다. 四 二 五年 今侯種元年
태초太初	4년간 유종이 금후로 있었다. 四

81. 낙릉후

국명國名	낙릉洛陵
	색은 〈표〉에는 '노릉'이라 하고, 남양군에 있다. 表作路陵 在南陽 신주 〈지리지〉에는 나오지 않는다. 《사기지의》에 따르면, 《방여기요》의 장사군 소릉昭陵이라 하여 양 사서에서 잘못했다고 한다.
왕자호王子號	장사정왕 아들 長沙定王子
원광元光	
원삭元朔	3년간 유장이 후侯로 있었다. 원삭 4년 3월 을축일, 후侯 유장劉章의 원년이다. 三 四年三月乙丑 侯劉章元年
원수元狩	1년간 유장이 후侯로 있었다. 원수 2년, 후侯 유장이 죄를 지어 봉국이 없어졌다. 一 二年 侯章有罪 國除
원정元鼎	
원봉元封	
태초太初	

82. 유여후

국명國名	유여攸輿
	색은 살피건대 지금 장사군에는 유현攸縣이 있는데, 본래 이름은 유여攸輿이다. 《한서》〈표〉에는 남양군에 있다. 案 今長沙有攸縣 本名攸輿 漢表在南陽
왕자호王子號	장사정왕 아들 長沙定王子

원광元光	
원삭元朔	3년간 유칙이 후侯로 있었다. 원삭 4년 3월 을축일, 후侯 유칙劉則의 원년이다. 三 四年三月乙丑 侯劉則元年
원수元狩	6년간 유칙이 후侯로 있었다. 六
원정元鼎	6년간 유칙이 후侯로 있었다. 六
원봉元封	6년간 유칙이 후侯로 있었다. 六
태초太初	태초 원년, 후侯 유칙이 찬탈하려는 죽을죄를 지어 기시를 당하고 봉국이 없어졌다. 元年 侯則簒死罪 棄市 國除

83. 도릉후

국명國名	도릉荼陵 색은 〈표〉에는 계양군에 있고, 〈지리지〉에는 장사군에 속한다. 表在桂陽 志屬長沙
왕자호王子號	장사정왕 아들 長沙定王子
원광元光	
원삭元朔	3년간 유흔이 후侯로 있었다. 원삭 4년 3월 을축일, 후侯 유흔劉欣의 원년이다. 三 四年三月乙丑 侯劉欣元年 신주 《한서》〈표〉에는 시호를 '절節'이라 한다.
원수元狩	6년간 유흔이 후侯로 있었다. 六

원정元鼎	1년간 유흔이 후侯로 있었다.
	5년간 유양이 애후로 있었다. 원정 2년, 애후哀侯 유양劉陽의 원년이다.
	一
	五 二年 哀侯陽元年
원봉元封	6년간 유양이 애후로 있었다.
	六
태초太初	태초 원년, 후侯 유양이 죽고 후사가 없어 봉국이 없어졌다.
	元年 侯陽薨 無後 國除

84. 건성후

국명國名	건성建成
	색은 〈표〉에는 예장군에 있다.
	表在豫章
	신주 원래 여후의 오라버니 여석지呂釋之가 고조 6년에 봉해졌다가 고후 7년에 여록이 조왕으로 옮겨가면서 없어진 후국이다.
왕자호王子號	장사정왕 아들
	長沙定王子
원광元光	
원삭元朔	3년간 유습이 후侯로 있었다. 원삭 4년 2월 을축일, 후侯 유습劉拾의 원년이다.
	三 四年二月乙丑 侯劉拾元年
원수元狩	5년간 유습이 후侯로 있었다. 원수 6년, 후侯 유습이 조회하지 않은 불경죄에 걸려 봉국이 없어졌다.
	五 六年 侯拾坐不朝 不敬 國除
	신주 《한서》〈표〉에는 원정 2년이라고 한다. 《사기지의》에 따르면, 원정 원년 여름에 개원했으므로 원정 2년 10월에 축하하는 조회에 불참한 것이라고 한다.
원정元鼎	
원봉元封	

85. 안중후

국명國名	안중安眾
	색은 〈지리지〉에는 남양군에 속한다. 志屬南陽
왕자호王子號	장사정왕 아들 長沙定王子
원광元光	
원삭元朔	3년간 유단이 강후로 있었다. 원삭 4년 3월 을축일, 강후康侯 유단劉丹의 원년이다. 三 四年三月乙丑 康侯劉丹元年
원수元狩	6년간 유단이 강후로 있었다. 六
원정元鼎	6년간 유단이 강후로 있었다. 六
원봉元封	5년간 유단이 강후로 있었다. 1년간 유산부가 금후로 있었다. 원봉 6년, 금후今侯 유산부劉山拊 원년이다. 五 一 六年 今侯山拊元年 색은 拊의 발음은 '부跗'다. 拊音跗
태초太初	4년간 유산부가 금후로 있었다. 四

86. 섭후

국명國名	섭葉
	색은 葉의 발음은 '섭攝'이다. 현 이름으로 남양군에 속한다. 葉音攝 縣名 屬南陽
왕자호王子號	장사정왕 아들 長沙定王子
원광元光	
원삭元朔	3년간 유가가 강후로 있었다. 원삭 4년 3월 을축일, 강후康侯 유가劉嘉의 원년이다. 三 四年三月乙丑 康侯劉嘉元年
원수元狩	6년간 유가가 강후로 있었다. 六
원정元鼎	4년간 유가가 강후로 있었다. 원정 5년, 후侯 유가가 주금에 걸려 봉국이 없어졌다. 四 五年 侯嘉坐酎金 國除
원봉元封	
태초太初	

87. 이향후

국명國名	이향利鄕
	신주 《사기지의》에 따르면, 《수경주》에 동해 이성현利城縣은 옛 이향이며 무제가 유영을 봉해 후국으로 삼았다고 한다.
왕자호王子號	성양공왕 아들 城陽共王子
원광元光	

원삭元朔	3년간 유영이 강후로 있었다. 원삭 4년 3월 을축일, 강후康侯 유영劉嬰의 원년이다. 三 四年三月乙丑 康侯劉嬰元年 　**신주**　중간에 폐위되었기 때문에 시호가 없어야 한다.
원수元狩	2년간 유영이 강후로 있었다. 원수 3년, 후侯 유영이 죄를 지어 봉국이 없어졌다. 二 三年 侯嬰有罪 國除
원정元鼎	
원봉元封	
태초太初	

88. 유리후

국명國名	유리有利 　**색은**　〈표〉에는 동해군에 있다. 表在東海 　**신주**　〈지리지〉에는 동해군에 없다. 《사기지의》에 따르면, 위의 이향과 더불어 이성현의 향 이름이라고 《수경주》에 의거하여 말한다.
왕자호王子號	성양공왕 아들 城陽共王子
원광元光	
원삭元朔	3년간 유정이 후侯로 있었다. 원삭 4년 3월 을축일, 후侯 유정劉釘의 원년이다. 三 四年三月乙丑 侯劉釘元年
원수元狩	원수 원년, 후侯 유정이 회남왕에게 신하라고 일컫는 서신을 보낸 일에 걸려 기시를 당하고 봉국이 없어졌다. 元年 侯釘坐遺淮南書稱臣 棄市 國除

	신주 양옥승이 말했다. "죄상이 양 사서가 같지만, 중간에 빠진 문장이 있고, 반드시 칭신했다고 기시를 당하지는 않았을 것이다. 살펴보건대, 고대 사람은 서로 말하면 대부분 칭신을 했으니 양 사서에 실린 것은 이미 줄기로 들기엔 불가하다. 하물며 회남왕 유안은 유정의 종조부여서 존비가 이미 구별되고 명망과 지위가 또한 다른데, 그 칭신한 것이 무슨 죄가 되겠는가?" 같이 모의한 것이 직접적인 죄가 되었을 것으로 보는 견해도 있다.
원정元鼎	
원봉元封	
태초太初	

89. 동평후

국명國名	동평東平 **색은** 〈표〉에는 동해군에 있다. 表在東海 **신주** 원래 고후 8년에 연왕 여통呂通의 아우 여비呂庀를 봉했다가 그 해 여씨들이 모두 제거되면서 없어진 후국이다. 동해에 있다는 것은 잘못이며 동평국 무염현으로 보는 견해도 있다.
왕자호王子號	성양공왕 아들 城陽共王子
원광元光	
원삭元朔	3년간 유경이 후侯로 있었다. 원삭 4년 3월 을축일, 후侯 유경劉慶의 원년이다. 三 四年三月乙丑 侯劉慶元年
원수元狩	2년간 유경이 후侯로 있었다. 원수 3년, 후侯 유경이 자매와 간통한 일에 걸려 봉국이 없어졌다. 二 三年 侯慶坐與姊妹姦 有罪 國除
원정元鼎	

원봉元封	
태초太初	

90. 운평후

국명國名	운평運平
	색은 〈표〉에는 동해군에 있다.
	表在東海
	신주 《사기지의》에 따르면, "《한서》〈표〉에는 동해에 있다고 말하니 아마 노나라 운읍鄆邑이다. 노나라에 동서 두 곳의 운이 있었으니 서쪽은 동군 늠구현에 있고, 동쪽은 낭야군 동완현에 있다. 《속한서》〈군국지〉에 모두 기재되어 있다. 이 후侯는 성양왕의 아들이니 반드시 동쪽 운에 봉해졌을 것이다."
왕자호王子號	성양공왕 아들
	城陽共王子
원광元光	
원삭元朔	3년간 유흔이 후侯로 있었다. 원삭 4년 3월 을축일, 후侯 유흔劉訢의 원년이다.
	三 四年三月乙丑 侯劉訢元年
원수元狩	6년간 유흔이 후侯로 있었다.
	六
원정元鼎	4년간 유흔이 후侯로 있었다. 원정 5년, 후侯 유흔이 주금에 걸려 봉국이 없어졌다.
	四 五年 侯訢坐酎金 國除
원봉元封	
태초太初	

91. 산주후

국명國名	산주山州 색은 〈표〉와 〈지리지〉에는 들어있지 않다. 表志闕
왕자호王子號	성양공왕 아들 城陽共王子
원광元光	
원삭元朔	3년간 유치가 후侯로 있었다. 원삭 4년 3월 을축일, 후侯 유치劉齒의 원년이다. 三 四年三月乙丑 侯劉齒元年
원수元狩	6년간 유치가 후侯로 있었다. 六
원정元鼎	4년간 유치가 후侯로 있었다. 원정 5년, 후侯 유치가 주금에 걸려 봉국이 없어졌다. 四 五年 侯齒坐酎金 國除
원봉元封	
태초太初	

92. 해상후

국명國名	해상海常 색은 〈표〉에는 낭야군에 있다. 表在琅邪
왕자호王子號	성양공왕 아들 城陽共王子
원광元光	

원삭元朔	3년간 유복이 後후로 있었다. 4년 3월 을축일, 後후 유복劉福의 원년이다. 三 四年三月乙丑 侯劉福元年
원수元狩	6년간 유복이 後후로 있었다. 六
원정元鼎	4년간 유복이 後후로 있었다. 원정 5년, 後후 유복이 주금에 걸려 봉국이 없어졌다. 四 五年 侯福坐酎金 國除 신주 이후 원정 6년에 소홍蘇弘이 남월을 친 공으로 後후로 봉해진다. 유복은 동월을 친 공으로 원봉 5년에 요앵후繚嫈侯로 봉해졌다가 1년 만에 죄를 지어 봉국이 없어졌다.
원봉元封	
태초太初	

93. 균구후

국명國名	균구鈞丘 색은 《한서》〈표〉에는 '추구'라 한다. 漢表作騶丘 신주 노국의 추鄒(騶 혹 邾)는 고대부터 유명한 지명으로 맹자가 태어난 곳이다.
왕자호王子號	성양공왕 아들 城陽共王子
원광元光	
원삭元朔	3년간 유헌이 後후로 있었다. 원삭 4년 3월 을축일, 後후 유헌劉憲의 원년이다. 三 四年三月乙丑 侯劉憲元年 신주 《한서》〈표〉에는 시호를 '경경敬'이라 하고, 이름을 '관寬'이라 한다.

원수元狩	3년간 유헌이 후侯로 있었다. 3년간 유집덕이 금후로 있었다. 원수 4년, 금후今侯 유집덕劉執德의 원년이다. 三 三 四年 今侯執德元年 **신주** 《한서》〈표〉에는 이름을 '보덕報德'이라 한다.
원정元鼎	6년간 유집덕이 금후로 있었다. 六
원봉元封	6년간 유집덕이 금후로 있었다. 六
태초太初	4년간 유집덕이 금후로 있었다. 四

94. 남성후

국명國名	남성南城 **색은** 〈표〉와 〈지리지〉에는 들어있지 않다. 表志闕 **신주** 〈지리지〉에는 동해군 속현이다.
왕자호王子號	성양공왕 아들 城陽共王子
원광元光	
원삭元朔	3년간 유정이 후侯로 있었다. 원삭 4년 3월 을축일, 후侯 유정劉貞의 원년이다. 三 四年三月乙丑 侯劉貞元年
원수元狩	6년간 유정이 후侯로 있었다. 六

원정元鼎	6년간 유정이 후侯로 있었다. 六
원봉元封	6년간 유정이 후侯로 있었다. 六
태초太初	4년간 유정이 후侯로 있었다. 四

95. 광릉후

국명國名	광릉廣陵
	▣집해▣ 서광이 말했다. "다른 판본에는 릉陵을 '양陽'이라 한다." 徐廣曰 一作陽 ▣신주▣ 강도江都가 광릉으로 이름이 바뀐 것은 무제 원수 5년이다. 당시 강도현과 광릉현이 아울러 있었다. 《사기지의》에서는 서광의 의견을 참고하여 유주 광양국 광양현이며 성양에서 멀지 않다고 했는데, 광양보다는 광릉이 훨씬 가까이 있는 것으로 보아 광릉현으로 보는 것이 타당성이 있다.
왕자호王子號	성양공왕 아들 城陽共王子
원광元光	
원삭元朔	3년간 유표가 상후로 있었다. 원삭 4년 3월 을축일, 상후常侯 유표劉表의 원년이다. 三 四年三月乙丑 常侯劉表元年 ▣색은▣ 사후 유표다. 진작이 말했다. "虒의 발음은 '사斯'라고 한다." 虒侯表 晉灼曰 虒音斯 ▣신주▣ 常과 虒는 모두 《시법》에 없다.
원수元狩	4년간 유표가 상후로 있었다. 2년간 유성이 후侯로 있었다. 원수 5년, 후侯 유성劉成의 원년이다. 四 二 五年 侯成元年

원정元鼎	4년간 유성이 후侯로 있었다. 원정 5년, 후侯 유성이 주금에 걸려 봉국이 없어졌다. 四 五年 侯成坐酎金 國除
원봉元封	
태초太初	

96. 장원후

국명國名	장원莊原 색은 《한서》〈표〉에는 '두원'이라 한다. 漢表作杜原 신주 장원과 두원 둘 다 미상이다.
왕자호王子號	성양공왕 아들 城陽共王子
원광元光	
원삭元朔	3년간 유고가 후侯로 있었다. 원삭 4년 3월 을축일, 후侯 유고劉皋의 원년이다. 三 四年三月乙丑 侯劉皋元年
원수元狩	6년간 유고가 후侯로 있었다. 六
원정元鼎	4년간 유고가 후侯로 있었다. 원정 5년, 후侯 유고가 주금에 걸려 봉국이 없어졌다. 四 五年 侯皋坐酎金 國除
원봉元封	
태초太初	

97. 임락후

국명國名	임락臨樂
	색은 위소는 현 이름이며, 발해군에 속한다고 한다. 韋昭云 縣名 屬勃海
왕자호王子號	중산정왕 아들 中山靖王子
원광元光	
원삭元朔	3년간 유광이 돈후로 있었다. 원삭 4년 4월 갑오일, 돈후敦侯 유광劉光의 원년이다. 三 四年四月甲午 敦侯劉光元年 색은 《시법》에 따르면, 선행하며 게으르지 않은 것을 '돈敦'이라 한다. 諡法 善行不怠曰敦
원수元狩	6년간 유광이 돈후로 있었다. 六
원정元鼎	6년간 유광이 돈후로 있었다. 六
원봉元封	5년간 유광이 돈후로 있었다. 1년간 유건이 금후로 있었다. 원봉 6년, 금후今侯 유건劉建의 원년이다. 五 一 六年 今侯建元年
태초太初	4년간 유건이 금후로 있었다. 四

98. 동야후

국명國名	동야東野
	색은 〈표〉와 〈지리지〉에는 들어있지 않다. 表志闕

왕자호王子號	중산정왕 아들 中山靖王子
원광元光	
원삭元朔	3년간 유장이 후侯로 있었다. 원삭4년 4월 갑오일, 후侯 유장劉章의 원년이다. 三 四年四月甲午 侯劉章元年 색은 대후 유장이다. 戴侯章 신주 《한서》〈표〉에는 중간에 유중시劉中時가 뒤를 이었다가 태초 4년에 죽었으며 이로써 후사가 없어 세습이 끊겼다고 한다.
원수元狩	6년간 유장이 후侯로 있었다. 六
원정元鼎	6년간 유장이 후侯로 있었다. 六
원봉元封	6년간 유장이 후侯로 있었다. 六
태초太初	4년간 유장이 후侯로 있었다. 四

99. 고평후

국명國名	고평高平 색은 〈표〉에는 평원군에 있다. 表在平原 신주 〈지리지〉에는 안정군과 임회군 두 곳에 속현이 있다. 만약 평원에 있다면 어느 현 향 이름일 것이다.
왕자호王子號	중산정왕 아들 中山靖王子

원광元光	
원삭元朔	3년간 유가가 후侯로 있었다. 원삭 4년 4월 갑오일, 후侯 유가劉嘉 원년이다. 三 四年四月甲午 侯劉嘉元年
원수元狩	6년간 유가가 후侯로 있었다. 六
원정元鼎	4년간 유가가 후侯로 있었다. 원정 5년, 후侯 유가가 주금에 걸려 봉국이 없어졌다. 四 五年 侯嘉坐酎金 國除
원봉元封	
태초太初	

100. 광천후

국명國名	광천廣川
	신주 〈지리지〉에 신도국 광천현이 있다.
왕자호王子號	중산정왕 아들 中山靖王子
원광元光	
원삭元朔	3년간 유파가 후侯로 있었다. 원삭 4년 4월 갑오일, 후侯 유파劉頗 원년이다. 三 四年四月甲午 侯劉頗元年
원수元狩	6년간 유파가 후侯로 있었다. 六
원정元鼎	4년간 유파가 후侯로 있었다. 원정 5년, 후侯 유파가 주금에 걸려 봉국이 없어졌다. 四 五年 侯頗坐酎金 國除
원봉元封	
태초太初	

101. 천종후

국명國名	천종千鍾
	[집해] 서광이 말했다. "다른 판본에는 종鐘을 '중重'이라 한다."
	徐廣曰 一作重
	[색은] 《한서》〈표〉에는 '중후 담擔'이라 하고, 평원군에 있다고 한다. 〈지리지〉에는 중구가 있다.
	漢表作重侯擔 在平原 地理志有重丘也
	[신주] 《사기지의》에서 인용한 《수경주》에는 발해군 천동현千童縣이라 한다. 발해군과 평원군은 경계를 접하는데, 그 땅이 나중에 평원군으로 속했을 수도 있다. 아울러 종과 중의 발음이 비슷하여 같은 것이라고 볼 수도 있다.
왕자호王子號	하간헌왕 아들
	河間獻王子
원광元光	
원삭元朔	3년간 유요가 후侯로 있었다. 원삭 4년 4월 갑오일, 후侯 유요劉搖의 원년이다.
	三 四年 四月甲午 侯劉搖元年
	[집해] 일설에는 '유음'이라 한다.
	一云劉陰
	[신주] 《사기지의》에 따르면, 《수경주》에서 인용한 《사기》〈표〉에도 '유음'이라 한다고 하며, 현재 《한서》〈표〉에는 '담擔'이라 하여 양 사서에서 잘못 기록했다고 한다. 사기》〈표〉에는 '유요'와 '유음'이 같은 인물이 아니라 유음이 유요의 뒤를 이은 것으로 나오기 때문에 이 또한 잘못되었다고 보는 견해도 있다.
원수元狩	1년간 유요가 후侯로 있었다. 원수 2년, 후侯 유음이 다른 사람을 시키고 추청秋請(가을 조회)에 들지 않은 죄를 지어 봉국이 없어졌다.
	一 二年 侯陰不使人爲秋請 有罪 國除
원정元鼎	
원봉元封	
태초太初	

102. 피양후

국명國名	피양披陽
	색은 소해는 披의 발음을 '피皮'라 하고, 유씨는 '피[皮彼反]'라 한다. 〈지리지〉에는 천승군에 속한다. 蕭該披音皮 劉氏音皮彼反 志屬千乘也
왕자호王子號	제효왕의 아들 齊孝王子
원광元光	
원삭元朔	3년간 유연이 경후로 있었다. 원삭 4년 4월 을묘일, 경후敬侯 유연劉燕의 원년이다. 三 四年四月乙卯 敬侯劉燕元年
원수元狩	6년간 유연이 경후로 있었다. 六
원정元鼎	4년간 유연이 경후로 있었다. 2년간 유우가 금후로 있었다. 원정 5년, 금후今侯 유우劉隅의 원년이다. 四 二 五年 今侯隅元年 신주 《한서》〈표〉에는 이름을 '언偃'이라 한다.
원봉元封	6년간 유우가 금후로 있었다. 六
태초太初	4년간 유우가 금후로 있었다. 四

103. 정후

국명國名	정定 [색은] 定은 지명이다. 定 地名 [신주] 〈지리지〉에 따르면, 발해군 속현이다.
왕자호王子號	제효왕의 아들 齊孝王子
원광元光	
원삭元朔	3년간 유월이 경후로 있었다. 원삭 4년 4월 을묘일, 경후敬侯 유월劉越의 원년이다. 三 四年四月乙卯 敬侯劉越元年 [색은] 교후敫侯 유월이다. '교敫'는 시호다. 《설문》에 따르면, "敫는 뛰는 것처럼 읽어야 한다." 敫侯越 敫 謚也 說文云 敫讀如躍 [신주] 《사기지의》에 따르면, "교敫는 '돈敦' 자를 잘못 쓴 것이다. 옛 돈敦 자를 '敨'로 쓰는데, 잘못 바뀌어서 교敫가 되었을 뿐이다." 그러면서 교敫를 '목穆'이라고 하는 안사고를 비판했다. 《한서》〈표〉에는 또 시호를 '부敷'라고 하고 있다.
원수元狩	6년간 유월이 경후로 있었다. 六
원정元鼎	3년간 유월이 경후로 있었다. 3년간 유덕이 금후로 있었다. 원정 4년, 금후今侯 유덕劉德의 원년이다. 三 三 四年 今侯德元年
원봉元封	6년간 유덕이 금후로 있었다. 六
태초太初	4년간 유덕이 금후로 있었다 四

104. 도후

국명國名	도稻 색은 〈지리지〉에는 낭야군에 속한다. 志屬琅邪
왕자호王子號	제효왕의 아들 齊孝王子
원광元光	
원삭元朔	3년간 유정이 이후로 있었다. 원삭 4년 4월 을묘일, 이후夷侯 유정劉定의 원년이다. 三 四年四月乙卯 夷侯劉定元年
원수元狩	6년간 유정이 이후로 있었다. 六
원정元鼎	2년간 유정이 이후로 있었다. 4년간 유도양이 금후로 있었다. 원정 3년, 금후今侯 유도양劉都陽 원년이다. 二 四 三年 今侯都陽元年 신주 《한서》〈표〉에는 이름을 '양도'라고 하여 거꾸로 되어 있다.
원봉元封	6년간 유도양이 금후로 있었다. 六
태초太初	4년간 유도양이 금후로 있었다. 四

105. 산후

국명國名	산山 색은 〈표〉에는 발해군에 있다. 表在勃海

	《사기지의》에 따르면, "《한서》〈노온서전〉에는 산읍山邑의 승丞이 되었다는데, 소림은 상산 속현이라 하고, 진작은 상산엔 석읍石邑이 있지 산읍이 없다고 했으며, 안사고는 어디인지 모른다고 했다."
왕자호王子號	제효왕의 아들 齊孝王子
원광元光	
원삭元朔	3년간 유국이 후侯로 있었다. 원삭 4년 4월 을묘일, 후侯 유국劉國의 원년이다. 三 四年四月乙卯 侯劉國元年
원수元狩	6년간 유국이 후侯로 있었다. 六
원정元鼎	6년간 유국이 후侯로 있었다. 六
원봉元封	6년간 유국이 후侯로 있었다. 六
태초太初	4년간 유국이 후侯로 있었다. 四

106. 번안후

국명國名	번안繁安 색은 〈표〉와 〈지리지〉에는 들어있지 않다. 表志闕 신주 〈지리지〉에는 천승군 속현이다.
왕자호王子號	제효왕의 아들 齊孝王子
원광元光	

원삭元朔	3년간 유충이 후侯로 있었다. 원삭 4년 4월 을묘일, 후侯 유충劉忠의 원년이다. 三 四年 四月乙卯 侯劉忠元年 [색은] 이후夷侯 유충이다. 夷侯忠
원수元狩	6년간 유충이 후侯로 있었다. 六
원정元鼎	6년간 유충이 후侯로 있었다. 六
원봉元封	6년간 유충이 후侯로 있었다. 六
태초太初	3년간 유충이 후侯로 있었다. 1년간 유수가 금후로 있었다. 태초 4년, 금후今侯 유수劉壽의 원년이다. 三 一 四年 今侯壽元年 [신주] 《한서》〈표〉에는 원봉 4년에 안후安侯 유수劉守가 있다.

107. 류후

국명國名	류柳 [색은] 〈표〉와 〈지리지〉에는 들어있지 않다. 表志闕 [신주] 〈지리지〉에는 발해군 속현이다.
왕자호王子號	제효왕의 아들 齊孝王子
원광元光	

원삭元朔	3년간 유양이 강후로 있었다. 원삭 4년 4월 을묘일, 강후康侯 유양劉陽의 원년이다. 三 四年四月乙卯 康侯劉陽元年 신주 《한서》〈표〉에는 이름을 '양이陽已'라 했다.
원수元狩	6년간 유양이 강후로 있었다. 六
원정元鼎	3년간 유양이 강후로 있었다. 3년간 유파사가 후侯로 있었다. 원정 4년, 후侯 유파사劉罷師의 원년이다. 三 三 四年 侯罷師元年 신주 《한서》〈표〉에는 시호를 '부敷'라 하여 앞서 정후定侯와 같은 경우인데, '경敬'이 옳은 것이라고 《사기지의》에서는 지적한다.
원봉元封	4년간 유파사가 후侯로 있었다. 2년간 유자위가 금후로 있었다. 원봉 5년, 금후今侯 유자위劉自爲 원년이다. 四 二 五年 今侯自爲元年
태초太初	4년간 유자위가 금후로 있었다. 四

108. 운후

국명國名	운雲 색은 〈지리지〉에는 낭야군에 속한다. 志屬琅邪
왕자호王子號	제효왕의 아들 齊孝王子
원광元光	

원삭元朔	3년간 유신이 이후로 있었다. 원삭 4년 4월 을묘일, 이후夷侯 유신劉信의 원년이다. 三 四年四月乙卯 夷侯劉信元年
원수元狩	6년간 유신이 이후로 있었다. 六
원정元鼎	5년간 유신이 이후로 있었다. 1년간 유세발이 금후로 있었다. 원정 6년, 금후今侯 유세발劉歲發의 원년이다. 五 一 六年 今侯歲發元年 　신주　《한서》〈표〉에는 이름을 '무발茂發'이라 했다.
원봉元封	6년간 유세발이 금후로 있었다. 六
태초太初	4년간 유세발이 금후로 있었다. 四

109. 모평후

국명國名	모평牟平 　집해　서광이 말했다. "다른 판본에는 평平을 '양羊'이라 한다." 徐廣曰 一作羊 　색은　〈지리지〉에는 동래에 속한다. 志屬東萊 　신주　동래군 속현이므로 서광의 말은 잘못이다.
왕자호王子號	제효왕의 아들 齊孝王子
원광元光	

원삭元朔	3년간 유설이 공후로 있었다. 원삭 4년 4월 을묘일, 공후共侯 유설劉渫의 원년이다. 三 四年四月乙卯 共侯劉渫元年 色은 渫의 발음은 '설薛'이다 渫音薛
원수元狩	2년간 유설이 공후로 있었다 4년간 유노가 금후로 있었다. 원수 3년, 금후今侯 유노劉奴의 원년이다. 二 四 三年 今侯奴元年
원정元鼎	6년간 유노가 금후로 있었다. 六
원봉元封	6년간 유노가 금후로 있었다. 六
태초太初	4년간 유노가 금후로 있었다. 四

110. 시후

국명國名	시柴 色은 〈지리지〉에는 태산군에 속한다. 志屬泰山
왕자호王子號	제효왕의 아들 齊孝王子
원광元光	
원삭元朔	3년간 유대가 원후로 있었다. 원삭 4년 4월 을묘일, 원후原侯 유대劉代의 원년이다. 三 四年四月乙卯 原侯劉代元年

원수元狩	6년간 유대가 원후로 있었다. 六
원정元鼎	6년간 유대가 원후로 있었다. 六
원봉元封	6년간 유대가 원후로 있었다. 六
태초太初	4년간 유대가 원후로 있었다. 四

111. 백양후

국명國名	백양柏陽 색은 《한서》〈표〉에는 (陽을) '창暢'이라 하며 중산에 있다. 漢表作暢 在中山 신주 《사기지의》에서는 《수경주》와 《방여기요》를 들어 《한서》〈표〉의 기록이 옳다고 한다. 다만, 중산이 아니라 상산에 속하는 정후이다.
왕자호王子號	조경숙왕의 아들 趙敬肅王子
원광元光	
원삭元朔	2년간 유종고가 후侯로 있었다. 원삭 5년 11월 신유일, 후侯 유종고劉終古의 원년이다. 二 五年十一月辛酉 侯劉終古元年
원수元狩	6년간 유종고가 후侯로 있었다. 六
원정元鼎	6년간 유종고가 후侯로 있었다. 六
원봉元封	6년간 유종고가 후侯로 있었다. 六

태초太初	4년간 유종고가 후侯로 있었다. 四

112. 호후

국명國名	호部 색은 《한서》〈표〉에는 '敵'이라 하며, 발음은 '곽霍'이다. 〈지리지〉에는 상산군에 있다. 漢表作敵 音霍 志屬常山郡
왕자호王子號	조경숙왕의 아들 趙敬肅王子
원광元光	
원삭元朔	2년간 유연년이 후侯로 있었다. 원삭 5년 11월 신유일, 후侯 유연년劉延年의 원년이다. 二 五年十一月辛酉 侯劉延年元年 색은 안후이다. 安侯 신주 중간에 폐위되었으니 시호가 없다.
원수元狩	6년간 유연년이 후侯로 있었다. 六
원정元鼎	4년간 유연년이 후侯로 있었다. 원정 5년, 후侯 유연년이 주금에 걸려 봉국이 없어졌다. 四 五年 侯延年坐酎金 國除
원봉元封	
태초太初	

113. 상구후

국명國名	상구桑丘
	색은 〈표〉에는 심택에 있다. 表在深澤 신주 〈지리지〉에는 중산국에 심택이 있고, 이웃 탁군에 남심택현이 있다. 《한서》 〈표〉에는 '승구乘丘'라 하는데, 승구는 태산군 속현이므로 잘못이라는 견해도 있다.
왕자호王子號	중산정왕의 아들 中山靖王子
원광元光	
원삭元朔	2년간 유양이 절후로 있었다. 원삭 5년 11월 신유일, 절후節侯 유양劉洋 의 원년이다. 二 五年十一月辛酉 節侯劉洋元年 색은 《한서》〈표〉에는 이름이 '장야將夜'이다. 漢表名將夜 신주 《사기지의》에 따르면, 같이 중산정왕 아들이므로 3월 계유에 봉해져야 마땅 하다고 한다. 또 《수경주》에도 이름을 '장야'라고 했다.
원수元狩	6년간 유양이 절후로 있었다. 六
원정元鼎	3년간 유양이 절후로 있었다. 3년간 유덕이 금후로 있었다. 원정 4년, 금후今侯 유덕劉德의 원년이다. 三 三 四年 今侯德元年
원봉元封	6년간 유덕이 금후로 있었다. 六
태초太初	4년간 유덕이 금후로 있었다. 四

114. 고구후

국명國名	고구高丘
	색은 〈표〉와 〈지리지〉에는 들어있지 않다. 表志闕
왕자호王子號	중산정왕의 아들 中山靖王子
원광元光	
원삭元朔	2년간 유파호가 애후로 있었다. 원삭 5년 3월 계유일, 애후哀侯 유파호劉 破胡의 원년이다. 二 五年三月癸酉 哀侯劉破胡元年
원수元狩	6년간 유파호가 애후로 있었다. 六
원정元鼎	원정 원년, 애후 유파호가 죽고 후사가 없어 봉국이 없어졌다. 元年 侯破胡薨 無後 國除
원봉元封	
태초太初	

115. 유숙후

국명國名	유숙柳宿
	색은 〈표〉에는 탁군에 있다. 表在涿郡
	신주 《사기지의》에 따르면, 《한서》〈외척전〉의 '사황손 왕부인전'에 유숙이 있는데, 소림의 주석에 중산군 로노盧奴 동북 30리라 한다. 오른쪽(서쪽) 북평北平에서 로수盧 水가 나온다고 하고 탁군과 경계를 접하니 나중에 로노 땅 일부가 탁군에 속했을 수도 있다.

왕자호王子號	중산정왕의 아들 中山靖王子
원광元光	
원삭元朔	2년간 유개가 이후로 있었다. 원삭 5년 3월 계유일, 이후夷侯 유개劉蓋의 원년이다. 二 五年三月癸酉 夷侯劉蓋元年
원수元狩	2년간 유개가 이후로 있었다. 4년간 유소가 후侯로 있었다. 원수 3년, 후侯 유소劉蘇의 원년이다. 二 四 三年 侯蘇元年
원정元鼎	4년간 유소가 후侯로 있었다. 원정 5년, 후侯 유소가 주금에 걸려 봉국이 없어졌다. 四 五年 侯蘇坐酎金 國除
원봉元封	
태초太初	

116. 융구후

국명國名	융구戎丘 색은 〈표〉와 〈지리지〉에는 들어있지 않다. 表志闕
왕자호王子號	중산정왕의 아들 中山靖王子
원광元光	
원삭元朔	2년간 유양이 후侯로 있었다. 원삭 5년 3월 계유일, 후侯 유양劉讓의 원년이다. 二 五年三月癸酉 侯劉讓元年

원수元狩	6년간 유양이 후侯로 있었다. 六
원정元鼎	4년간 유양이 후侯로 있었다. 원정 5년, 후侯 유양이 주금에 걸려 봉국이 없어졌다. 四 五年 侯讓坐酎金 國除
원봉元封	
태초太初	

117. 번여후

국명國名	번여樊輿 색은 〈표〉와 〈지리지〉에는 들어있지 않다. 表志闕
왕자호王子號	중산정왕의 아들 中山靖王子
원광元光	
원삭元朔	2년간 유조가 절후로 있었다. 원삭 5년 3월 계유일, 절후節侯 유조劉條의 원년이다. 二 五年三月癸酉 節侯劉條元年
원수元狩	6년간 유조가 절후로 있었다. 六
원정元鼎	6년간 유조가 절후로 있었다. 六
원봉元封	6년간 유조가 절후로 있었다. 六
태초太初	4년간 유조가 절후로 있었다. 四

118. 곡성후

국명國名	곡성曲成 [색은] 〈표〉에는 탁군에 있다. 表在涿郡 [신주] 고조 공신서열 18위인 고봉蠱逢이 고조 6년에 봉해졌다가 5대 만인 무제 원정 3년에 없어진 후국이다. 곡성은 〈지리지〉에는 동래군에 있는 현이며, 《사기지의》에 따르면, 탁군에 있는 것은 향 이름이라 한다. 중산정왕의 아들로 보아 유만세가 봉해진 곳은 탁군에 있는 곡성이다.
왕자호王子號	중산정왕의 아들 中山靖王子
원광元光	
원삭元朔	2년간 유만세가 후侯로 있었다. 원삭 5년 3월 계유일, 후侯 유만세劉萬歲의 원년이다. 二 五年三月癸酉 侯劉萬歲元年
원수元狩	6년간 유만세가 후侯로 있었다. 六
원정元鼎	4년간 유만세가 후侯로 있었다. 원정 5년, 후侯 유만세가 주금에 걸려 봉국이 없어졌다. 四 五年 侯萬歲坐酎金 國除
원봉元封	
태초太初	

119. 안곽후

국명國名	안곽安郭 [색은] 〈표〉에는 탁군에 있다. 表在涿郡 [신주] 《사기지의》는 《수경주》에 따라 중산 안국현安國縣 안곽정이라고 적고 있다.

왕자호王子號	중산정왕의 아들 中山靖王子
원광元光	
원삭元朔	2년간 유박이 후侯로 있었다. 원삭 5년 3월 계유일, 후侯 유박劉博의 원년이다. 二 五年三月癸酉 侯劉博元年 **신주** 《한서》〈표〉와 그를 인용한 《수경주》에는 이름이 '부부傅富'라 한다.
원수元狩	6년간 유박이 후侯로 있었다. 六
원정元鼎	6년간 유박이 후侯로 있었다. 六
원봉元封	6년간 유박이 후侯로 있었다. 六
태초太初	4년간 유박이 후侯로 있었다. 四

120. 안험후

국명國名	안험安險 **색은** 〈지리지〉에는 중산군에 있다. 志屬中山
왕자호王子號	중산정왕의 아들 中山靖王子
원광元光	
원삭元朔	2년간 유응이 후侯로 있었다. 원삭 5년 3월 계유일, 후侯 유응劉應의 원년이다. 二 五年三月癸酉 侯劉應元年

원수元狩	6년간 유응이 후侯로 있었다. 六
원정元鼎	4년간 유응이 후侯로 있었다. 원정 5년, 후侯 유응이 주금에 걸려 봉국이 없어졌다. 四 五年 侯應坐酎金 國除
원봉元封	
태초太初	

121. 안요후

국명國名	안요安遙 색은 〈표〉에는 '안도'라 한다. 表作安道 신주 〈건원이래후자연표〉에 따르면, 안도후에는 원정 6년에 남월 게양령 사정史定이 봉해지는데, 남양군에 있다고 한다. 《사기지의》에서는 중산정왕 아들이 그렇게 멀리 봉해질 리 없다며, 안요후(안도후)와 부이후부터 천릉후까지 모두 장사정왕의 아들이고 6월 임자일에 봉해졌다고 한다.
왕자호王子號	중산정왕의 아들 中山靖王子
원광元光	
원삭元朔	2년간 유회가 후侯로 있었다. 원삭 5년 3월 계유일, 후侯 유회劉恢의 원년이다. 二 五年三月癸酉 侯劉恢元年
원수元狩	6년간 유회가 후侯로 있었다. 六
원정元鼎	4년간 유회가 후侯로 있었다. 원정 5년, 후侯 유회가 주금에 걸려 봉국이 없어졌다. 四 五年 侯恢坐酎金 國除

원봉元封	
태초太初	

122. 부이후

국명國名	부이夫夷 **신주** 〈지리지〉에는 영릉군 속현이다.
왕자호王子號	장사정왕의 아들 長沙定王子
원광元光	
원삭元朔	2년간 유의가 경후로 있었다. 원삭 5년 3월 계유일, 경후敬侯 유의劉義의 원년이다. 二 五年三月癸酉 敬侯劉義元年 **신주** 장사정왕 아들이니 나머지 아들과 같이 6월 임자일에 봉해져야 옳다고 견해도 있다.
원수元狩	6년간 유의가 경후로 있었다. 六
원정元鼎	4년간 유의가 경후로 있었다. 6년간 유우가 금후로 있었다. 원정 5년, 금후今侯 유우劉禹의 원년이다. 四 六 五年 今侯禹元年
원봉元封	6년간 유우가 금후로 있었다. 六
태초太初	4년간 유우가 금후로 있었다. 四

123. 용릉후

국명國名	용릉春陵
	색은 〈지리지〉에는 남양군에 속한다.
	志屬南陽
왕자호王子號	장사정왕의 아들
	長沙定王子
원광元光	
원삭元朔	2년간 유매가 후侯로 있었다. 원삭 5년 6월 임자일, 후侯 유매劉買 원년이다.
	二 五年六月壬子 侯劉買元年
	색은 절후이다.
	節侯
	신주 《한서》〈표〉에는 원수 3년에 대후戴侯 유웅거劉熊渠가 뒤를 잇고 56년 만에 죽었다고 한다.
원수元狩	6년간 유매가 후侯로 있었다.
	六
원정元鼎	6년간 유매가 후侯로 있었다.
	六
원봉元封	6년간 유매가 후侯로 있었다.
	六
태초太初	4년간 유매가 후侯로 있었다.
	四

124. 도량후

국명國名	도량都梁
	색은 〈지리지〉에는 영릉군에 속한다.
	志屬零陵

왕자호王子號	장사정왕의 아들 長沙定王子
원광元光	
원삭元朔	2년간 유수가 경후로 있었다. 원삭 5년 6월 임자일, 경후敬侯 유수劉遂의 원년이다. 二 五年六月壬子 敬侯劉遂元年
원수元狩	6년간 유수가 경후로 있었다 六
원정元鼎	6년간 유계가 금후로 있었다. 원정 원년, 금후今侯 유계劉係의 원년이다. 六 元年 今侯係元年 **신주** 《한서》〈표〉에는 유수의 이름을 '정定', 유계의 이름을 '혜傒'라 한다.
원봉元封	6년간 유계가 금후로 있었다. 六
태초太初	4년간 유계가 금후로 있었다. 四

125. 조양후

국명國名	조양洮陽 [색은] 〈지리지〉에는 영릉군에 속한다. 洮의 발음은 '도洮'이고 또 발음은 '도道'이다. 志屬零陵 洮音洮 又音道 **신주** 조와 도는 고대에 같은 음이다. 농서에 있는 조수洮水를 도수로도 부르는 것과 같다.
왕자호王子號	장사정왕의 아들 長沙定王子
원광元光	

원삭元朔	2년간 유구체가 정후로 있었다. 원삭 5년 6월 임자일, 정후靖侯 유구체劉狗彘의 원년이다. 二 五年六月壬子 靖侯劉狗彘元年 색은 《한서》〈표〉에는 이름이 '장연將燕'이다. 漢表名將燕 신주 《한서》〈표〉에는 수연狩燕이라 했다.
원수元狩	5년간 유구체가 정후로 있었다. 원수 6년, 후侯 유구체가 죽고 후사가 없어 봉국이 없어졌다. 五 六年 侯狗彘薨 無後 國除
원정元鼎	
원봉元封	
태초太初	

126. 천릉후

국명國名	천릉泉陵 색은 〈지리지〉에는 영릉군에 속한다. 志屬零陵 신주 《한서》〈표〉에는 천泉을 '중衆'이라 썼다.
왕자호王子號	장사정왕의 아들 長沙定王子
원광元光	
원삭元朔	2년간 유현이 절후로 있었다. 원삭 5년 6월 임자일, 절후節侯 유현劉賢의 원년이다. 二 五年六月壬子 節侯劉賢元年
원수元狩	6년간 유현이 절후로 있었다. 六

원정元鼎	6년간 유현이 절후로 있었다. 六
원봉元封	6년간 유현이 절후로 있었다. 六
태초太初	4년간 유현이 절후로 있었다. 四

127. 종익후

국명國名	종익終弋 색은 〈표〉에는 여남군에 있다. 表在汝南 신주 여남군에는 익양현弋陽縣이 있고, 삼국시대에 일대가 군으로 바뀌는데, 익양현 소속 향 이름인 것으로 보는 견해도 있다.
왕자호王子號	형산왕 유사劉賜의 아들 衡山王賜子
원광元光	
원삭元朔	1년간 유광치가 후侯로 있었다. 원삭 6년 4월 정축일, 후侯 유광치劉廣置의 원년이다. 一 六年四月丁丑 侯劉廣置元年 색은 광치를 '광매'라고도 한다. 廣買
원수元狩	6년간 유광치가 후侯로 있었다. 六
원정元鼎	4년간 유광치가 후侯로 있었다. 원정 5년, 후侯 유광치가 주금에 걸려 봉국이 없어졌다. 四 五年 侯廣置坐酎金 國除
원봉元封	
태초太初	

원수 연간 왕자후자표

1. 맥후

국명國名	맥麥
	색은 〈표〉에는 낭야군에 있다.
	表在琅邪
	신주 《후한서》〈군국지〉에는 남군 당양현當陽縣에 맥성이 있다. 삼국시대에 관우가 오나라 여몽에게 속아 몰락하면서 최후로 거처하였고, 임저臨沮로 달아나다 잡혀 참수를 당했다. 여기 맥성은 정황상 그 맥성과는 달라 보인다. 《사기지의》에서는 《로사》〈국명기〉와 《방여기요》를 인용해 한나라 력현朸縣이며 평원군 소속이라고 한다.
왕자호王子號	성양경왕 아들
	城陽頃王子
원광元光	
원삭元朔	
원수元狩	6년간 유창이 후侯로 있었다. 원수 원년 4월 무인일, 후侯 유창劉昌의 원년이다.
	六 元年四月戊寅 侯劉昌元年
	신주 맥후부터 양릉후까지 25인은 모두 원수 원년이지만, 《한서》〈표〉에는 모두 원정 원년이라고 하여 6년 뒤의 일이다. 《사기지의》에서는 봉한 날짜로 보아 《사기》 기록을 의심하고 있다. 그러나 실제 어느 쪽이 맞는지 섣불리 결정할 수 없다. 원정 연간에 봉해진 세 후侯를 보면 오히려 《사기》가 맞을 수도 있기 때문이다.

원정元鼎	4년간 유창이 후侯로 있었다. 원정 5년, 후侯 유창이 주금에 걸려 봉국이 없어졌다. 四 五年 侯昌坐酎金 國除
원봉元封	
태초太初	

2. 거합후

국명國名	거합鉅合
	색은 〈표〉에는 평원군에 있다. 表在平原 신주 《사기지의》에는 《수경주》에 의거하여 제남군 평릉현平陵縣 경내의 거합성鉅合城이라고 한다.
왕자호王子號	성양경왕 아들 城陽頃王子
원광元光	
원삭元朔	
원수元狩	6년간 유발이 후侯로 있었다. 원수 원년 4월 무인일, 후侯 유발劉發의 원년이다. 六 元年四月戊寅 侯劉發元年
원정元鼎	4년간 유발이 후侯로 있었다. 원정 5년, 후侯 유발이 주금에 걸려 봉국이 없어졌다. 四 五年 侯發坐酎金 國除
원봉元封	
태초太初	

3. 창후

국명國名	창昌
	색은 〈지리지〉에는 낭야군에 속한다. 志屬琅邪
왕자호王子號	성양경왕 아들 城陽頃王子
원광元光	
원삭元朔	
원수元狩	6년간 유차가 후侯로 있었다. 원수 원년 4월 무인일, 후侯 유차劉差 원년이다. 六 元年四月戊寅 侯劉差元年 색은 창후 유강이다. 昌侯羌
원정元鼎	4년간 유차가 후侯로 있었다. 원정 5년, 후侯 유차가 주금에 걸려 봉국이 없어졌다. 四 五年 侯差坐酎金 國除
원봉元封	
태초太初	

4. 비후

국명國名	비賁
	색은 비후이며, 발음은 '비祕' 또는 '비[扶謂反]'다. 〈표〉에는 낭야군에 있다. 賁侯 音祕 又扶謂反 表在琅邪
왕자호王子號	성양경왕 아들 城陽頃王子
원광元光	

원삭元朔	
원수元狩	6년간 유방이 후侯로 있었다. 원수 원년 4월 무인일, 후侯 유방劉方의 원년이다. 六 元年四月戊寅 侯劉方元年 색은 이름이 '만'이다. 萬 신주 《한서》〈표〉에도 '방方'이라 하며, 아마 고본에 '만万'이라 된 것이 있어 표준 글자인 '萬'으로 고친 것 같다.
원정元鼎	4년간 유방이 후侯로 있었다. 원정 5년, 후侯 유방이 주금에 걸려 봉국이 없어졌다. 四 五年 侯方坐酎金 國除
원봉元封	
태초太初	

5. 우은후

국명國名	우은雩殷 색은 우강후 유택이다. 〈지리지〉에는 낭야군에 속한다. 발음은 '호呼'와 '가加'의 두 음이다. 雩康侯澤 志屬琅邪 音呼加二音 신주 《한서》〈표〉에는 호가虖葭라고 했으나 〈지리지〉에는 우가雩假로 나온다.
왕자호王子號	성양경왕 아들 城陽頃王子
원광元光	
원삭元朔	
원수元狩	6년간 유택이 강후로 있었다. 원수 원년 4월 무인일, 강후康侯 유택劉澤의 원년이다. 六 元年四月戊寅 康侯劉澤元年

원정元鼎	6년간 유택이 강후로 있었다. 六
원봉元封	
태초太初	

6. 석락후

국명國名	석락石洛 색은 〈표〉에는 낭야군에 있다. 表在琅邪 신주 《한서》〈표〉에는 원락原洛이라 한다.
왕자호王子號	성양경왕 아들 城陽頃王子
원광元光	
원삭元朔	
원수元狩	6년간 유경이 후侯로 있었다. 원수 원년 4월 무인일, 후侯 유경劉敬의 원 년이다. 六 元年四月戊寅 侯劉敬元年 색은 석락후(원락후) 유감이다. 石洛侯敢
원정元鼎	6년간 유경이 후侯로 있었다. 六
원봉元封	6년간 유경이 후侯로 있었다. 六
태초太初	4년간 유경이 후侯로 있었다. 四

7. 부침후

국명國名	부침扶淰
	색은 《한서》 〈표〉에는 '협술'이라 하며, 낭야군에 있다고 한다. 淰의 발음은 '침浸'이다. 漢表作挾術 在琅邪 淰音浸 신주 〈지리지〉에는 낭야군 불현祓縣에 후국이 있다고 한다. 《사기지의》에서는 그곳이라고 추정한다.
왕자호王子號	성양경왕 아들 城陽頃王子
원광元光	
원삭元朔	
원수元狩	6년간 유곤오가 후侯로 있었다. 원수 원년 4월 무인일, 후侯 유곤오劉昆吾의 원년이다. 六 元年四月戊寅 侯劉昆吾元年
원정元鼎	6년간 유곤오가 후侯로 있었다. 六
원봉元封	6년간 유곤오가 후侯로 있었다. 六
태초太初	4년간 유곤오가 후侯로 있었다. 四

8. 교후

국명國名	교挍
	색은 발음은 '효効'이다. 〈지리지〉에는 들어있지 않다. 설명하는 이들이 혹 낭야군의 피현被縣이라고도 하나, 아마 그렇지 않을 것이다. 音効 志闕 說者或以爲琅邪被縣 恐不然也
왕자호王子號	성양경왕 아들 城陽頃王子

원광元光	
원삭元朔	
원수元狩	6년간 유패가 후侯로 있었다. 원수 원년 4월 무인일, 후侯 유패劉霸의 원년이다. 六 元年四月戊寅 侯劉霸元年 　색은　《한서》〈표〉에는 이름을 '운雲'이라 한다. 성양경왕의 아들은 19명인데, 《한서》〈표〉에는 20명이라 하고 협희후挾僖侯 패霸가 있는데, 아마 여기 표에서는 탈락되었을 것이다. 漢表名雲 城陽頃王子十九人 漢表二十人 有挾僖侯霸 疑此表脫 　신주　《한서》〈표〉와 달리 이 표에는 교후校侯 유운劉雲이 없고, 유패를 교후로 설명하고 있다.
원정元鼎	6년간 유패가 후侯로 있었다. 六
원봉元封	6년간 유패가 후侯로 있었다. 六
태초太初	4년간 유패가 후侯로 있었다. 四

9. 역후

국명國名	역枥 　색은　발음은 '륵勒'이다. 역은 현이며 평원군에 속한다. 音勒 枥 縣屬平原 　신주　문제 4년에 제도혜왕 아들 유벽광劉辟光이 봉해졌다가 문제 16년에 제남왕이 되어 없어진 후국이다.
왕자호王子號	성양경왕 아들 城陽頃王子
원광元光	

원삭元朔	
원수元狩	6년간 유양이 후侯로 있었다. 원수 원년 4월 무인일, 후侯 유양劉讓의 원년이다. 六 元年四月戊寅 侯劉讓元年
원정元鼎	6년간 유양이 후侯로 있었다. 六
원봉元封	6년간 유양이 후侯로 있었다. 六
태초太初	4년간 유양이 후侯로 있었다. 四

10. 보성후

국명國名	보성父城 [집해] 서광이 말했다. "다른 판본에는 '육성六城'이라 한다." 徐廣曰 一作六城 [색은] 〈지리지〉에는 (문성은) 요서에 있고, 〈표〉에는 동해군에 있다. 志在遼西 表在東海 [신주] 보성은 요서가 아니라 영천군에 있다. 《한서》 〈표〉에는 '문성文成'이라 한다. 문성이 바로 요서에 있다. 성양왕 아들이 멀리 요서에 봉해질 리 없다. 《사기지의》에서는 동해군에 있고, 향 이름일 것이라 한다.
왕자호王子號	성양경왕 아들 城陽頃王子
원광元光	
원삭元朔	
원수元狩	6년간 유광이 후侯로 있었다. 원수 원년 4월 무인일, 후侯 유광劉光의 원년이다. 六 元年四月戊寅 侯劉光元年

원정元鼎	4년간 유광이 후侯로 있었다. 원정 5년, 후侯 유광이 주금에 걸려 봉국이 없어졌다. 四 五年 侯光坐酎金 國除
원봉元封	
태초太初	

11. 용후

국명國名	용庸 색은 〈표〉에는 낭야군에 있다. 表在琅邪
왕자호王子號	성양경왕 아들 城陽頃王子
원광元光	
원삭元朔	
원수元狩	6년간 유담이 후侯로 있었다. 원수 원년 4월 무인일, 후侯 유담劉譚의 원년이다. 六 元年四月戊寅 侯劉譚元年 색은 《한서》〈표〉에는 이름이 '여餘'이다. 漢表名餘
원정元鼎	6년간 유담이 후侯로 있었다. 六
원봉元封	6년간 유담이 후侯로 있었다. 六
태초太初	4년간 유담이 후侯로 있었다. 四

12. 적후

국명國名	적적翟
	색은 〈표〉에는 동해군에 있다. 表在東海
왕자호王子號	성양경왕 아들 城陽頃王子
원광元光	
원삭元朔	
원수元狩	6년간 유수가 후侯로 있었다. 원수 원년 4월 무인일, 후侯 유수劉壽의 원년이다. 六 元年四月戊寅 侯劉壽元年
원정元鼎	4년간 유수가 후侯로 있었다. 원정 5년, 후侯 유수가 주금에 걸려 봉국이 없어졌다. 四 五年 侯壽坐酎金 國除
원봉元封	
태초太初	

13. 전후

국명國名	전전鱣
	색은 〈표〉에는 (동해군) 양비襄賁에 있다. 賁의 발음은 '비肥'이다. 양비는 현 이름이다. 表在襄賁 賁音肥 襄賁 縣名
왕자호王子號	성양경왕 아들 城陽頃王子
원광元光	
원삭元朔	

원수元狩	6년간 유응이 후侯로 있었다. 원수 원년 4월 무인일, 후侯 유응劉應의 원년이다. 六 元年四月戊寅 侯劉應元年
원정元鼎	4년간 유응이 후侯로 있었다. 원정 5년, 후侯 유응이 주금에 걸려 봉국이 없어졌다. 四 五年 侯應坐酎金 國除
원봉元封	
태초太初	

14. 팽후

국명國名	팽彭 색은 〈표〉에는 동해군에 있다. 表在東海
왕자호王子號	성양경왕 아들 城陽頃王子
원광元光	
원삭元朔	
원수元狩	6년간 유언이 후侯로 있었다. 원수 원년 4월 무인일, 후侯 유언劉偃의 원년이다. 六 元年四月戊寅 侯劉偃元年 색은 팽후 유강이다. 彭侯彊
원정元鼎	4년간 유언이 후侯로 있었다. 원정 5년, 후侯 유언이 주금에 걸려 봉국이 없어졌다. 四 五年 侯偃坐酎金 國除
원봉元封	

태초太初	

15. 집후

국명國名	집제觚 　집해 서광이 말했다. "다른 판본에는 '보報'라 한다." 徐廣曰 一作報 　색은 보후報侯이다. 보報는 현 이름으로, 〈지리지〉에는 북해군에 속하며, 《한서》에는 '집觚'이라 한다. '절節'은 시호이다. 위소는 觚의 발음을 '집[諸瓢反]'이라 한다. 안사고는 '호觚' 자라고 했다. 그러나 여기서는 '보報'라 했는데, 서광은 또 '호觚'라 한다고 했다. 報侯 報 縣名 志屬北海 漢作觚 節 謚也 韋昭以觚爲諸瓢反 顏師古云即觚字也 然此作報 徐廣云又作觚也 　신주 〈지리지〉에 북해군 집현執縣이 있으니 색은 주석의 '보報' 자는 아닌 것으로 보인다. 《사기지의》에서는 '집觚'을 '호觚'라고 하지만, 〈지리지〉를 따랐다.
왕자호王子號	성양경왕 아들 城陽頃王子
원광元光	
원삭元朔	
원수元狩	6년간 유식이 후侯로 있었다. 원수 원년 4월 무인일, 후侯 유식劉息의 원년이다. 六 元年四月戊寅 侯劉息元年
원정元鼎	6년간 유식이 후侯로 있었다. 六
원봉元封	6년간 유식이 후侯로 있었다. 六
태초太初	4년간 유식이 후侯로 있었다. 四

16. 허수후

국명國名	허수虛水
	  색은 虛의 발음은 '허墟'이다. 〈지리지〉에는 낭야군에 속한다. 虛音墟 志屬琅邪
왕자호王子號	성양경왕 아들 城陽頃王子
원광元光	
원삭元朔	
원수元狩	6년간 유우가 후侯로 있었다. 원수 원년 4월 무인일, 후侯 유우劉禹 원년이다. 六 元年四月戊寅 侯劉禹元年
원정元鼎	6년간 유우가 후侯로 있었다. 六
원봉元封	6년간 유우가 후侯로 있었다. 六
태초太初	4년간 유우가 후侯로 있었다. 四

17. 동회후

국명國名	동회東淮
	  색은 〈표〉에는 동해군에 있다. 表在東海 신주 《한서》〈표〉에는 북해에 있다고 하니 후대에 색은 주석을 잘못 옮겨 전한 것 같다. 북해에는 회수가 없으니 《사기지의》에서 말한대로 '동유東灘'일 것이다. 글자가 생략되어 전해진 탓이라는 견해도 있다.
왕자호王子號	성양경왕 아들 城陽頃王子

원광元光	
원삭元朔	
원수元狩	6년간 유류가 후侯로 있었다. 원수 원년 4월 무인일, 후侯 유류劉類 원년이다. 六 元年四月戊寅 侯劉類元年
원정元鼎	4년간 유류가 후侯로 있었다. 원정 5년, 후侯 유류가 주금에 걸려 봉국이 없어졌다. 四 五年 侯類坐酎金 國除
원봉元封	
태초太初	

18. 순후

국명國名	순구枸 　색은　枸의 발음은 '순筍'이다. 〈표〉에는 동해군에 있다. 〈지리지〉를 살피건대, 枸은 부풍에 있고, '순枸'과는 별도의 지명이다. 枸音筍 表在東海案志 枸在扶風 與枸別也 　신주　원래 고조 공신서열 91위인 온개溫疥가 고조 8년에 순후로 봉해졌다가 경제 중4년에 없어진 후국이다. 색은 주석에서 말하는 순은 부풍에 있고 《한서》 〈표〉의 기록 에는 천승에 있다고 하니 다른 곳이다.
왕자호王子號	성양경왕 아들 城陽頃王子
원광元光	
원삭元朔	
원수元狩	6년간 유매가 후侯로 있었다. 원수 원년 4월 무인일, 후侯 유매劉買 원년이다. 六 元年四月戊寅 侯劉買元年 　색은　순후 유현이다. 枸侯賢

원정元鼎	4년간 유매가 후侯로 있었다. 원정 5년, 후侯 유매가 주금에 걸려 봉국이 없어졌다. 四 五年 侯買坐酎金 國除
원봉元封	
태초太初	

19. 연후

국명國名	연육涫
	색은 육육涫이다. 발음은 '육육'이다. 〈표〉에는 동해군에 있다. 육수는 남양군에 있고, 남양군에는 육양현涫陽縣이 있는데, 아마 〈표〉가 그릇되었다. 涫 音育也 表在東海 涫水在南陽 南陽有涫陽縣 疑表非也 신주 《한서》〈표〉의 기록과 색은 주석이 잘못된 것으로 보인다. 《사기지의》에 따르면, 《수경주》에 근거하여 연수涫水는 마이산馬耳山에서 나와 유수濰水에 물을 댄다고 하니 아마도 향 이름일 것이다.
왕자호王子號	성양경왕 아들 城陽頃王子
원광元光	
원삭元朔	
원수元狩	6년간 유불의가 후侯로 있었다. 원수 원년 4월 무인일, 후侯 유불의劉不疑의 원년이다. 六 元年四月戊寅 侯劉不疑元年
원정元鼎	4년간 유불의가 후侯로 있었다. 원정 5년, 후侯 유불의가 주금에 걸려 봉국이 없어졌다. 四 五年 侯不疑坐酎金 國除
원봉元封	
태초太初	

20. 육후

국명國名	육陸
	색은 〈표〉에는 (북해군) 수광현에 있다. 表在壽光
왕자호王子號	치천정왕 아들 菑川靖王子
원광元光	
원삭元朔	
원수元狩	6년간 유하가 후侯로 있었다. 원수 원년 4월 무인일, 후侯 유하劉何의 원년이다. 六 元年四月戊寅 侯劉何元年 신주 《한서》〈표〉에는 치천정왕 아들을 모두 7월 신묘에 봉했다고 나온다.
원정元鼎	6년간 유하가 후侯로 있었다. 六
원봉元封	6년간 유하가 후侯로 있었다. 六
태초太初	4년간 유하가 후侯로 있었다. 四

21. 광요후

국명國名	광요廣饒
	색은 〈지리지〉에는 제군에 속한다. 志屬齊郡
왕자호王子號	치천정왕 아들 菑川靖王子

원광元光	
원삭元朔	
원수元狩	6년간 유국이 강후로 있었다. 원수 원년 10월 신묘일, 강후康侯 유국劉國의 원년이다. 六 元年十月辛卯 康侯劉國元年
원정元鼎	6년간 유국이 강후로 있었다. 六
원봉元封	6년간 유국이 강후로 있었다. 六
태초太初	4년간 유국이 강후로 있었다. 四

22. 병후

국명國名	병缾 색은 缾의 발음은 '평萍'이다. 위소가 말했다. "옛 병읍이다. 발음은 '병[蒲經反]'이다." 〈지리지〉에는 낭야군에 속한다. 缾音萍 韋昭云 古缾邑 音蒲經反 志屬琅邪也
왕자호王子號	치천정왕 아들 菑川靖王子
원광元光	
원삭元朔	
원수元狩	6년간 유성이 후侯로 있었다. 원수 원년 10월 신묘일, 후侯 유성劉成의 원년이다. 六 元年十月辛卯 侯劉成元年 색은 경후 유성이다. 敬侯成

원정元鼎	6년간 유성이 후侯로 있었다. 六
원봉元封	6년간 유성이 후侯로 있었다. 六
태초太初	4년간 유성이 후侯로 있었다. 四

23. 유려후

국명國名	유려俞閭
왕자호王子號	치천정왕 아들 菑川靖王子
원광元光	
원삭元朔	
원수元狩	6년간 유불해가 후侯로 있었다. 원수 원년 10월 신묘일, 후侯 유불해劉不害의 원년이다. 六 元年十月辛卯 侯劉不害元年 색은 후侯 유무해다. **侯無害**
원정元鼎	6년간 유불해가 후侯로 있었다. 六
원봉元封	6년간 유불해가 후侯로 있었다. 六
태초太初	4년간 유불해가 후侯로 있었다. 四

24. 감정후

국명國名	감정甘井 ⬚색은 〈표〉에는 거록군에 있다. 表在鉅鹿
왕자호王子號	광천목왕 아들 廣川穆王子 ⬛신주 '목穆'과 '무繆'는 때로 같이 쓰기도 한다. 〈제후왕표〉에는 '무'라 하고 《한서》 〈제후왕표〉에도 역시 '무'라고 기록했다.
원광元光	
원삭元朔	
원수元狩	6년간 유원이 후侯로 있었다. 원수 원년 10월 을유일, 후侯 유원劉元의 원년이다. 六 元年十月乙酉 侯劉元元年 ⬛신주 《한서》〈표〉에는 7월 을유라 했는데, 《사기지의》에서는 7월에 을유가 없으니 기유가 잘못 바뀌었다고 한다. 七이 十으로, 己가 乙로 잘못 바뀐 탓이다. 아울러 〈표〉 에는 이름을 '광光'이라 한다.
원정元鼎	6년간 유원이 후侯로 있었다. 六
원봉元封	6년간 유원이 후侯로 있었다. 六
태초太初	4년간 유원이 후侯로 있었다. 四

25. 양릉후

국명國名	양릉襄陵 색은 〈표〉에는 거록군에 있고, 〈지리지〉에는 하동군에 속한다. 表在鉅鹿 志屬河東 신주 《한서》〈표〉에는 양제襄隄라고 하며, 《사기지의》에서는 신도국 고제현高隄縣 이라 한다.
왕자호王子號	광천목왕 아들 廣川穆王子
원광元光	
원삭元朔	
원수元狩	6년간 유성이 후侯로 있었다. 원수 원년 10월 을유일, 후侯 유성劉聖의 원년이다. 六 元年十月乙酉 侯劉聖元年
원정元鼎	6년간 유성이 후侯로 있었다. 六
원봉元封	6년간 유성이 후侯로 있었다. 六
태초太初	4년간 유성이 후侯로 있었다. 四

신주 이 표는 자후부터 축자후까지 함께 162국인데, 《한서》〈표〉에는 163
인이 있으며 《사기지의》에서는 성양경왕 아들 교후校侯 유운劉雲을 잘못하
여 빠뜨렸다고 지적한다. 《한서》〈표〉에서 취하여 기록하면 다음과 같다.

"원정(이 표에서는 원수) 원년 4월 무인일, 정후靖侯 유운이 봉해졌다. 5년에 주
금에 걸려 봉국이 없어졌다."

다만, 중간에 폐위되었으므로 시호가 없어야 한다. 그래서 정후라는 시호는
잘못이다.

원정 연간 왕자후자표

1. 고우후

국명國名	고우皋虞
	색은 〈지리지〉에는 낭야군에 속한다. 志屬琅邪
왕자호王子號	교동강왕 아들 膠東康王子
원광元光	
원삭元朔	
원수元狩	
원정元鼎	3년간 유건이 후侯로 있었다. 원정 원년 5월 병오일, 후侯 유건劉建 원년이다. 3년간 유처가 금후로 있었다. 원정 4년, 금후今侯 유처劉處의 원년이다. 三 元年五月丙午 侯劉建元年 三 四年 今侯處元年 신주 《한서》〈표〉에는 이하 세 후侯를 원봉 원년에 봉했다고 하여 여기와 6년 차이가 난다. 아울러 유건의 시호를 '양煬'이라 한다. 또 태초 4년에 유정劉定이 뒤를 이었다고 하여 더욱 차이가 난다.
원봉元封	6년간 유처가 금후로 있었다. 六
태초太初	4년간 유처가 금후로 있었다. 四

2. 위기후

국명國名	위기魏其
	색은 〈지리지〉에는 낭야군에 속한다.
	志屬琅邪
	신주 1차 위기후는 고조 공신서열 44위인 주정周定이 고조 6년에 봉해졌다가 경제 3년에 없어진다. 2차 위기후는 경제 3년에 두영이 봉해졌다가 무제 원광 4년에 없어진다. 유창이 3차 위기후이다.
왕자호王子號	교동강왕 아들
	膠東康王子
원광元光	
원삭元朔	
원수元狩	
원정元鼎	6년간 유창이 창후로 있었다. 원정 원년 5월 병오일, 창후暢侯 유창劉昌의 원년이다.
	六 元年五月丙午 暢侯劉昌元年
	신주 《한서》〈표〉에는 시호를 '양煬'이라 한다.
원봉元封	6년간 유창이 창후로 있었다.
	六
태초太初	4년간 유창이 창후로 있었다.
	四

3. 축자후

국명國名	축자祝茲
	색은 〈지리지〉를 살피건대, 송자松茲는 여강군에 있고 또한 '축자祝茲'라 한다. 〈표〉에는 낭야군에 있다. 유씨가 말했다. "제후들이 봉해진 명칭이 《사기》 및 《한서》〈표〉와 같지 않은 것이 많지만, 감히 번번이 고치지 않았다. 지금 또한 〈표〉와 〈지리지〉의 같고 다름을 대략 검토하여 많은 지식을 갖추었다."

	案志 松茲在廬江 亦作祝茲 表在琅邪 劉氏云 諸侯封名 史漢表多有不同 不敢輒改 今亦略檢表志同異 以備多識也
	신주 고후 8년에 여영呂榮이 축자후로 봉해졌다가 여씨들이 주살되면서 봉국이 없어졌다. 《사기지의》에서 말한다. "《수경주》에 따르면, '교수膠水는 북쪽에서 축자현 옛 성 동쪽을 지나며 한무제가 교동왕 아들 유연을 봉하여 후국으로 삼았다.'라고 하니 실제 축자현이 있지만, 〈지리지〉에는 없다. 나는 처음에 〈지리지〉에 실어야 할 것을 빠뜨린 것으로 의심했으나 세밀히 고찰하니 축자는 춘추시대 축구祝丘이고, 한나라에서 즉구即丘라고 고쳤음을 알게 되었다. 동해군에 속하다가 동한 이후에 비로소 낭야군에 속했다."
왕자호王子號	교동강왕 아들 膠東康王子
원광元光	
원삭元朔	
원수元狩	
원정元鼎	4년간 유연이 후侯로 있었다. 원정 원년 5월 병오일, 후侯 유연劉延 원년이다. 원정 5년, 유연이 인수를 버리고 봉국을 나간 불경죄에 걸려 봉국이 없어졌다. 四 元年五月丙午 侯劉延元年 五年 延坐棄印綬出國 不敬 國除
원봉元封	
태초太初	

신주 《한서》〈표〉에는 무제 말년까지 몇 명의 왕자후가 존재하는데 다음과 같다.

① 고락高樂 강후康侯: 제효왕 아들. 이름을 잃었으며, 죽고 후사가 끊겼다.

② 참종후參嬲侯 칙칙: 광천혜왕 아들. 주금에 연루되어 봉국이 없어졌다.

③ 기릉후沂陵侯 희희: 광천혜왕 아들. 주금에 연루되어 봉국이 없어졌다.

④ 심양후瀋陽侯 자자: 하간헌왕 아들이다.

⑤ 위장爲潼 배후北侯 관관寬: 조경숙왕 아들. 아랫사람에게 살해당했다.

⑥ 남연후南繲侯 타타佗: 조경숙왕 아들. 주금에 연루되어 봉국이 없어졌다.

⑦ 남릉후南陵侯 경경慶: 조경숙왕 아들. 하옥되어 죽었다.

⑧ 호후鄗侯 주舟: 조경숙왕 아들. 황제를 저주한 일로 요참당했다.

⑨ 안단후安檀侯 복福: 조경숙왕 아들. 상산태수가 황제를 저주한 일로 심문 도중에 병에 걸려 죽었다.

⑩ 원척후爰戚侯 당當: 조경숙왕 아들. 형 류廖와 모반한 일이 들통나 자살했다.

⑪ 율栗 절후節侯 악樂: 조경숙왕 아들. 후손이 봉국을 이어갔다.

⑫ 교淶 이후夷侯 주사周舍: 조경숙왕 아들. 후손이 봉국을 이어갔다.

⑬ 효猇 절후節侯 기起: 조경숙왕 아들. 후손이 봉국을 이어갔다.

⑭ 즉배挪裝 대후戴侯 도道: 조경숙왕 아들. 후손이 계속 봉국을 이어갔다.

⑮ 팽후澎侯 굴리屈釐 : 중산정왕 아들. 승상이 되었다가 저주한 일에 걸려 요참당했다.

색은술찬   사마정이 펼쳐서 밝혔다.

한나라 초기에 굽고 잘못된 것을 펴서 바로잡았다. 줄기와 가지를 크게 키우고자 먼저 동성을 봉했다. 건원 이후 제후들은 매우 성대해졌다. 주보언主父偃이 의견을 올리자 추은推恩의 명령을 내렸다. 장사와 제북왕 그리고 중산과 조경왕들이었다. 읍을 나누어 널리 봉하니 두루 떨쳐 시로 읊어져 남았다. 방패와 성이 되어 업신여기는 자를 막으니 빛나고 빛나 휘황찬란하다. 온갖 제후가 충분해 쓰러지지 않으니 한 사람에게 덕이 있어서이다.

漢氏之初 矯枉過正 欲大本枝 先封同姓 建元已後 藩翰克盛 主父上言 推恩下令 長沙濟北 中山趙敬 分邑廣封 振振在詠 扞城禦侮 曄曄輝映 百足不僵 一人有慶

사기 제22권 史記卷二十二

한흥이래장상명신연표 漢興以來將相名臣年表

한흥이래장상명신연표 들어가기

〈한흥이래장상명신연표〉는 유방이 한왕漢王으로 자립(서기전 206)한 때부터 혜제, 여후, 문제, 경제, 무제, 소제, 원제를 거쳐 성제 홍가鴻嘉 원년(서기전 20)까지 장수와 재상 등의 임직과 파관 및 사망 후 교체 순서를 기록한 것이다. 이 표에는 사마천이 작성한 것과 아울러 후대인이 덧붙인 기록이 존재한다. 아울러 서문은 사라져서 지금은 전하지 않는다.

이 표는 대사기大事紀, 상위相位, 장위將位, 어사대부위御史大夫位 넷으로 나누어 재상들과 장군들에 대해 기록했다. 전한 왕조의 180여 년간 삼공三公의 시말을 기록했는데, 삼공은 사도司徒·태위太衛·사공司公을 말한다. 사도는 다른 말로 상국 또는 승상이라고 하고 사공은 어사대부라 한다. 태위는 사마 또는 대사마라고도 하는데 별도로 군을 지휘하며 수하 군대의 군무마저 겸했다. 무제 시대의 위청衛靑이나 곽거병霍去病이 그 부류다. 삼공의 명칭은 시대별로 혼용되는 경우가 많았다. 삼공제도가 뚜렷하게 자리잡은 것은 후한시대로, 전한시대에는 아직 승상이 태위의 업무를 겸하는 경우가 많았다. 이 표에서 태위 관직이 생겼다 없어졌다 하는 것은 승상의 업무범위와 관련이 있다. 사도(승상)는 행정, 태위(사마)는 군무, 사공(어사대부)은 감찰을 담당했다.

삼공에 준하는 장군은 대장군, 표기장군, 거기장군 등이 있다. 주로 군대를 지휘하여 전쟁이나 전투에 투입되지만 가끔 삼공을 대신하여 정치를 담당하는 경우도 있다. 이 표에서 나오는 곽광霍光 같은 경우가 그것이다. 주로 정치적 전환기나 혼란기에 그런 경우가 많다. 하지만 곽광 이후로 전한시대는 모두 장군을 겸한 대사마가 실권을 쥐게 된다. 이 표는 전한시대 한나라의 정치 및 군사제도를 보여준다는 점에서 가치가 높다.

사기 제22권 한흥이래장상명신연표 제10

史記卷二十二 漢興以來將相名臣年表第十

신주 고조가 한나라를 일으킨 이래 대사와 장상명신의 진퇴를 사마천이 사망하기 전 무제 태초太初 연간까지 짓고 저소손이 보찬하면서 성제 홍가 鴻嘉 원년까지 덧이어 놓았다. 이 연표는 서문이 없고 내용이 뒤바뀌어 있는 곳이 많아서 논란이 많은 편이다. 심지어 위작의 공방도 그치지 않는다. 따라서 《한서》 등의 여러 자료와 비교하며 보기를 권한다.

고조 시대 장상명신표

서기전 기년	대사기 大事紀	색은 주벌, 봉건, 제후왕의 죽음과 반란을 말한다. 謂誅伐封建薨叛
	상위 相位	색은 승상, 태위, 삼공에 선 자리이다. 置立丞相太尉三公也
	장위 將位	색은 군사를 일으키는 장군을 명명한다. 命將興師
	어사대부위 御史大夫位	색은 아상(서열 2위의 재상)이다. 亞相也
서기전 **206년** 고황제 원년 高皇帝元年	대사기 大事紀	봄, 패공이 한왕이 되어 남정으로 갔다. 가을, 관중으로 되돌아와서 옹을 평정했다. 春 沛公爲漢王 之南鄭 秋 還定雍
	상위 相位	소하의 승상재위 1년이다. 승상 소하가 한중을 지켰다. 一 丞相蕭何守漢中
	장위 將位	
	어사대부위 御史大夫位	어사대부 주가가 형양을 지켰다. 御史大夫周苛守滎陽

서기전 **205년** 고제 2년	대사기 大事紀	봄, 새·적·위·하남·한·은국을 평정했다. 여름, 항적을 치고 팽성에 이르렀다. 태자를 세웠다. 돌아와 형양에서 웅거했다. 春 定塞翟魏河南韓殷國 夏 伐項籍 至彭城 立太子 還據滎陽
	상위 相位	소하의 승상재위 2년이다. 관중을 지켰다. 二 守關中
	장위 將位	노관의 태위재위 1년이다. 태위는 장안후 노관이다. 一 太尉長安侯盧綰 ■신주■ 이 표에서는 나중에 임명된 제후의 명칭을 종종 앞서서 쓰는 경우가 있다.
	어사대부위 御史大夫位	
서기전 **204년** 고제 3년	대사기 大事紀	위표가 배반했다. 한신을 시켜 따로 위나라를 평정하고 조나라를 치게 했다. 초나라가 한나라를 형양에서 포위했다. 魏豹反 使韓信別定魏 伐趙 楚圍我滎陽
	상위 相位	소하의 승상재위 3년이다. 三
	장위 將位	노관의 태위재위 2년이다. 二
	어사대부위 御史大夫位	
서기전 **203년** 고제 4년	대사기 大事紀	한신을 시켜 따로 제나라와 연나라를 평정하게 했으며, 태공이 초나라로부터 돌아왔다. 초나라와 홍거洪渠(홍구)를 경계로 했다. 使韓信別定齊及燕 太公自楚歸 與楚界洪渠 ■신주■ 연나라는 한신이 사자를 보내 굴복시킨다. 연나라가 작은 영토를 가진 나라임을 알 수 있는 기록이다.
	상위 相位	소하의 승상재위 4년이다. 四
	장위 將位	노관의 태위재위 3년이다. 어사대부 주가가 형양을 지키다 죽었다. 三 周苛守滎陽 死

	어사대부위 御史大夫位	분음후 주창을 어사대부로 임명했다. 御史大夫汾陰侯周昌 색은 분음은 현으로 하동군에 속한다. 汾陰 縣 屬河東
서기전 **202년** 고제 5년	**대사기** 大事紀	겨울, 초나라를 해하에서 깨뜨리고 항적을 죽였다. 봄, 왕이 정도에서 황제의 자리에 올랐다. 관중으로 들어가 도읍했다. 冬 破楚垓下 殺項籍 春 王踐皇帝位定陶 入都關中 색은 (해하) 垓의 발음은 '해陔'이고, 제방의 이름이며 교현에 있다. 垓音陔 隄名 在洨縣 색은 (정도는) 제음군 연수의 북쪽에 있다. 在濟陰沇水之陽 색은 (관중은) 함양이다. 동쪽은 함곡관, 남쪽은 요무관, 서쪽은 산관, 북쪽은 소관이다. 네 관의 가운데에 있어서 관중이라 한다. 유경과 장량의 계책을 채용하여 그곳에 도읍했다. 咸陽也 東函谷 南嶢武 西散關 北蕭關 在四關之中 故曰關中 用劉敬張良計都之也
	상위 相位	소하의 승상재위 5년이다. 태위 관직을 없앴다. 五 罷太尉官
	장위 將位	노관의 태위재위 4년이다. 후9월, 노관이 연왕이 되었다. 四 後九月 綰爲燕王
	어사대부위 御史大夫位	
서기전 **201년** 고제 6년	**대사기** 大事紀	태공을 높여 태상황으로 삼았다. 유중이 대왕代王이 되었다. 큰 시장인 대시大市를 세웠다. 함양을 고쳐 '장안'이라 했다. 尊太公爲太上皇 劉仲爲代王 立大市 更命咸陽曰長安 색은 (태상황의) 이름은 '집가執嘉'이며, 다른 이름은 '서瑞'이다. 名執嘉 一名瑞 색은 살피건대, 위에서 노관이 이미 장안후로 봉해졌으니 대개 당시에 따로 장안이란 호칭이 있었다. 案 上盧綰已封長安侯者 蓋當時別有長安號 신주 《한서》〈제후왕표〉와 달리 여기서는 유중이 대왕에 봉해졌다고 기록하고 있다.

	상위 相位	소하의 승상재위 6년이다. (소하를) 봉하여 찬후로 삼았다. 장창이 계상이 되었다. 六 封爲酇侯 張蒼爲計相 [색은] 酇의 발음은 '차嵯'이다. 이곳은 패군에 있는데 후대에 '찬贊'으로 발음했다. 남양군에도 있다. 音嵯 此在沛郡 後代音贊 在南陽也 [신주] 소하와 그 후손이 봉해진 곳은 계속해서 패군에 속한 '찬'이며, 남양군에도 이와 같은 지명이 있다는 뜻이다. [색은] 계상은 천하에서 수량과 관리들을 파악하여 기록하는 일을 주관한다. 計相 主天下書計及計吏
	장위 將位	
	어사대부위 御史大夫位	
서기전 **200년** 고제 7년	**대사기** 大事紀	장락궁이 완성되자, 역양에서 장안으로 옮겼다. 흉노를 치는데 흉노가 한나라를 평성에서 포위했다. 長樂宮成 自櫟陽徙長安 伐匈奴 匈奴圍我平城
	상위 相位	소하의 승상재위 7년이다. 七
	장위 將位	
	어사대부위 御史大夫位	
서기전 **199년** 고제 8년	**대사기** 大事紀	호로(흉노)에게 돌아간 한왕 신信을 조성趙城에서 쳤다. 조나라 승상 관고가 난리를 일으키려다 다음해 발각되어 주살되었다. 흉노가 대왕을 공격하자 대왕 유중이 봉국을 버리고 도망하였으므로 폐위시켜 합양후로 삼았다. 擊韓信反虜於趙城 貫高作亂 明年覺 誅之 匈奴攻代王 代王棄國亡 廢爲郃陽侯 [색은] 郃의 발음은 '합合'이며, 좌풍익에 있고 유중의 봉지다. 郃音合 在馮翊 劉仲封也

		신주 한왕 신을 치고 흉노에게 공격당하며 유중이 봉국을 버리고 도망친 것은 모두 고조 7년이다. 관고는 다음해 용서받지만 자살하고 조왕 장오는 강등되어 선평후가 된다.
	상위 相位	소하의 승상재위 8년이다. 八
	장위 將位	
	어사대부위 御史大夫位	
서기전 **198년** 고제 9년	**대사기** 大事紀	미앙궁이 완성되자 주전전을 설치하여, 태상황이 연輦 위에 앉고 황제가 옥치玉卮를 받들어 장수를 빌면서 말했다. "처음에는 항상 신이 중仲의 능력만 못하다고 했는데, 지금 신의 공이 중仲과 비교하면 누가 많습니까?" 태상황이 웃었고, 전殿 위의 사람들이 만세를 불렀다. 제齊 땅의 전田씨와 초楚 땅의 소昭, 굴屈, 경景씨를 관중으로 이사시켰다. 未央宮成 置酒前殿 太上皇輦上坐 帝奉玉卮上壽 曰 始常以臣不如仲力 今臣功孰與仲多 太上皇笑 殿上稱萬歲 徙齊田 楚昭屈景于關中 **신주** 미앙未央은 '즐거움이 다하지 않음'이란 뜻으로, 앞서 완성된 장락궁의 '장락長樂'과 뜻이 통한다.
	상위 相位	소하의 승상재위 9년이다. 소하蕭何가 승진하여 상국이 되었다. 九 遷爲相國 **신주** 소하가 상국이 된 것은 고조 11년이다.
	장위 將位	
	어사대부위 御史大夫位	어사대부 주창이 조나라 승상이 되었다. 御史大夫昌爲趙丞相 **신주** 유방이 아끼는 척부인의 아들 여의如意를 위하여 그를 조나라 승상으로 삼았다.

서기전 **197년** 고제 10년	**대사기** 大事紀	태상황이 붕어했다. 진희가 대에서 반란했다. 太上皇崩 陳豨反代地
	상위 相位	소하의 승상재위 10년이다. 十
	장위 將位	
	어사대부위 御史大夫位	강읍후 조요를 어사대부로 임명했다. 御史大夫江邑侯趙堯 색은 강읍식후 조요이다. '강읍'은 《한서》 〈지리지〉에 들어있지 않다. 江邑食侯趙堯 江邑 漢志闕 신주 〈장승상열전-주창전〉에 주창이 조나라 승상으로 옮겨가는데, 《한서》 〈표〉에는 임명된 지 6년 만이라 하며 주창이 옮겨가고 조요가 어사 대부에 임명되었다.
서기전 **196년** 고제 11년	**대사기** 大事紀	회음후 한신과 팽월을 주살했다. 경포가 반란했다. 誅淮陰彭越 黥布反
	상위 相位	소하의 승상재위 11년이다. 十一
	장위 將位	주발이 태위가 되었다. 代를 공격한 다음에 태위 관직을 없 앴다. 周勃爲太尉 攻代 後官省
	어사대부위 御史大夫位	
서기전 **195년** 고제 12년	**대사기** 大事紀	겨울, 경포를 쳤다. 돌아오면서 패沛를 지났다. 여름, 주상이 붕 어하여 장릉에 안장했다. 冬 擊布 還過沛 夏 上崩 葬長陵
	상위 相位	소하의 승상재위 12년이다. 十二
	장위 將位	
	어사대부위 御史大夫位	

효혜 시대 장상명신표

서기전 **194년** 혜제 원년 孝惠元年	대사기 大事紀	조은왕 유여의가 죽었다. 장안성을 서북방에 짓기 시작했다. 제후국의 승상을 없애고 상相이라 했다. 趙隱王如意死 始作長安城西北方 除諸侯丞相爲相 **신주** 제후국 승상을 상으로 고친 것은 경제 중5년이다.
	상위 相位	소하의 승상재위 13년이다. 十三
	장위 將位	
	어사대부위 御史大夫位	
서기전 **193년** 혜제 2년	대사기 大事紀	초원왕과 제도혜왕이 조회하러 왔다. 7월, 신미일에 소하가 죽 었다. 楚元王齊悼惠王來朝 七月辛未 何薨
	상위 相位	소하의 승상재위 14년이다. 7월, 계사일에 제상 평양후 조참이 상국이 되었다. 十四 七月癸巳 齊相平陽侯曹參爲相國
	장위 將位	
	어사대부위 御史大夫位	

서기전 192년 혜제 3년	대사기 大事紀	처음 장안성을 지었다. 촉의 전저에서 반란이 일어나서 그들을 쳤다. 初作長安城 蜀湔氐反 擊之 색은 湔의 발음은 '전煎'이고, 氐의 발음은 '저柢'이다. 촉군의 현 이름이다. 湔音煎 氐音柢 蜀郡縣名 신주 다시 장안성을 지은 것이다.
	상위 相位	조참의 상국재위 2년이다. 二
	장위 將位	
	어사대부위 御史大夫位	
서기전 191년 혜제 4년	대사기 大事紀	3월, 갑자일에 사면령을 내리고 다시 죄를 짓는 일이 없게 했다. 三月甲子 赦 無所復作
	상위 相位	조참曹參의 상국재위 3년이다. 三
	장위 將位	
	어사대부위 御史大夫位	
서기전 190년 혜제 5년	대사기 大事紀	고조 묘를 패성에 세워 완성하고 가아歌兒 120명을 두었다. 8월, 을축일에 조참이 죽었다. 爲高祖立廟於沛城成 置歌兒一百二十人 八月乙丑 參卒
	상위 相位	조참의 상국재위 4년이다. 四
	장위 將位	
	어사대부위 御史大夫位	

서기전 **189년** 혜제 6년	대사기 大事紀	7월, 제도혜왕 유비가 죽었다. 태창과 서시를 세웠다. 七月 齊悼惠王薨 立太倉西市 신주 제도혜왕이 죽은 것은 10월이다. 十을 七로 잘못 썼다. 태창을 세운 것은 고조이고, 여기서는 오창敖倉이라 해야 한다.
	상위 相位	왕릉의 우승상, 진평의 좌승상 재위 1년이다. 10월, 기사일에 안국후 왕릉王陵이 우승상이 되었다. 곡역후 진평陳平이 좌승상이 되었다. 一 十月己巳 安國侯王陵爲右丞相 曲逆侯陳平爲左丞相
	장위 將位	태위 조요가 죄에 저촉되었다. 堯抵罪
	어사대부위 御史大夫位	광아후 임오가 어사대부가 되었다. 廣阿侯任敖爲御史大夫 집해 서광이 말했다. "《한서》에는 고후 원년에 있다." 徐廣曰 漢書在高后元年 신주 〈장승상열전–주창전〉에 따르면, 주창은 조왕 유여의가 죽고 3년 뒤에 죽는다. 또 〈고조공신후자연표〉처럼 고후 원년에 조요도 면직되고 임오가 어사대부가 된다. 따라서 이 표와 〈장승상열전–주창전〉의 내용이 다르다.
서기전 **188년** 혜제 7년	대사기 大事紀	주상이 붕어했다. 대신들이 장량의 아들 장벽강의 계책을 채용하여 여씨들의 권력이 막중해졌으며, 여태를 여왕呂王으로 삼았다. 소제를 세웠다. 9월, 신사일에 안릉에 안장했다. 上崩 大臣用張辟彊計 呂氏權重 以呂台爲呂王 立少帝 九月辛巳 葬安陵 신주 여태가 여왕이 된 것은 고후 원년이다.
	상위 相位	왕릉의 우승상, 진평의 좌승상 재위 2년이다. 二
	장위 將位	
	어사대부위 御史大夫位	

고후 시대 장상명신표

서기전 **187년** 고후 원년 高后元年	대사기 大事紀	혜제의 여러 아들을 왕으로 삼았다. 관원 천거 방식으로 효제 孝悌와 역전力田을 두었다. 王孝惠諸子 置孝悌力田
	상위 相位	왕릉의 우승상, 진평의 좌승상 재위 3년이다. 11월, 갑자일에 진평을 옮겨 우승상으로 삼았다. 벽양후 심이기가 좌승상이 되었다. 三 十一月甲子 徙平爲右丞相 辟陽侯審食其爲左丞相
	장위 將位	
	어사대부위 御史大夫位	
서기전 **186년** 고후 2년	대사기 大事紀	12월, 여왕呂王 여태가 죽고 아들 여가가 대를 이어 여왕이 되었다. 팔수전을 유통시켰다. 十二月 呂王台薨 子嘉代立爲呂王 行八銖錢 **신주** 여태의 죽음을 《한서》〈고후기〉와 〈제후왕표〉에는 11월이라 한다.
	상위 相位	진평의 (우)승상 재위 4년이다. 진평이다. 심이기의 좌승상 재위 2년이다. 심이기이다. 四 平 二 食其
	장위 將位	

	어사대부위 御史大夫位	평양후 조줄이 어사대부가 되었다. 平陽侯曹窋爲御史大夫 [집해] 어떤 본에는 6년에 있다. 一本在六年 [색은] 窋의 발음은 '쥴[竹律反]'이다. 窋 竹律反 [신주] 〈장승상열전-임오전〉을 보면, 고후 4년에 조줄이 어사대부가 된 것으로 나온다. 《한서》〈표〉 역시 그렇다.
서기전 **185년** 고후 3년	대사기 大事紀	
	상위 相位	진평의 (우)승상 재위 5년이다. 심이기의 좌승상 재위 3년이다. 五 三
	장위 將位	
	어사대부위 御史大夫位	
서기전 **184년** 고후 4년	대사기 大事紀	소제를 폐위시키고 상산왕 유홍을 황제로 세웠다. 廢少帝 更立常山王弘爲帝
	상위 相位	진평의 (우)승상 재위 6년이다. 심이기의 좌승상 재위 4년이다. 태위 관직을 두었다. 六 四 置太尉官
	장위 將位	주발의 태위 재위 1년이다. 강후 주발이 태위가 되었다. 一 絳侯周勃爲太尉 [신주] 《한서》〈표〉에는 혜제 6년이다.
	어사대부위 御史大夫位	

서기전 **183년** 고후 5년	대사기 大事紀	8월, 회양왕이 죽자, 그 아우 호관후 유무가 회양왕이 되었다. 변경을 지키는 군졸을 해마다 바꾸도록 명했다. 八月 淮陽王薨 以其弟壺關侯武爲淮陽王 令成卒歲更	
	상위 相位	진평의 (우)승상 재위 7년이다. 심이기의 좌승상 재위 5년이다. 七 五	
	장위 將位	주발의 태위 재위 2년이다. 二	
	어사대부위 御史大夫位		
서기전 **182년** 고후 6년	대사기 大事紀	여산을 여왕으로 삼았다. 4월, 정유일에 천하에 사면령을 내렸다. 낮이 밤처럼 어두컴컴했다. 以呂産爲呂王 四月丁酉 赦天下 晝昏	
	상위 相位	진평의 (우)승상 재위 8년이다. 심이기의 좌승상 재위 6년이다. 八 六	
	장위 將位	주발의 태위 재위 3년이다. 三	
	어사대부위 御史大夫位		
서기전 **181년** 고후 7년	대사기 大事紀	조왕 유우가 유폐되어 죽자 여록을 조왕으로 삼았다. 양왕 유회가 조나라로 옮겨졌는데 자살했다. 趙王幽死 以呂祿爲趙王 梁王徙趙 自殺 **신주** 유우가 유폐되어 죽고 다음에 양왕 유회를 옮긴다. 여록이 조왕이 된 것은 그 다음이다. 유우와 유회는 고조의 아들이지만 생모가 누군지는 모른다.	
	상위 相位	진평의 (우)승상 재위 9년이다. 심이기의 좌승상 재위 7년이다. 九 七	
	장위 將位	주발의 태위 재위 4년이다. 四	

	어사대부위 御史大夫位	
서기전 **180년** 고후 8년	대사기 大事紀	7월, 고후가 붕어했다. 9월, 여러 여씨들을 주살했다. 후9월, 대왕代王이 이르러(와서) 황제로 즉위했다. 후9월, 심이기가 승상에서 면직되었다. 七月 高后崩 九月 誅諸呂 後九月 代王至 踐皇帝位 後九月 食其免相
	상위 相位	진평의 (우)승상 재위 10년이다. 심이기의 승상 재위 8년이다. 7월, 신사일에 (심이기가) 황제의 태부가 되었다. 9월, 임술일에 다시 승상이 되었다. 十 八 七月辛巳 爲帝太傅 九月壬戌 復爲丞相
	장위 將位	주발의 태위 재위 5년이다. 융려후 주조가 장군이 되어 남월을 쳤다. 五 隆慮侯竈爲將軍 擊南越 집해 서광이 말했다. "竈의 성은 주周이다." 徐廣曰 姓周 신주 《사기지의》에서는 〈남월전〉과 《한서》 〈양월전〉에 남월을 치고 1년 남짓 되었을 때 고후가 죽었다고 하여 고후 7년의 일이라 한다. 《한서》 〈고후기〉에도 7년의 일로 기록되어 있다.
	어사대부위 御史大夫位	어사대부에 장창을 임명했다. 御史大夫蒼

효문 시대 장상명신표

서기전 **179년** 효문 원년 孝文元年	대사기 大事紀	수노와 상좌율을 폐지했다. 태자를 세웠다. 백성들에게 작위를 내려주었다. 除收孥相坐律 立太子 賜民爵 **신주** 수노와 상좌율은 죄인의 처자까지 연좌시키는 법률을 말하며, 법가 사상으로 운영한 진나라에서 시행되었던 것이다.
	상위 相位	진평의 (우)승상 재위 11년이다. 11월, 신사일에 진평이 자리를 옮겨 좌승상이 되었다. 태위 강후 주발이 우승상이 되었다. 十一 十一月辛巳 平徙爲左丞相 太尉絳侯周勃爲右丞相 **신주** 《한서》 〈문제기〉와 〈강후주발세가〉에 주발은 곧바로 우승상에서 물러나는데, 《한서》 〈표〉에는 8월이라 한다.
	장위 將位	주발의 태위 재위 6년이다. 주발이 우승상이 되자, 영음후 관영이 태위가 되었다. 六 勃爲相 潁陰侯灌嬰爲太尉
	어사대부위 御史大夫位	
서기전 **178년** 효문 2년	대사기 大事紀	비방율을 폐지했다. 황자 유무가 대왕, 유참이 태원왕, 유집이 양왕이 되었다. 10월, 승상 진평이 죽었다. 除誹謗律 皇子武爲代王 參爲太原王 揖爲梁王 十月 丞相平薨

상위 相位	주발의 우승상 재위 1년이다. 11월, 을해일에 강후 주발이 다시 승상이 되었다. 一 十一月乙亥 絳侯勃復爲丞相	
장위 將位	관영의 태위 재위 1년이다. 一	
어사대부위 御史大夫位		

서기전 **177년** 효문 3년	**대사기** 大事紀	대왕 유무를 옮겨 회양왕으로 삼았다. 주상이 태원에 갔다. 제북왕이 반란했다. 흉노가 대대적으로 상군에 쳐들어왔다. 대 땅을 모두 태원에 들이고, 태원의 호칭을 대로 고쳤다. 11월, 임자일에 주발이 승상에서 면직되어 봉국으로 갔다. 徙代王武爲淮陽王 上幸太原 濟北王反 匈奴大入上郡 以地盡與太原 太原更號代 十一月壬子 勃免相 之國 색은 (유무는) 경제의 아들이며, 뒤에 양에 봉했다. **景帝子 後封梁** 신주 유무는 경제의 아우이니, 색은 주석이 잘못되었다. 유무는 나중에 양으로 옮기니 이 사람이 양효왕이다.
	상위 相位	관영의 승상 재위 1년이다. 12월, 을해일에 태위 영음후 관영이 승상이 되었다. 태위 관직을 없앴다. 一 十二月乙亥 太尉潁陰侯灌嬰爲丞相 罷太尉官 신주 《사기지의》에 보면 원래 《사기》는 11월이었는데, 후대인이 《한서》〈표〉에 따라 12월로 고친 것 같다고 한다. 《사기》와 《한서》 문제 본기에 모두 11월로 기록하고 있다.
	장위 將位	관영의 태위 재위 2년이다. 극포후 진무가 대장군이 되어 제북을 쳤다. 창후 노경, 공후 노파사, 영후 위속, 심택후 조장야가 모두 장군이 되어 무기후 증하에 속해 군사를 거느리고 형양에 주둔했다. 二 棘蒲侯陳武爲大將軍 擊濟北 昌侯盧卿共侯盧罷師甯侯遫深澤侯將夜皆爲將軍 屬武祁侯賀 將兵屯滎陽 집해 서광이 말했다. "(무기후) 속의 성은 위魏이고, 장야의 성은 조趙다." **徐廣曰 遫姓魏 將夜姓趙** 신주 무기후가 아니라 기후다. '武' 자가 덧붙여졌다.

	어사대부위 御史大夫位	
서기전 **176년** 효문 4년	대사기 大事紀	12월, 기사일에 관영이 죽었다. 十二月己巳 嬰卒
	상위 相位	장창의 승상 재위 1년이다. 정월, 갑오일에 어사대부 북평후 장창이 승상이 되었다. 一 正月甲午 御史大夫北平侯張蒼爲丞相
	장위 將位	안구후 장열이 장군이 되어 호胡를 치고 대代로 출전했다. 安丘侯張說爲將軍 擊胡 出代
	어사대부위 御史大夫位	관중후 신도가가 어사대부가 되었다. 關中侯申屠嘉爲御史大夫 신주 관중후가 아니라 봉국이 없는 관내후다. 《사기》〈표〉에는 위위衛尉를 어사대부로 삼았다고 한다. 《사기지의》에서 말한다. "7년에 어사대부 풍경馮敬이라 기록했고, 16년에 신도가가 비로소 어사대부가 되었다. 대개 신도가는 10년에 정위廷尉가 되었으니, 여기서 4년으로 잘못 기록하였다."
서기전 **175년** 효문 5년	대사기 大事紀	주전의 규율을 없애자, 백성들이 주전을 하게 되었다. 除錢律 民得鑄錢
	상위 相位	장창의 승상 재위 2년이다. 二
	장위 將位	
	어사대부위 御史大夫位	
서기전 **174년** 효문 6년	대사기 大事紀	회남왕 유장을 폐위시켜 엄도로 옮겼는데, 도중에 옹雍에서 죽었다. 廢淮南王 遷嚴道 道死雍 색은 엄도는 촉군에 있고, 옹은 부풍에 있다. 嚴道在蜀郡 雍在扶風
	상위 相位	장창의 승상 재위 3년이다. 三

	장위 將位	
	어사대부위 御史大夫位	
서기전 **173년** 효문 7년	**대사기** 大事紀	4월, 병자일에 처음 남릉을 두었다. 四月丙子 初置南陵
	상위 相位	장창의 승상 재위 4년이다. 四
	장위 將位	
	어사대부위 御史大夫位	
서기전 **172년** 효문 8년	**대사기** 大事紀	태복 여음후 등공이 죽었다. 太僕汝陰侯滕公卒 [색은] (등공은) 여후후 하후영이다. 등령이 되었기 때문에 등공이라 한다. 汝陰侯 夏侯嬰也 爲滕令 故曰滕公
	상위 相位	장창의 승상 재위 5년이다. 五
	장위 將位	
	어사대부위 御史大夫位	
서기전 **171년** 효문 9년	**대사기** 大事紀	온실의 종이 저절로 울었다. 지양향을 패릉으로 삼았다. 溫室鐘自鳴 以芷陽鄉爲霸陵 [색은] (지양향의) 芷는 '지止'로 발음하고, 또 '채[昌改反]'로 발음한다. 〈지리지〉에 지양현芷陽縣이 있다. 패릉이라 명칭한 것은 패수 때문에 이름으로 삼았다. 芷音止 又音昌改反 地理志有芷陽縣 名霸陵者 以霸水爲名也 [신주] 황제들이 즉위하여 수릉壽陵(나중에 묻힐 릉)을 마련한다. 그러면 능지기를 두어야 하므로 일대를 현縣으로 삼는다. 문제는 패릉, 경제는 양릉陽陵, 무제는 무릉茂陵이다.

상위 相位	장창의 승상 재위 6년이다. 六	
장위 將位		
어사대부위 御史大夫位	어사대부에 풍경을 임명했다. 御史大夫敬 　**신주**　《한서》〈표〉에는 효문제 7년이라고 기록했다.	

서기전 **170년** 효문 10년	**대사기** 大事紀	제후왕이 모두 장안에 이르렀다. 諸侯王皆至長安
	상위 相位	장창의 승상 재위 7년이다. 七
	장위 將位	
	어사대부위 御史大夫位	

서기전 **169년** 효문 11년	**대사기** 大事紀	주상이 대에 갔다. 지진이 났다. 上幸代 地動
	상위 相位	장창의 승상 재위 8년이다. 八
	장위 將位	
	어사대부위 御史大夫位	

서기전 **168년** 효문 12년	**대사기** 大事紀	하수가 동군 금제를 터트렸다. 회양왕을 옮겨 양왕으로 삼았다. 河決東郡金隄 徙淮陽王爲梁王
	상위 相位	장창의 승상 재위 9년이다. 九
	장위 將位	
	어사대부위 御史大夫位	

서기전 **167년** 효문 13년	대사기 大事紀	육형과 전조세율, 수졸령을 없앴다. 除肉刑及田租稅律戍卒令 신주 제나라 태창령 순우공의 막내딸 제영緹縈의 절절한 상소로 육형을 없앴다. 전조세율은 농지세이며, 수졸령은 변경에 보초 서는 병졸들을 규정하는 법이다.
	상위 相位	장창의 승상 재위 10년이다. 十
	장위 將位	
	어사대부위 御史大夫位	
서기전 **166년** 효문 14년	대사기 大事紀	흉노가 대대적으로 소관으로 쳐들어오자, 군사를 일으켜 그들을 치고 장안 부근에 주둔시켰다. 匈奴大入蕭關 發兵擊之 及屯長安旁
	상위 相位	장창의 승상 재위 11년이다. 十一
	장위 將位	성후 동적, 내사 난포, 창후 노경, 융려후 주조, 녕후 위속이 모두 장군이 되고, 동양후 장상여가 대장군이 되어, 모두 흉노를 쳤다. 중위 주사, 낭중령 장무가 모두 장군이 되어 장안 부근에 주둔했다. 成侯董赤內史欒布昌侯盧卿隆慮侯竈寗侯遬皆爲將軍 東陽侯張相如爲大將軍 皆擊匈奴 中尉周舍郎中令張武皆爲將軍 屯長安旁 신주 〈고조공신후자연표〉의 주석에는 동적이 아니라 동혁董赫으로 나온다. 〈효문본기〉에는 동적(동혁)이 내사라고 한다.
	어사대부위 御史大夫位	
서기전 **165년** 효문 15년	대사기 大事紀	황룡이 성기成紀에 나타났다. 주상이 비로소 옹 땅에서 5제에게 교제를 지냈다. 黃龍見成紀 上始郊見雍五帝 신주 성기현은 장안 서쪽 천수군 속현이다.

상위 相位	장창의 승상 재위 12년이다. 十二	
장위 將位		
어사대부위 御史大夫位		

서기전 **164년** 효문 16년	**대사기** 大事紀	주상이 비로소 위양(위수 북쪽)에서 5제에 교제를 지냈다. 上始郊見渭陽五帝
	상위 相位	장창의 승상 재위 13년이다. 十三
	장위 將位	
	어사대부위 御史大夫位	

서기전 **163년** 효문 후원년 後元年	**대사기** 大事紀	신원평이 속임수로 방사라고 말하다가 발각되어 주살당했다. 新垣平詐言方士 覺 誅之
	상위 相位	장창의 승상 재위 14년이다. 十四
	장위 將位	
	어사대부위 御史大夫位	

서기전 **162년** 효문 후2년	**대사기** 大事紀	흉노와 화친했다. 지진이 났다. 8월, 무진일에 장창이 승상에서 면직되었다. 匈奴和親 地動 八月戊辰 蒼免相
	상위 相位	장창의 승상 재위 15년이다. 8월, 경오일에 어사대부 신도가가 승상이 되어 고안후로 봉해졌다. 十五 八月庚午 御史大夫申屠嘉爲丞相 封故安侯
	장위 將位	
	어사대부위 御史大夫位	어사대부에 도청을 임명했다. 御史大夫青

서기전 **161년** 효문 후3년	대사기 大事紀	곡구읍을 두었다. 置谷口邑
	상위 相位	신도가의 승상 재위 2년이다. 二
	장위 將位	
	어사대부위 御史大夫位	
서기전 **160년** 효문 후4년	대사기 大事紀	
	상위 相位	신도가의 승상 재위 3년이다. 三
	장위 將位	
	어사대부위 御史大夫位	
서기전 **159년** 효문 후5년	대사기 大事紀	주상이 옹에 갔다. 上幸雍
	상위 相位	신도가의 승상 재위 4년이다. 四
	장위 將位	
	어사대부위 御史大夫位	
서기전 **158년** 효문 후6년	대사기 大事紀	흉노 3만 명이 상군으로, 2만 명이 운중으로 쳐들어 왔다. 匈奴三萬人入上郡 二萬人入雲中
	상위 相位	신도가의 승상 재위 5년이다. 五
	장위 將位	중대부 영면이 거기장군이 되어 비호에, 옛 초상 소의가 장군이 되어 구주에 주둔했다. 장군 장무는 북지에, 하내군수 주아부는 장군이 되어 세류에, 종정 유례는 패상에, 축자후 서려

<table>
<tr>
<td colspan="2"></td>
<td>는 극문에 주둔하여 흉노의 침입에 대비했다. 몇 달 만에 흉노가 물러가자 또한 군대도 해산했다.
以中大夫令免爲車騎將軍 軍飛狐 故楚相蘇意爲將軍 軍句注 將軍張武屯北地 河內守周亞夫爲將軍 軍細柳 宗正劉禮軍霸上 祝茲侯徐厲軍棘門 以備胡 數月 胡去 亦罷

색은 (句注는) 모두 가장 통상적인 발음으로 읽는다. 句는 또 발음이 '구鉤'이다.
並如字 句 又音鉤
신주 《사기지의》에 따르면, 유례는 아직 종정이 아니었고 축자는 송자松茲가 되어야 하며 서려가 아니라 서도徐悼여야 한다고 한다.</td>
</tr>
<tr>
<td></td>
<td>어사대부위
御史大夫位</td>
<td></td>
</tr>
<tr>
<td rowspan="4">서기전
157년

효문
후7년</td>
<td>대사기
大事紀</td>
<td>6월, 기해일에 문제가 붕어했다. 정미일에 태자가 즉위했다. 백성은 사흘간 나와서 장례에 임하게 했고 패릉에 안장했다.
六月己亥 孝文皇帝崩 丁未 太子立 民出臨三日 葬霸陵</td>
</tr>
<tr>
<td>상위
相位</td>
<td>신도가의 승상 재위 6년이다.
六</td>
</tr>
<tr>
<td>장위
將位</td>
<td>중위 주아부가 거기장군, 낭중령 장무가 복토장군, 속국한(축자후 서려)이 장둔장군이 되었다. 첨사 융노가 거기장군이 되어 태후를 모셨다.
中尉亞夫爲車騎將軍 郎中令張武爲復土將軍 屬國捍爲將屯將軍 詹事戎奴爲車騎將軍 侍太后

색은 (복토장군) 復의 발음은 '복伏'이다. (속국한屬捍) 捍의 발음은 '한[戶幹反]'이며, 또한 '한悍'으로 쓴다. 서광이 말했다. "성은 서徐이고 한편 이름을 려厲라고 하니, 즉 축자후다."
復音伏 戶幹反 亦作悍 徐廣曰 姓徐 一名厲 即祝茲侯
신주 《사기지의》에서 "이때 거기장군 주아부가 있었다. 첨사의 관직은 원래 태후궁을 장악하는 것인데, 하필 장군이겠는가? 대개 태후가 패릉으로 상여를 전송할 때, 융노가 본래의 관직으로 장군이 되어 행차를 따른 것이다."라고 했다.</td>
</tr>
<tr>
<td>어사대부위
御史大夫位</td>
<td></td>
</tr>
</table>

효경 시대 장상명신표

서기전 **156년** 효경 원년 孝景元年	대사기 大事紀	문제의 묘를 세워 군국에서 태종묘로 삼았다. 立孝文皇帝廟 郡國爲太宗廟
	상위 相位	신도가의 승상 재위 7년이다. 사도 관직을 설치했다. 七 置司徒官
	장위 將位	
	어사대부위 御史大夫位	
서기전 **155년** 효경 2년	대사기 大事紀	황자 유덕을 하간왕, 유알을 임강왕, 유여를 회양왕, 유비를 여남왕, 유팽조를 광천왕, 유발을 장사왕으로 삼았다. 4월 연간, 효문태후(박태후)가 붕어했다. 승상 신도가가 죽었다. 立皇子德爲河閒王 閼爲臨江王 餘爲淮陽王 非爲汝南王 彭祖爲廣川王 發爲長沙王 四月中 孝文太后崩 嘉卒
	상위 相位	신도가의 승상 재위 8년이다. 개봉후 도청이 승상이 되었다. 八 開封侯陶靑爲丞相
	장위 將位	
	어사대부위 御史大夫位	어사대부에 조조曹錯를 임명했다. 御史大夫錯

서기전 **154년** 효경 3년	대사기 大事紀	오초7국이 반란하자, 군사를 일으켜 쳐서 모두 깨뜨렸다. 황자 유단이 교서왕, 유승이 중산왕이 되었다. 吳楚七國反 發兵擊 皆破之 皇子端爲膠西王 勝爲中山王
	상위 相位	도청의 승상 재위 2년이다. 태위 관직을 두었다. 二 置太尉官
	장위 將位	중위 조후 주아부가 태위가 되어 오초를 치고, 곡주후 역기가 장군이 되어 조나라를 쳤으며, 두영이 대장군이 되어 형양에 주둔하고, 난포가 장군이 되어 제나라를 쳤다. 中尉脩侯周亞夫爲太尉 擊吳楚 曲周侯酈寄爲將軍 擊趙 竇嬰爲大將軍 屯滎陽 欒布爲將軍 擊齊 색은 조후 주아부다. 脩는 발음이 '조條'다. 발해군에 조시현脩市縣이 있는데, 다른 판본에는 '條'라고 쓴다. 脩侯周亞夫 脩音條 渤海有脩市縣 一作條 신주 난포가 친 곳은 제나라에서 갈라진 제남, 교서, 교동, 치천이다. 여기서는 포괄적으로 기록했다.
	어사대부위 御史大夫位	
서기전 **153년** 효경 4년	대사기 大事紀	태자太子를 세웠다. 立太子
	상위 相位	도청의 승상 재위 3년이다. 三
	장위 將位	태위 재위 2년이다. 태위는 주아부이다. 二 太尉亞夫
	어사대부위 御史大夫位	어사대부에 분을 임명했다. 御史大夫蚡
서기전 **152년** 효경 5년	대사기 大事紀	양릉읍을 두었다. 승상을 지낸 북평후 장창이 죽었다. 置陽陵邑 丞相北平侯張蒼卒
	상위 相位	도청의 승상 재위 4년이다. 四

	장위 將位	주아부의 태위 재위 3년이다. 三
	어사대부위 御史大夫位	
서기전 **151년** 효경 6년	**대사기** 大事紀	광천왕 유팽조를 옮겨 조왕으로 삼았다. 徙廣川王彭祖爲趙王 신주 《한서》〈제후왕표〉에도 경제 6년으로 기록하였다.
	상위 相位	도청의 승상 재위 5년이다. 五
	장위 將位	주아부의 태위 재위 4년이다. 四
	어사대부위 御史大夫位	어사대부에 양릉후 잠매를 임명했다. 御史大夫陽陵侯岑邁 신주 앞서 〈고조공신후자연표〉와 〈혜경간후자연표〉에서 살폈듯이, 원래 표에서는 봉해진 기록이 빠져 있다. 《한서》〈표〉에는 잠매가 어사대부가 된 기록이 없다.
서기전 **150년** 효경 7년	**대사기** 大事紀	태자 유영을 폐위하여 임강왕으로 삼았다. 4월, 정사일에 교동왕 유철이 태자로 세워졌다. 도청이 승상에서 물러났다. 廢太子榮爲臨江王 四月丁巳 膠東王立爲太子 青罷相
	상위 相位	6월, 을사일에 태위 조후 주아부가 승상이 되었다. 태위 관직을 없앴다. 六月乙巳 太尉條侯亞夫爲丞相 罷太尉官 신주 〈효경본기〉에서 주아부가 승상이 된 것은 2월 을사일이다. 폐태자를 강력히 반대하여 경제와 사이가 멀어진다.
	장위 將位	주아부의 태위 재위 5년이다. 주아부가 자리를 옮겨 승상이 되었다. 五 遷爲丞相

어사대부위 御史大夫位	어사대부에 유사를 임명했다. 御史大夫舍	

서기전 **149년** 효경 중원년 中元年	**대사기** 大事紀	
	상위 相位	주아부의 승상 재위 2년이다. 二
	장위 將位	
	어사대부위 御史大夫位	

서기전 **148년** 효경 중2년	**대사기** 大事紀	황자 유월이 광천왕이 되고, 유기가 교동왕이 되었다. 皇子越爲廣川王 寄爲膠東王
	상위 相位	주아부의 승상 재위 3년이다. 三
	장위 將位	
	어사대부위 御史大夫位	

서기전 **147년** 효경 중3년	**대사기** 大事紀	황자 유승이 청하왕이 되었다. 주아부가 승상에서 면직되었다. 皇子乘爲淸河王 亞夫免相
	상위 相位	주아부의 승상 재위 4년이다. 어사대부 도후 유사가 승상이 되었다. 四 御史大夫桃侯劉舍爲丞相
	장위 將位	
	어사대부위 御史大夫位	어사대부에 위관을 임명했다. 御史大夫綰

서기전 146년 효경 중4년	대사기 大事紀	임강왕 유영이 소환당하자 자살하여 남전에 안장했는데, 제비 수만 마리가 흙을 물고와 무덤 위에 놓았다. 臨江王徵 自殺 葬藍田 燕數萬爲衛士置冢上
	상위 相位	유사의 승상 재위 2년이다. 二
	장위 將位	
	어사대부위 御史大夫位	
서기전 145년 효경 중5년	대사기 大事紀	황자 유순이 상산왕이 되었다. 皇子舜爲常山王
	상위 相位	유사의 승상 재위 3년이다. 三
	장위 將位	
	어사대부위 御史大夫位	
서기전 144년 효경 중6년	대사기 大事紀	양효왕 유무가 죽었다. 양국을 나누어 5국으로 만들어 여러 아들을 왕으로 삼았다. 아들 유매는 양왕, 유명은 제천왕, 유 팽리는 제동왕, 유정은 산양왕, 유불식은 제음왕이 되었다. 梁孝王武薨 分梁爲五國 王諸子 子買爲梁王 明爲濟川王 彭離爲濟東王 定爲山陽王 不識爲濟陰王
	상위 相位	유사의 승상 재위 4년이다. 四
	장위 將位	
	어사대부위 御史大夫位	

서기전 143년 효경 후원년 後元年	대사기 大事紀	5월, 지진이 났다. 7월, 을사일에 일식이 생겼다. 유사가 승상에서 면직되었다. 五月 地動 七月乙巳 日蝕 舍免相
	상위 相位	유사의 승상 재위 5년이다. 8월, 임진일에 어사대부 건릉후 위관이 승상이 되었다. 五 八月壬辰 御史大夫建陵侯衞綰爲丞相
	장위 將位	
	어사대부위 御史大夫位	어사대부에 직불의를 임명했다. 御史大夫不疑
서기전 142년 효경 후2년	대사기 大事紀	
	상위 相位	위관의 승상 재위 2년이다. 二
	장위 將位	6월, 정축일에 어사대부 잠매가 죽었다. 六月丁丑 御史大夫岑邁卒
	어사대부위 御史大夫位	
서기전 141년 효경 후3년	대사기 大事紀	정월, 갑자일에 효경황제(경제)가 붕어했다. 2월, 병자일에 태자가 황제로 즉위했다. 正月甲子 孝景皇帝崩 二月丙子 太子立
	상위 相位	위관의 승상 재위 3년이다. 三
	장위 將位	
	어사대부위 御史大夫位	

효무 시대 장상명신표

서기전 **140년** 효무 건원 원년 孝武 建元元年		색은 연호가 있게 된 것은 무제로부터 비롯되었으며, 건원부터 후원에 이르기까지 총 11개 연호가 있다. 年之有號 始自武帝 自建元至後元凡十一號 신주 위 색은 주석은 '기년'에 딸린 내용이다.
	대사기 大事紀	위관이 승상에서 면직되었다. 綰免相
	상위 相位	위관의 승상 재위 4년이다. 위기후 두영이 승상이 되었다. 태위를 두었다. 四 魏其侯竇嬰爲丞相 置太尉
	장위 將位	무안후 전분이 태위가 되었다. 武安侯田蚡爲太尉
	어사대부위 御史大夫位	어사대부에 우저를 임명했다. 御史大夫抵 집해 《한서》〈표〉에는 우저牛抵라고 한다. 漢表云牛抵
서기전 **139년** 효무 건원 2년	대사기 大事紀	무릉을 두었다. 두영이 승상에서 면직되었다. 置茂陵 嬰免相
	상위 相位	2월, 을미일에 태상 백지후 허창이 승상이 되었다. 전분이 태위에서 면직되었다. 태위 관직을 없앴다. 二月乙未 太常柏至侯許昌爲丞相 蚡免太尉 罷太尉官

	장위 將位	
	어사대부위 御史大夫位	어사대부에 조관을 임명했다. 御史大夫趙綰 색은 위관을 대신했다. 代衛綰 신주 《한서》〈표〉에는 무제 2년에 임명되었다가 자살했다고 나온다. 《사기》〈효무본기〉 역시 시기는 명시하지 않았지만 자살했다 하고, 〈무안후전〉에도 2년에 쫓겨났다고 나온다. 《사기지의》에 따르면, 임명된 것은 우저를 이어 원년에 두어야 할 따름이라고 한다. 색은 주석 원문은 '代衛綰'인데, 무슨 뜻인지 정확하지가 않다. 건원 원년 승상표 두영이 승상이 되었다는 내용이 있어야 할 주석에 후대에 잘못 끼워넣은 것으로 보인다.
서기전 **138년** 효무 건원 3년	대사기 大事紀	동구왕 광무후 망이 그 무리 4만 남짓을 거느리고 와서 항복하자, 여강군에 살게 했다. 東甌王廣武侯望率其眾四萬餘人來降 處廬江郡
	상위 相位	허창의 승상 재위 2년이다. 二
	장위 將位	
	어사대부위 御史大夫位	
서기전 **137년** 효무 건원 4년	대사기 大事紀	
	상위 相位	허창의 승상 재위 3년이다. 三
	장위 將位	
	어사대부위 御史大夫位	어사대부에 장청적을 임명했다. 御史大夫青翟 색은 청적의 성은 장莊이다. 姓莊 신주 장청적이 어사대부에 임명된 해가 《한서》〈표〉 역시 4년인데, 《사기지의》에서는 〈무안후전〉에 의거하여 건원 2년이어야 한다고 했다.

서기전 **136년** 효무 건원 5년	대사기 大事紀	삼분전을 유통시켰다. 行三分錢
		집해 서광이 말했다. "《한서》에는 '반량'이라 했다. 넷으로 나누어진 것을 량兩이라 한다." 徐廣曰 漢書云半兩 四分曰兩
	상위 相位	허창의 승상 재위 4년이다. 四
	장위 將位	
	어사대부위 御史大夫位	
서기전 **135년** 효무 건원 6년	대사기 大事紀	정월, 민월왕이 반란했다. 효경태후가 붕어했다. 허창이 승상에서 면직되었다. 正月 閩越王反 孝景太后崩 昌免相
		집해 서광이 말했다. "(효경태후는) 경제의 어머니 두씨竇氏다." 徐廣曰 景帝母竇氏 신주 〈무제기〉에는 민월왕 반란은 8월에 있고 효경태후 붕어는 5월에 있다.
	상위 相位	허창의 승상 재위 5년이다. 6월, 계사일에 무안후 전분이 승상이 되었다. 五 六月癸巳 武安侯田蚡爲丞相
	장위 將位	장청적이 태자태부가 되었다. 青翟爲太子太傅
	어사대부위 御史大夫位	어사대부에 한안국을 임명했다. 御史大夫安國
서기전 **134년** 효무 원광 원년 元光元年	대사기 大事紀	
	상위 相位	전분의 승상 재위 2년이다. 二
	장위 將位	

	어사대부위 御史大夫位	
서기전 **133년** 효무 원광 2년	대사기 大事紀	무제가 처음 옹에 가서 오치에서 교제를 지냈다. 帝初之雍 郊見五畤
	상위 相位	전분의 승상 재위 3년이다. 三
	장위 將位	여름, 어사대부 한안국이 호군장군, 위위 이광이 효기장군, 태 복 공손하가 경거장군, 대행 왕회가 장둔장군, 태중대부 이식 이 재관장군이 되어, 마읍에서 선우를 잡으려 했다가 실패했 고, 대행 왕회를 주살했다. 夏 御史大夫韓安國爲護軍將軍 衛尉李廣爲驍騎將軍 太僕 公孫賀爲輕車將軍 大行王恢爲將屯將軍 太中大夫李息爲 材官將軍 纂單于馬邑 不合 誅恢
	어사대부위 御史大夫位	
서기전 **132년** 효무 원광 3년	대사기 大事紀	5월, 병자일에 하수가 호자에서 터졌다. 五月丙子 河決于瓠子
	상위 相位	전분의 승상 재위 4년이다. 四
	장위 將位	
	어사대부위 御史大夫位	
서기전 **131년** 효무 원광 4년	대사기 大事紀	12월, 정해일에 지진이 났다. 승상 전분이 죽었다. 十二月丁亥 地動 蚡卒 **신주** 〈위기무안후전〉에서 관부와 두영 및 전분이 5년에 죽었다고 했 고, 《한서》의 기록에서는 4년에 죽었다고 했다.
	상위 相位	전분의 승상 재위 5년이다. 평극후 설택이 승상이 되었다. 五 平棘侯薛澤爲丞相

		신주 〈고조공신후자연표〉에는 공신서열 15위 설구薛歐가 광평후廣平侯로 봉해졌고 설택은 그 손자이며, 경제 중5년에 다시 평극후로 봉해졌다고 나온다.
	장위 將位	
	어사대부위 御史大夫位	어사대부에 장구를 임명했다. 御史大夫歐 **신주** 주석에 따라 歐를 '우'로 읽어 이름을 장우라고 번역한 책이 있으나, 여기서는 우리의 음흡으로 읽었다.
서기전 **130년** 효무 원광 5년	**대사기** 大事紀	10월, 관부의 가문을 멸족시키고, 위기후 두영을 기시했다. 十月 族灌夫家 棄魏其侯市
	상위 相位	설택의 승상 재위 2년이다. 二
	장위 將位	
	어사대부위 御史大夫位	
서기전 **129년** 효무 원광 6년	**대사기** 大事紀	남이에 처음 역참 우정을 두었다. 南夷始置郵亭
	상위 相位	설택의 승상 재위 3년이다. 三
	장위 將位	태중대부 위청이 거기장군이 되어 상곡으로 출전하고, 위위 이광이 효기장군이 되어 안문으로 출전했으며, 대중대부 공손오가 기장군이 되어 대로 출전하고, 태복 공손하가 경거장군이 되어 운중으로 출전하여 모두 흉노를 쳤다. 太中大夫衛青爲車騎將軍 出上谷 衛尉李廣爲驍騎將軍 出鴈門 大中大夫公孫敖爲騎將軍 出代 太僕公孫賀爲輕車將軍 出雲中 皆擊匈奴
	어사대부위 御史大夫位	

서기전 128년 효무 원삭 원년 元朔元年	대사기 大事紀	위부인이 황후로 세워졌다. 衛夫人立爲皇后
	상위 相位	설택의 승상 재위 4년이다. 四
	장위 將位	거기장군 위청이 안문으로 출전하여 흉노를 쳤다. 위위 한안국이 장둔장군이 되어 대에 주둔하고, 다음해 어양에 주둔했다가 죽었다. 車騎將軍靑出雁門 擊匈奴 衛尉韓安國爲將屯將軍 軍代 明年 屯漁陽卒 신주 흉노에 관해 가장 정확한 기록인 〈흉노전〉과 〈위장군표기전〉을 아울러 참고하면, 한안국은 원광 6년에 어양에 주둔했고 이 해에 어양에서 흉노에게 포위되었다가 연나라 군사에 의해 구원되었다. 원삭 2년에는 다시 흉노에 공격당해 무너졌다. 원삭 원년에 대에 주둔하여 출전한 것은 이식李息이었다.
	어사대부위 御史大夫位	
서기전 127년 효무 원삭 2년	대사기 大事紀	
	상위 相位	설택의 승상 재위 5년이다. 五
	장위 將位	봄, 거기장군 위청이 운중으로 출전하여 고궐에 이르렀으며, 하남(오르도스) 지역을 빼앗았다. 春 車騎將軍衛靑出雲中 至高闕 取河南地
	어사대부위 御史大夫位	
서기전 126년 효무 원삭 3년	대사기 大事紀	흉노가 대태수 공우를 살해했다. 匈奴殺代太守友 집해 서광이 말했다. "태수의 성은 '공共'이고 이름은 '우友'다." 徐廣曰 太守姓共 名友

	상위 相位	설택의 승상 재위 6년이다. 六
	장위 將位	
	어사대부위 御史大夫位	어사대부에 공손홍을 임명했다. 御史大夫弘
서기전 **125년** 효무 원삭 4년	**대사기** 大事紀	흉노가 정양, 대, 상군으로 쳐들어왔다. 匈奴入定襄代上郡
	상위 相位	설택의 승상 재위 7년이다. 七
	장위 將位	
	어사대부위 御史大夫位	
서기전 **124년** 효무 원삭 5년	**대사기** 大事紀	흉노가 대 도위 주영을 살해했다. 설택이 승상에서 면직되었다. 匈奴殺代都尉朱英 澤免相
	상위 相位	설택의 승상 재위 8년이다. 11월, 을축일에 어사대부 공손홍이 승상이 되어 평진후로 봉해졌다. 八 十一月乙丑 御史大夫公孫弘爲丞相 封平津侯
	장위 將位	봄, 장평후 위청이 대장군이 되어 우현왕을 쳤다. 위위 소건이 유격장군이 되어, 위청에 속했다. 좌내사 이저가 강노장군, 태복 공손하가 거기장군, 대상 이채가 경거장군, 안두후 장차공이 장군, 대행 이식이 장군이 되어 모두 대장군 소속으로 흉노를 쳤다. 春 長平侯衞靑爲大將軍 擊右賢 衞尉蘇建爲游擊將軍 屬靑 左內史李沮爲強弩將軍 太僕賀爲車騎將軍 代相李蔡爲輕車將軍 岸頭侯張次公爲將軍 大行息爲將軍 皆屬大將軍 擊匈奴 색은 (沮의) 발음은 '져[子如反]'이다. 音子如反

		신주 위청이 대장군이 된 것은 이 전투 이후이며, 당시는 거기장군 신분이었다. 공손하는 기장군이었고 거기장군 소속이었다. 한편 《한서》〈표〉에는 이 해 4월, 어사대부로 하동태수인 구강군 사람 번계番係를 임명한 것으로 나온다.
	어사대부위 御史大夫位	
서기전 **123년** 효무 원삭 6년	**대사기** 大事紀	
	상위 相位	공손홍의 승상 재위 2년이다. 二
	장위 將位	대장군 위청이 거듭 정양으로 나가서 호胡를 쳤는데. 합기후 공손오는 중장군이 되었고, 태복 공손하는 좌장군이 되었고, 낭중령 이광은 후장군이 되었다. 흡후 조신이 전장군이 되었는데, 흉노에 패하여 항복했다. 위위 소건이 우장군이 되었는데, 패하였지만 자신은 탈출했다. 좌내사 이저는 강노장군이 되었다. 이들 모두 위청에게 속했다. 大將軍靑再出定襄擊胡 合騎侯公孫敖爲中將軍 太僕賀爲左將軍 郎中令李廣爲後將軍 翕侯趙信爲前將軍 敗降匈奴 衞尉蘇建爲右將軍 敗 身脫 左內史沮爲彊弩將軍 皆屬靑
	어사대부위 御史大夫位	
서기전 **122년** 효무 원수 원년 元狩元年	**대사기** 大事紀	10월 연간, 회남왕 유안과 형산왕 유사가 모반했다가 모두 자살하고 봉국이 없어졌다. 十月中 淮南王安衡山王賜謀反 皆自殺 國除
	상위 相位	공손홍의 승상 재위 3년이다. 三
	장위 將位	
	어사대부위 御史大夫位	어사대부에 이채를 임명했다. 御史大夫蔡

서기전 **121년** 효무 원수 2년	대사기 大事紀	흉노가 안문과 대군으로 쳐들어왔다. 강도왕 유건이 모반했다. 교동왕 아들 유경을 육안왕으로 삼았다. 승상 공손홍이 죽었다. 匈奴入鴈門代郡 江都王建反 膠東王子慶立爲六安王 弘卒
	상위 相位	공손홍의 승상 재위 4년이다. 어사대부 낙안후 이채가 승상이 되었다. 四 御史大夫樂安侯李蔡爲丞相
	장위 將位	관군후 곽거병이 표기장군이 되어 흉노를 쳐서 기련에 이르렀다. 합기후 공손오가 장군이 되어 북지로 출전했다. 박망후 장건과 낭중령 이광이 장군이 되어 우북평으로 출전했다. 冠軍侯霍去病爲驃騎將軍 擊胡 至祁連 合騎侯敖爲將軍 出北地 博望侯張騫郎中令李廣爲將軍 出右北平
	어사대부위 御史大夫位	어사대부에 장탕을 임명했다. 御史大夫湯
서기전 **120년** 효무 원수 3년	대사기 大事紀	흉노가 우북평과 정양으로 쳐들어왔다. 匈奴入右北平定襄
	상위 相位	이채의 승상 재위 2년이다. 二
	장위 將位	
	어사대부위 御史大夫位	
서기전 **119년** 효무 원수 4년	대사기 大事紀	
	상위 相位	이채의 승상 재위 3년이다. 三
	장위 將位	대장군 위청이 정양으로 출전하고, 낭중령 이광이 전장군, 태복 공손하가 좌장군, 제후를 관리하는 주작 조이기가 우장군, 평양후 조양이 후장군이 되어 선우를 쳤다. 大將軍靑出定襄 郎中令李廣爲前將軍 太僕公孫賀爲左將軍 主爵趙食其爲右將軍 平陽侯曹襄爲後將軍 擊單于

		신주 이때 표기장군 곽거병이 대代에서 출전하여 대장군 위청과 함께 선우를 양면 공격한다. 《한서》〈표〉에는 이때 위청이 대사마 대장군이 되고 곽거병이 대사마 표기장군이 되었다고 하여 야전군 지휘와 함께 군무를 담당하는 대사마(태위)도 되었다고 한다. 그러나 통상적인 태위 업무와 달리, 야전군을 운영하는 군무만 맡았다고 보는 것이 옳을 것이다. 이때는 태위 관직이 없고 승상부에서 그 업무를 합쳐 관할하였다.
	어사대부위 御史大夫位	
서기전 **118년** 효무 원수 5년	**대사기** 大事紀	승상 이채가 경제 능원의 빈터를 침범한 일에 걸려 자살했다. 蔡坐侵園壖 自殺 **색은** (壖 은) 묘의 연원壖垣이며, 壖의 발음은 '연[而戀反]'이다. 연원은 바깥 둘레 담의 짧은 경계이다. 廟壖垣 而戀反壖垣 外垣短牆也
	상위 相位	이채의 승상 재위 4년이다. 태자소부 무강후 장청적이 승상이 되었다. 四 太子少傅武彊侯莊青翟爲丞相
	장위 將位	
	어사대부위 御史大夫位	
서기전 **116년** 효무 원정 원년 元鼎元年	**대사기** 大事紀	
	상위 相位	장청적의 승상 재위 3년이다. 三
	장위 將位	
	어사대부위 御史大夫位	
서기전 **115년** 효무 원정 2년	**대사기** 大事紀	장청적이 죄를 지어 자살했다. 青翟有罪 自殺
	상위 相位	장청적의 승상 재위 4년이다. 태자태부 고릉후 조주가 승상이 되었다. 四 太子太傅高陵侯趙周爲丞相

	장위 將位	장탕이 죄를 지어 자살했다. 湯有罪 自殺	
	어사대부위 御史大夫位	어사대부에 석경을 임명했다. 御史大夫慶	
서기전 **114년** 효무 원정 3년	**대사기** 大事紀		
	상위 相位	조주의 승상 재위 2년이다. 二	
	장위 將位		
	어사대부위 御史大夫位		
서기전 **113년** 효무 원정 4년	**대사기** 大事紀	상산헌왕의 아들 유평을 진정왕으로, 유상을 사수왕으로 삼았다. 6월 연간, 하동군 분음현에서 보정을 얻었다. 立常山憲王子平爲眞定王 商爲泗水王 六月中 河東汾陰得寶鼎	
	상위 相位	조주의 승상 재위 3년이다. 三	
	장위 將位		
	어사대부위 御史大夫位		
서기전 **112년** 효무 원정 5년	**대사기** 大事紀	3월 연간, 남월상 여가가 반란하여, 그 왕과 한나라 사자를 살해했다. 8월, 승상 조주가 주금에 걸려 자살했다. 三月中 南越相嘉反 殺其王及漢使者 八月 周坐酎金 自殺 **신주** 《사기지의》에 따르면, 《한서》 〈표〉와 《한기》에 아울러 조주의 자살을 9월이라고 했다.	
	상위 相位	조주의 승상 재위 4년이다. 9월, 신사일에 어사대부 석경이 승상이 되어 목구후로 봉해졌다. 四 九月辛巳 御史大夫石慶爲丞相 封牧丘侯	
	장위 將位	위위 노박덕이 복파장군이 되어 계양으로 출전하고, 주작 양복이 누선장군이 되어 예장으로 출전하여 모두 남월을 쳤다.	

		衛尉路博德爲伏波將軍 出桂陽 主爵楊僕爲樓船將軍 出豫章 皆破南越
	어사대부위 御史大夫位	
서기전 **111년** 효무 원정 6년	**대사기** 大事紀	12월, 동월이 반란했다. 十二月 東越反
	상위 相位	석경의 승상 재위 2년이다. 二
	장위 將位	옛 용액후 한열이 횡해장군이 되어 회계로 출전하고, 누선장군 양복이 예장으로 출전하며, 중위 왕온서가 회계로 출전하여 모두 동월을 깨뜨렸다. 故龍頟侯韓說爲橫海將軍 出會稽 樓船將軍楊僕出豫章 中尉王溫舒出會稽 皆破東越
	어사대부위 御史大夫位	어사대부에 복식을 임명했다. 御史大夫式 색은 복식이다. 卜式也
서기전 **110년** 효무 원봉 원년 元封元年	**대사기** 大事紀	
	상위 相位	석경의 승상 재위 3년이다. 三
	장위 將位	
	어사대부위 御史大夫位	어사대부에 아관을 임명했다. 御史大夫寬 색은 아관이다. 兒寬也
서기전 **109년** 효무 원봉 2년	**대사기** 大事紀	
	상위 相位	석경의 승상 재위 4년이다. 四

	장위 將位	가을에 누선장군 양복, 좌장군 순체가 요동으로 출전하여 조선을 쳤다. 秋 樓船將軍楊僕左將軍荀彘出遼東 擊朝鮮
	어사대부위 御史大夫位	
서기전 **108년** 효무 원봉 3년	**대사기** 大事紀	신주 위만조선이 한나라에 항복했다.
	상위 相位	석경의 승상 재위 5년이다. 五
	장위 將位	
	어사대부위 御史大夫位	
서기전 **107년** 효무 원봉 4년	**대사기** 大事紀	
	상위 相位	석경의 승상 재위 6년이다. 六
	장위 將位	
	어사대부위 御史大夫位	
서기전 **106년** 효무 원봉 5년	**대사기** 大事紀	신주 《한서》〈표〉에는 이 해에 대장군 위청이 죽었다.
	상위 相位	석경의 승상 재위 7년이다. 七
	장위 將位	
	어사대부위 御史大夫位	
서기전 **105년** 효무 원봉 6년	**대사기** 大事紀	
	상위 相位	석경의 승상 재위 8년이다. 八

	장위 將位	
	어사대부위 御史大夫位	
서기전 **104년** 효무 태초 원년 太初元年	**대사기** 大事紀	역법을 고쳐 정월(1월)을 한 해의 첫머리로 했다. 改曆 以正月爲歲首 색은 비로소 하정夏正(건인 정월)을 채용했다. 始用夏正也
	상위 相位	석경의 승상 재위 9년이다. 九
	장위 將位	
	어사대부위 御史大夫位	
서기전 **103년** 효무 태초 2년	**대사기** 大事紀	정월, 무인일에 승상 석경이 죽었다. 正月戊寅 慶卒
	상위 相位	석경의 승상 재위 10년이다. 3월, 정묘일에 태복 공손하가 승상이 되어 갈역후에 봉해졌다. 十 三月丁卯 太僕公孫賀爲丞相 封葛繹侯 신주 《한서》〈표〉에는 윤달 정축일이다. 《사기지의》에서는 이는 잘못된 것이고 3월 정묘일이 되어야 한다고 지적했다. 공손하의 부인이 여태자(위태자)의 어머니인 위황후의 언니다. 나중에 위태자 사건에 걸려 주살된다.
	장위 將位	
	어사대부위 御史大夫位	
서기전 **102년** 효무 태초 3년	**대사기** 大事紀	
	상위 相位	공손하의 승상 재위 2년이다. 二
	장위 將位	

	어사대부위 御史大夫位	어사대부에 연광을 임명했다. 御史大夫延廣
서기전 **101년** 효무 태초 4년	대사기 大事紀	
	상위 相位	공손하의 승상 재위 3년이다. 三
	장위 將位	
	어사대부위 御史大夫位	
서기전 **100년** 효무 천한 원년 天漢元年	대사기 大事紀	[신주] 《사기지의》에서 말한다. "천한 이하에서 효성제 홍가 원년에 이르기까지 모두 후대인이 잇댄 것이다. 《한서》와 비교하면, 태반이 어긋나고 거슨른다. 유굴리는 팽후인데 팽성후라 하고, 왕장王章은 안평후인데 양 사서에서 평안후라 하며, 위원성章元成은 부친을 이어 후侯가 되었는데 승상이 된 것으로 인해 부양후로 봉해졌다고 하는 것과 같은 것이다. 원제 영광 2년 7월, 풍봉세馮奉世가 서강西羌을 치고, 8월에 임천추任千秋가 따로 군대를 거느리고 나란히 진군했는데, 여기서는 풍봉세가 강을 친 달이 바뀌어 임천추가 친 것이라 하고, 도리어 풍봉세의 주력 군대를 버리고 내쳤다. 장우張禹는 홍가 원년에 승상에서 면직되고 애제 건평 2년에 죽었는데, 홍가 원년에 죽었다고 하였다. 이는 모두 잘못이 큰 것이며 그 나머지 연월과 관직이 뒤섞이고 어긋나는 것이 자못 많다. 그래서 골고루 깎아내서 벌려두어야 하나 다시 바로잡지 않았다."
	상위 相位	공손하의 승상 재위 4년이다. 四
	장위 將位	
	어사대부위 御史大夫位	어사대부에 왕경을 임명했다. 御史大夫卿 [색은] (卿은) 왕경이다. 王卿也

서기전 **99년**	대사기 大事紀	
효무 천한 2년	상위 相位	공손하의 승상 재위 5년이다. 五
	장위 將位	
	어사대부위 御史大夫位	
서기전 **98년**	대사기 大事紀	
효무 천한 3년	상위 相位	공손하의 승상 재위 6년이다. 六
	장위 將位	
	어사대부위 御史大夫位	어사대부에 두주를 임명했다. 御史大夫周 색은 (周는) 두주이다. 杜周也
서기전 **97년**	대사기 大事紀	
효무 천한 4년	상위 相位	공손하의 승상 재위 7년이다. 七
	장위 將位	봄, 이사장군 이광리가 삭방으로 출전하여 여오수 근처에 이르렀다. 유격장군 한열이 오원으로 출전하고, 인우장군 공손오가 모두 흉노를 쳤다. 春 貳師將軍李廣利出朔方 至余吾水上 游擊將軍韓說出五原 因杅將軍公孫敖 皆擊匈奴 색은 (因杅의 杅) 발음은 '우于'다. 인우는 지명이다. 音于 因杅 地名
	어사대부위 御史大夫位	

서기전 **96년**	대사기 大事紀	집해 반고는 '사마천의 기사는 천한 연간에서 마쳤다.'라고 하니, 여기 이후로는 후대 사람이 이어 기록한 것이다. 班固云 司馬遷記事訖于天漢 自此已後 後人所續 색은 배인은 천한 이후는 후대 사람이 이어 기록한 것이라고 하는데, 즉 저선생이 보충한 것이다. 후대 사가들이 기록한 것은 또 다를 것이 없을 것이기 때문에 지금 따지지 않겠다. 裴駰以爲自天漢已後 後人所續 即褚先生所補也 後史所記 又無異呼 故今不討論也 신주 원래 위 주석은 기년 칸(태시 원년)에 붙어 있었다.
효무 태시 원년 太始元年	상위 相位	공손하의 승상 재위 8년이다. 八
	장위 將位	
	어사대부위 御史大夫位	
서기전 **95년**	대사기 大事紀	
효무 태시 2년	상위 相位	공손하의 승상 재위 9년이다. 九
	장위 將位	
	어사대부위 御史大夫位	
서기전 **94년**	대사기 大事紀	
효무 태시 3년	상위 相位	공손하의 승상 재위 10년이다. 十
	장위 將位	
	어사대부위 御史大夫位	어사대부에 폭승지를 임명했다. 御史大夫勝之

서기전 **93년** 효무 태시 4년	대사기 大事紀	
	상위 相位	공손하의 승상 재위 11년이다. 十一
	장위 將位	
	어사대부위 御史大夫位	
서기전 **92년** 효무 정화 원년 征和元年	대사기 大事紀	겨울에 승상 공손하가 태자를 저주한 무고 사건에 걸려 죽었다. 冬 賀坐爲蠱死
	상위 相位	공손하의 승상 재위 12년이다. 十二
	장위 將位	
	어사대부위 御史大夫位	
서기전 **91년** 효무 정화 2년	대사기 大事紀	7월, 임오일에 태자가 군대를 일으켜, 유격장군 한열과 사자 강충을 쳐서 살해했다. 七月壬午 太子發兵 殺游擊將軍說使者江充 신주 여태자戾太子 유거劉據 사건이며, 8월에 태자는 자살한다. 태자가 억울하게 죽은 뒤, 무제는 사자궁을 지어 태자를 추모했다.
	상위 相位	3월, 정사일에 탁군태수 유굴리가 승상이 되어 팽성후로 봉해졌다. 三月丁巳 涿郡太守劉屈氂爲丞相 封彭城侯 신주 《한서》〈표〉에는 좌승상이라 한다. 중산정왕 유승劉勝의 아들이다. 〈건원이래왕자후자연표〉에는 팽성후가 아니라 팽후로 나온다.
	장위 將位	
	어사대부위 御史大夫位	어사대부에 상구성을 임명했다. 御史大夫成

		신주 상구성은 이때 투후秺侯로 봉해졌다가 후원 2년에 봉국이 없어지는데, 뒤를 이어 김일제가 투후가 된다. 〈건원이래후자연표〉 참조.

서기전 **90년** 효무 정화 3년	대사기 大事紀	6월, 유굴리가 무고 사건으로 인하여 참형(요참형)을 당했다. 六月 劉屈氂因蠱斬	
	상위 相位	유굴리의 승상 재위 2년이다. 二	
	장위 將位	봄, 이사장군 이광리과 삭방으로 출전했다가 군대를 들어 흉노에 항복했다. 중합후 망통이 주천으로 어사대부 상구성이 하서로 출전하여 흉노를 쳤다. 春 貳師將軍李廣利出朔方 以兵降胡 重合侯莽通出酒泉 御史大夫商丘成出河西 擊匈奴	
	어사대부위 御史大夫位		
서기전 **89년** 효무 정화 4년	대사기 大事紀		
	상위 相位	6월, 정사일에 대홍려 전천추가 승상이 되어 부민후로 봉해졌다. 六月丁巳 大鴻臚田千秋爲丞相 封富民侯	
	장위 將位		
	어사대부위 御史大夫位		
서기전 **88년** 효무 후원 원년 後元元年	대사기 大事紀		
	상위 相位	전천추의 승상 재위 2년이다 二	
	장위 將位		
	어사대부위 御史大夫位		

서기전 **87년** 효무 후원 2년	**대사기** 大事紀	신주 《한서》〈무제기〉에, 6월에 어사대부 상구성이 죄를 지어 자살했다고 한다.
	상위 相位	전천추의 승상 재위 3년이다 三
	장위 將位	2월, 기사일(16일)에 광록대부 곽광이 대장군으로 박륙후가 되고, 도위 김일제가 거기장군으로 투후가 되었으며, 태복 안양후 상관걸이 대장군이 되었다. 二月己巳 光祿大夫霍光爲大將軍 博陸侯 都尉金日磾爲車騎將軍 秺侯 太僕安陽侯上官桀爲大將軍
		신주 《한서》〈곽광전〉에 따르면, 곽광은 대사마 대장군으로, 김일제가 거기장군으로, 상관걸이 좌장군으로, 상홍양이 어사대부로 임명된다. 무제가 죽기 하루 전에 임명을 받았다. 이들이 승상 전천추와 더불어 8살이던 소제를 보좌하며, 곽광이 무제의 유고를 받들어 집정한다. 제후로 임명된 것은 소제가 제위를 이은 다음이다. 《한서》〈백관공경표〉에는 상홍양의 어사대부 임명을 2월 을묘일이라고 하고 곽광의 임명을 3월 정묘일이라고 하여, 〈곽광전〉과 또 다르다.
	어사대부위 御史大夫位	

효무 이후 장상명신표

서기전 **86년**	**대사기** 大事紀	
효소 **시원 원년** 孝昭 始元元年	**상위** 相位	전천추의 승상 재위 4년이다. 9월, 김일제가 죽었다. 四 九月 日磾卒 　신주　승상표가 아니라, 태위장군표에 있어야 한다. 김일제는 투후로 임명된 다음날에 세상을 떠났다. 〈건원이래후자연표〉 참조.
	장위 將位	
	어사대부위 御史大夫位	
서기전 **85년**	**대사기** 大事紀	
효소 **시원 2년**	**상위** 相位	전천추의 승상 재위 5년이다. 五
	장위 將位	
	어사대부위 御史大夫位	
서기전 **84년**	**대사기** 大事紀	
효소 **시원 3년**	**상위** 相位	전천추의 승상 재위 6년이다. 六

	장위 將位	
	어사대부위 御史大夫位	
서기전 **83년** 효소 시원 4년	대사기 大事紀	
	상위 相位	전천추의 승상 재위 7년이다. 七
	장위 將位	3월, 계유일에 위위 왕망이 좌장군, 기도위 상관안이 거기장 군이 되었다. 三月癸酉 衞尉王莽爲左將軍 騎都尉上官安爲車騎將軍 **신주** 여기 왕망은 훗날 신新을 세운 왕망王莽과 동명이인이다.
	어사대부위 御史大夫位	
서기전 **82년** 효소 시원 5년	대사기 大事紀	
	상위 相位	전천추의 승상 재위 8년이다. 八
	장위 將位	
	어사대부위 御史大夫位	
서기전 **81년** 효소 시원 6년	대사기 大事紀	
	상위 相位	전천추의 승상 재위 9년이다. 九
	장위 將位	
	어사대부위 御史大夫位	

서기전 **80년**	대사기 大事紀	
효소 원봉 원년 元鳳元年	상위 相位	전천추의 승상 재위 10년이다. 十
	장위 將位	9월, 경오일에 광록훈 장안세가 우장군이 되었다. 九月庚午 光祿勳張安世爲右將軍
	어사대부위 御史大夫位	어사대부에 왕흔을 임명했다. 御史大夫訢
서기전 **79년**	대사기 大事紀	
효소 원봉 2년	상위 相位	전천추의 승상 재위 11년이다. 十一
	장위 將位	
	어사대부위 御史大夫位	
서기전 **78년**	대사기 大事紀	
효소 원봉 3년	상위 相位	전천추의 승상 재위 12년이다. 十二
	장위 將位	12월, 경인일에 중랑장 범명우가 도요장군이 되어 오환을 쳤다. 十二月庚寅 中郎將范明友爲度遼將軍 擊烏丸 **신주** 흉노가 약화된 자리에 동북방에서 발원한 오환이 마침내 한나라 변경에 등장한다. 가히 한나라와 오환의 첫 접촉이라 할 만하다. 도요度遼란 요수遼水를 건넜다는 말이다. 지금 난하인 요수를 건너 난하 북쪽 일대의 오환을 쳤음을 의미한다. 오환은 늘 그 일대에 있었다. 만약 지금의 요수를 건너 요동을 쳤다고 한다면 오환은 만주 한복판(현 요하 동쪽)에 자리하게 되어 전혀 조리에 맞지 않는 상황이 된다.
	어사대부위 御史大夫位	

서기전 **77년** 효소 원봉 4년	대사기 大事紀	3월, 갑술일에 승상 전천추가 죽었다. 三月甲戌 千秋卒	
	상위 相位	3월, 을축일에 어사대부 왕흔이 승상이 되어 부춘후로 봉해졌다. 三月乙丑 御史大夫王訢爲丞相 封富春侯	
	장위 將位		
	어사대부위 御史大夫位	어사대부에 양창을 임명했다. 御史大夫楊敞	
서기전 **76년** 효소 원봉 5년	대사기 大事紀	12월, 경술일에 승상 왕흔이 죽었다. 十二月庚戌 訢卒	
	상위 相位	왕흔의 승상 재위 2년이다. 二	
	장위 將位		
	어사대부위 御史大夫位		
서기전 **75년** 효소 원봉 6년	대사기 大事紀		
	상위 相位	11월, 을축일에 어사대부 양창이 승상이 되어 안평후로 봉해졌다. 十一月乙丑 御史大夫楊敞爲丞相 封安平侯	
	장위 將位	9월, 경인일에 위위 평릉후 범명우가 도요장군이 되어 오환을 쳤다. 九月庚寅 衛尉平陵侯范明友爲度遼將軍 擊烏丸	
	어사대부위 御史大夫位		
서기전 **74년** 효소 원평 원년 元平元年	대사기 大事紀	승상 양창이 죽었다. 敞卒	
		신주 4월 계미일(17일)에 소제가 죽고, 6월 1일에 창읍왕 유하를 들여 황제로 세운다. 그러나 무도한 까닭에 한 달 만에 곽광에게 쫓겨난다. 황제를 폐하고 옹립한 곽광의 이 대사大事는 고금에 모범으로 꼽힌다.	

	상위 相位	9월, 무술일에 어사대부 채의가 승상이 되어 양평후로 봉해졌다. 九月戊戌 御史大夫蔡義爲丞相 封陽平侯
	장위 將位	4월, 갑신일에 광록대부 용액후 한증이 전장군이 되었다. 5월, 정유일에 수형도위 조충국이 후장군, 우장군 장안세가 거기 장군이 되었다. 四月甲申 光祿大夫龍額侯韓曾爲前將軍 五月丁酉 水衡都 尉趙充國爲後將軍 右將軍張安世爲車騎將軍
	어사대부위 御史大夫位	어사대부에 창수후 전광명을 임명했다. 御史大夫昌水侯田廣明
서기전 **73년** 효선 본시 원년 孝宣 本始元年	**대사기** 大事紀	
	상위 相位	채의의 승상 재위 2년이다. 二
	장위 將位	
	어사대부위 御史大夫位	
서기전 **72년** 효선 본시 2년	**대사기** 大事紀	
	상위 相位	채의의 승상 재위 3년이다. 三
	장위 將位	7월, 경인일에 어사대부 전광명이 기련장군, 용액후 한증이 후 장군, 영평후 조충국이 포류장군, 도요장군 평릉후 범명우가 운중태수, 부민후 전순이 호아장군이 되어 모두 흉노를 쳤다. 七月庚寅 御史大夫田廣明爲祁連將軍 龍額侯韓曾爲後將 軍 營平侯趙充國爲蒲類將軍 度遼將軍平陵侯范明友爲雲 中太守 富民侯田順爲虎牙將軍 皆擊匈奴
	어사대부위 御史大夫位	
서기전 **71년** 효선 본시 3년	**대사기** 大事紀	3월, 무자일에 황후가 붕어했다. 6월, 을축일에 승상 채의가 죽었다. 三月戊子 皇后崩 六月乙丑 義薨

	상위 相位	6월, 갑진일에 장신궁 소부 위현이 승상이 되어 부양후로 봉해졌다. 전광명과 전순이 흉노를 치고 돌아왔다가 모두 자살했다. 조충국은 장군의 인수를 뺏겼다. 六月甲辰 長信少府韋賢爲丞相 封扶陽侯 田廣明田順擊胡還 皆自殺 充國奪將軍印
	장위 將位	
	어사대부위 御史大夫位	어사대부에 위상을 임명했다.. 御史大夫魏相
서기전 **70년** 효선 본시 4년	**대사기** 大事紀	10월, 을묘일에 곽후를 세웠다. 十月乙卯 立霍后
	상위 相位	위현의 승상 재위 2년이다. 二
	장위 將位	
	어사대부위 御史大夫位	
서기전 **69년** 효선 지절 원년 地節元年	**대사기** 大事紀	
	상위 相位	위현의 승상 재위 3년이다. 三
	장위 將位	
	어사대부위 御史大夫位	
서기전 **68년** 효선 지절 2년	**대사기** 大事紀	
	상위 相位	위현의 승상 재위 4년이다. 3월, 경오일에 장군 곽광이 죽었다. 四 三月庚午 將軍光卒
	장위 將位	2월, 정묘일에 시중과 중랑장인 곽우가 우장군이 되었다. 二月丁卯 侍中中郎將霍禹爲右將軍

	어사대부위 御史大夫位	
서기전 **67년** 효선 지절 3년	대사기 大事紀	태자를 세웠다. 5월, 갑신일에 위현이 늙어 황금 100근을 하사했다. 立太子 五月甲申 賢老 賜金百斤
	상위 相位	6월, 임진일에 어사대부 위상이 승상이 되어 고평후로 봉해졌다. 六月壬辰 御史大夫魏相爲丞相 封高平侯
	장위 將位	7월, 장안세가 대사마와 위장군이 되었다. 곽우가 대사마가 되었다. 七月 安世爲大司馬衞將軍 禹爲大司馬
	어사대부위 御史大夫位	어사대부에 병길邴吉을 임명했다. 御史大夫邴吉
서기전 **66년** 효선 지절 4년	대사기 大事紀	
	상위 相位	위상의 승상 재위 2년이다. 7월, 임인일에 곽우가 요참형을 당했다. 二 七月壬寅 禹腰斬
	장위 將位	
	어사대부위 御史大夫位	
서기전 **65년** 효선 원강 원년 元康元年	대사기 大事紀	
	상위 相位	위상의 승상 재위 3년이다. 三
	장위 將位	
	어사대부위 御史大夫位	

서기전 **64년**	대사기 大事紀	
효선 원강 2년	상위 相位	위상의 승상 재위 4년이다. 四
	장위 將位	
	어사대부위 御史大夫位	
서기전 **63년**	대사기 大事紀	
효선 원강 3년	상위 相位	위상의 승상 재위 5년이다. 五
	장위 將位	
	어사대부위 御史大夫位	
서기전 **62년**	대사기 大事紀	
효선 원강 4년	상위 相位	위상의 승상 재위 6년이다. 8월, 병인일에 장안세가 죽었다. 六 八月丙寅 安世卒
	장위 將位	
	어사대부위 御史大夫位	
서기전 **61년**	대사기 大事紀	주상이 감천의 태치와 분음 후토에서 교제를 지냈다. 上郊甘泉太畤汾陰后土
효선 신작 원년 神爵元年	상위 相位	위상의 승상 재위 7년이다. 七
	장위 將位	4월, 악성후 허연수가 강노장군이 되었다. 후장군 조충국이 강을 쳤다. 주천태수 신무현이 파강장군이 되었다. 한증이 대사마와 거기장군이 되었다. 四月 樂成侯許延壽爲強弩將軍 後將軍充國擊羌 酒泉太守 辛武賢爲破羌將軍 韓曾爲大司馬車騎將軍

	어사대부위 御史大夫位	
서기전 **60년** 효선 신작 2년	대사기 大事紀	주상이 옹의 오치에서 교제를 지냈다. (좌풍익) 대우현에서 보벽과 옥기가 출토되었다. 上郊雍五時 祋祤出寶璧玉器
	상위 相位	위상의 승상 재위 8년이다. 八
	장위 將位	
	어사대부위 御史大夫位	
서기전 **59년** 효선 신작 3년	대사기 大事紀	3월, 승상 위상이 죽었다. 三月 相卒
	상위 相位	4월, 무술일에 어사대부 병길이 승상이 되어 박양후로 봉해졌다. 四月戊戌 御史大夫邴吉爲丞相 封博陽侯
	장위 將位	
	어사대부위 御史大夫位	어사대부에 소망지를 임명했다. 御史大夫望之
서기전 **58년** 효선 신작 4년	대사기 大事紀	
	상위 相位	병길의 승상 재위 2년이다. 二
	장위 將位	
	어사대부위 御史大夫位	
서기전 **57년** 효선 오봉 원년 五鳳元年	대사기 大事紀	
	상위 相位	병길의 승상 재위 3년이다. 三

	장위 將位	
	어사대부위 御史大夫位	
서기전 **56년** 효선 오봉 2년	**대사기** 大事紀	
	상위 相位	병길의 승상 재위 4년이다. 5월, 기축일에 한증이 죽었다. 四 五月己丑 曾卒
	장위 將位	5월, 허연수가 대사마와 거기장군이 되었다. 五月 延壽爲大司馬車騎將軍
	어사대부위 御史大夫位	어사대부에 황패를 임명했다. 御史大夫霸
서기전 **55년** 효선 오봉 3년	**대사기** 大事紀	정월, 승상 병길이 죽었다. 正月 吉卒
	상위 相位	3월, 임신일에 어사대부 황패가 승상이 되어 건성후로 봉해졌다. 三月壬申 御史大夫黃霸爲丞相 封建成侯
	장위 將位	
	어사대부위 御史大夫位	어사대부에 두연년을 임명했다. 御史大夫延年
서기전 **54년** 효선 오봉 4년	**대사기** 大事紀	
	상위 相位	황패의 승상 재위 2년이다. 二
	장위 將位	
	어사대부위 御史大夫位	
서기전 **53년** 효선 감로 원년 甘露元年	**대사기** 大事紀	
	상위 相位	황패의 승상 재위 3년이다. 3월, 정미일에 허연수가 죽었다. 三 三月丁未 延壽卒

	장위 將位	
	어사대부위 御史大夫位	
서기전 **52년** 효선 감로 2년	대사기 大事紀	사형죄가 아닌 자를 사면하고, 나이가 많거나 환과고독(홀아비, 과부, 고아, 자식 없는 자)에게는 비단을, 여자들에게 쇠고기와 술을 내렸다. 赦殊死 賜高年及鰥寡孤獨帛 女子牛酒
	상위 相位	황패의 승상 재위 4년이다. 四
	장위 將位	
	어사대부위 御史大夫位	어사대부에 우정국을 임명했다. 御史大夫定國
서기전 **51년** 효선 감로 3년	대사기 大事紀	3월, 기축일에 승상 황패가 죽었다. 三月己丑 霸薨
	상위 相位	7월, 정사일에 어사대부 우정국이 승상이 되어 서평후로 봉해졌다. 七月丁巳 御史大夫于定國爲丞相 封西平侯
	장위 將位	
	어사대부위 御史大夫位	태복 진만년이 어사대부가 되었다. 太僕陳萬年爲御史大夫
서기전 **50년** 효선 감로 4년	대사기 大事紀	
	상위 相位	우정국의 승상 재위 2년이다. 二
	장위 將位	
	어사대부위 御史大夫位	

서기전 49년	대사기 大事紀	
효선 황룡 원년 黃龍元年	상위 相位	우정국의 승상 재위 3년이다. 三
	장위 將位	낙릉후 사자장이 대사마와 거기장군, 태자태부 소망지가 전장군이 되었다. 樂陵侯史子長爲大司馬車騎將軍 太子太傅蕭望之爲前將軍 신주 사자장의 이름은 고高이다.
	어사대부위 御史大夫位	
서기전 48년	대사기 大事紀	
효원 초원 원년 孝元 初元元年	상위 相位	우정국의 승상 재위 4년이다. 四
	장위 將位	
	어사대부위 御史大夫位	
서기전 47년	대사기 大事紀	
효원 초원 2년	상위 相位	우정국의 승상 재위 5년이다. 五
	장위 將位	
	어사대부위 御史大夫位	
서기전 46년	대사기 大事紀	
효원 초원 3년	상위 相位	우정국의 승상 재위 6년이다. 六

	장위 將位	12월, 집금오 풍봉세가 우장군이 되었다. 十二月 執金吾馮奉世爲右將軍
	어사대부위 御史大夫位	
서기전 **45년** 효원 초원 4년	**대사기** 大事紀	
	상위 相位	우정국의 승상 재위 7년이다. 七
	장위 將位	
	어사대부위 御史大夫位	
서기전 **44년** 효원 초원 5년	**대사기** 大事紀	
	상위 相位	우정국의 승상 재위 8년이다. 八
	장위 將位	2월, 정사일에 평은후 허가가 좌장군이 되었다. 二月丁巳 平恩侯許嘉爲左將軍
	어사대부위 御史大夫位	중궁 소부 공우가 어사대부가 되었다. 12월, 정미일에 장신궁 소부 설광덕이 어사대부가 되었다. 中少府貢禹爲御史大夫 十二月丁未 長信少府薛廣德爲御史大夫
서기전 **43년** 효원 영광 원년 永光元年	**대사기** 大事紀	10월, 무인일에 우정국于定國이 면직되었다. 十月戊寅 定國免
	상위 相位	우정국의 승상 재위 9년이다. 7월, 대사마 사자장이 면직되어 집으로 갔다. 九 七月 子長免 就第

	장위 將位	9월, 위위 평창후 왕접이 대사마와 거기장군이 되었다. 2월, 설광덕이 면직되었다. 九月 衛尉平昌侯王接爲大司馬車騎將軍 二月 廣德免
	어사대부위 御史大夫位	7월, 태자태부 위현성이 어사대부가 되었다. 七月 太子太傅韋玄成爲御史大
서기전 **42년** 효원 영광 2년	대사기 大事紀	3월, 임술일 초하루에 일식이 생겼다. 三月壬戌朔 日蝕
	상위 相位	2월, 정유일에 어사대부 위현성이 승상이 되어 부양후로 봉해졌다. 승상을 지낸 위현의 아들이다. 二月丁酉 御史大夫韋玄成爲丞相 封扶陽侯 丞相賢子
	장위 將位	7월, 태상 임천추가 분무장군이 되어 서강을 치고 운중태수 한차군이 건위장군이 되어 강을 쳤다. 나중에 출병시키지 않았다. 七月 太常任千秋爲奮武將軍 擊西羌 雲中太守韓次君爲建威將軍 擊羌 後不行
	어사대부위 御史大夫位	2월, 정유일에 우부풍 정홍이 어사대부가 되었다. 二月丁酉 右扶風鄭弘爲御史大夫
서기전 **41년** 효원 영광 3년	대사기 大事紀	
	상위 相位	위현성의 승상 재위 2년이다. 二
	장위 將位	우장군 평은후 허가가 거기장군, 시중·광록대부 악창후 왕상이 우장군, 우장군 풍봉세가 좌장군이 되었다. 右將軍平恩侯許嘉爲車騎將軍 侍中光祿大夫樂昌侯王商爲右將軍 右將軍馮奉世爲左將軍
	어사대부위 御史大夫位	

서기전	대사기	
40년	大事紀	
효원 영광 4년	**상위** 相位	위현성의 승상 재위 3년이다. 三
	장위 將位	
	어사대부위 御史大夫位	
서기전	대사기	
39년	大事紀	
효원 영광 5년	**상위** 相位	위현성의 승상 재위 4년이다. 四
	장위 將位	
	어사대부위 御史大夫位	
서기전	대사기	
38년	大事紀	
효원 건소 원년 建昭元年	**상위** 相位	위현성의 승상 재위 5년이다. 五
	장위 將位	
	어사대부위 御史大夫位	
서기전	대사기	
37년	大事紀	
효원 건소 2년	**상위** 相位	위현성의 승상 재위 6년이다. 六
	장위 將位	정홍이 면직되었다. 弘免
	어사대부위 御史大夫位	광록훈 광형이 어사대부가 되었다. 光祿勳匡衡爲御史大夫

서기전 **36년** 효원 건소 3년	대사기 大事紀	6월, 갑진일에 승상 위현성이 죽었다. 六月甲辰 玄成薨
	상위 相位	7월, 계해일에 어사대부 광형이 승상이 되어 낙안후에 봉해졌다. 七月癸亥 御史大夫匡衡爲丞相 封樂安侯
	장위 將位	
	어사대부위 御史大夫位	위위 번연수가 어사대부가 되었다. 衛尉繁延壽爲御史大夫
서기전 **35년** 효원 건소 4년	대사기 大事紀	
	상위 相位	광형의 승상 재위 2년이다. 二
	장위 將位	
	어사대부위 御史大夫位	
서기전 **34년** 효원 건소 5년	대사기 大事紀	
	상위 相位	광형의 승상 재위 3년이다. 三
	장위 將位	
	어사대부위 御史大夫位	
서기전 **33년** 효원 경녕 원년 竟寧元年	대사기 大事紀	
	상위 相位	광형의 승상 재위 4년이다. 四
	장위 將位	6월, 기미일에 위위 양평후 왕봉이 대사마와 대장군이 되었다. 어사대부 번연수가 죽었다. 六月己未 衛尉楊平侯王鳳爲大司馬大將軍 延壽卒

	어사대부위 御史大夫位	3월, 병인일에 태자소부 장담이 어사대부가 되었다. 三月丙寅 太子少傳張譚爲御史大夫
서기전 **32년** 효성 건시 원년 孝成 建始元年	대사기 大事紀	
	상위 相位	광형의 승상 재위 5년이다. 五
	장위 將位	
	어사대부위 御史大夫位	
서기전 **31년** 효성 건시 2년	대사기 大事紀	
	상위 相位	광형의 승상 재위 6년이다. 六
	장위 將位	
	어사대부위 御史大夫位	
서기전 **30년** 효성 건시 3년	대사기 大事紀	12월, 정축일에 승상 광형이 면직되었다. 十二月丁丑 衡免
	상위 相位	광형의 승상 재위 7년이다. 8월, 계축일에 광록훈을 보내 거기 장군 허가에게 조서를 내려 인수를 바치게 하여 면직시켰으 며, 황금 200근을 하사했다. 七 八月癸丑 遺光祿勳詔嘉上印綬免 賜金二百斤
	장위 將位	10월, 우장군 악창후 왕상이 광록대부와 우장군, 집금오 익양 후 임천추가 우장군이 되었다. 어사대부 장담이 면직되었다. 十月 右將軍樂昌侯王商爲光祿大夫右將軍 執金吾弋陽侯 任千秋爲右將軍 譚免
	어사대부위 御史大夫位	정위 윤충이 어사대부가 되었다. 廷尉尹忠爲御史大夫

서기전 **29년** 효성 건시 4년	**대사기** 大事紀		
	상위 相位	3월, 갑신일에 우장군 악창후 왕상이 우승상이 되었다. 三月甲申 右將軍樂昌侯王商爲右丞相	
	장위 將位	임천추가 좌장군, 장락궁 위위 사단이 우장군이 되었다. 10월, 기해일에 어사대부 윤충이 칼로 찔러 자살했다. 任千秋爲左將軍 長樂衛尉史丹爲右將軍 十月己亥 尹忠自刺殺	
	어사대부위 御史大夫位	소부 장충이 어사대부가 되었다. 少府張忠爲御史大夫	
서기전 **28년** 효성 하평 원년 河平元年	**대사기** 大事紀		
	상위 相位	왕상의 우승상 재위 2년이다. 二	
	장위 將位		
	어사대부위 御史大夫位		
서기전 **27년** 효성 하평 2년	**대사기** 大事紀		
	상위 相位	왕상의 우승상 재위 3년이다. 三	
	장위 將位		
	어사대부위 御史大夫位		
서기전 **26년** 효성 하평 3년	**대사기** 大事紀		
	상위 相位	왕상의 우승상 재위 4년이다. 四	
	장위 將位	10월, 신묘일에 사단이 좌장군, 태복 안평후 왕장이 우장군이 되었다. 十月辛卯 史丹爲左將軍 太僕平安侯王章爲右將軍	

	어사대부위 御史大夫位	
서기전 **25년** **효성** **하평 4년**	**대사기** 大事紀	4월, 임인일에 승상 왕상이 면직되었다. 四月壬寅 丞相商免
	상위 相位	6월, 병오일에 제리산기 광록대부 장우가 승상이 되었다. 六月丙午 諸吏散騎光祿大夫張禹爲丞相
	장위 將位	
	어사대부위 御史大夫位	
서기전 **24년** **효성** **양삭 원년** 陽朔元年	**대사기** 大事紀	
	상위 相位	장우의 승상 재위 2년이다. 二
	장위 將位	
	어사대부위 御史大夫位	
서기전 **23년** **효성** **양삭 2년**	**대사기** 大事紀	
	상위 相位	장우의 승상 재위 3년이다. 三
	장위 將位	어사대부 장충이 죽었다. 張忠卒
	어사대부위 御史大夫位	6월, 태복 왕음이 어사대부가 되었다. 六月 太僕王音爲御史大夫
서기전 **22년** **효성** **양삭 3년**	**대사기** 大事紀	
	상위 相位	

	장위 將位	9월, 갑자일에 어사대부 왕음이 거기장군이 되었다. 九月甲子 御史大夫王音爲車騎將軍
	어사대부위 御史大夫位	10월, 을묘일에 광록훈 우영이 어사대부가 되었다. 十月乙卯 光祿勳于永爲御史大夫
서기전 **21년** 효성 양삭 4년	대사기 大事紀	
	상위 相位	
	장위 將位	7월, 을축일에 우장군 광록훈 평안후 왕장이 죽었다. 七月乙丑 右將軍光祿勳平安侯王章卒
	어사대부위 御史大夫位	윤월, 임술일에 어사대부 우영이 죽었다. 閏月壬戌 永卒
서기전 **20년** 효성 홍가 원년 鴻嘉元年	대사기 大事紀	3월, 승상 장우가 죽었다. 三月 禹卒 신주 장우는 죽은 게 아니고 면직되었다.
	상위 相位	4월, 경진일에 설선이 승상이 되었다. 四月庚辰 薛宣爲丞相
	장위 將位	
	어사대부위 御史大夫位	

색은술찬 사마정이 펼쳐서 밝히다.

고조가 처음 일어나서 많은 영웅들에게 소리쳐 명했다. 천하는 아직 안정되지 않았는데 왕은 한중漢中에서 주려 있었다. 삼걸三傑(장량, 소하, 한신)을 이미 얻고 진평은 육기六奇로 공을 바쳤다. 장함章邯이 깨지고 나자 소하는 궁을 지었다. 주발은 신중했고 주허후는 지극히 충성했다. 진평은 승상이 되고 조후條侯는 군대를 총지휘했다. 병길丙吉과 위상魏相이 뜻을 세우고 예탕倪湯과 조요趙堯는 천자의 옷을 장식했다. 천한天漢 뒤에 표를 기술한 것은 그릇된 공이었다.

高祖初起 嘯命羣雄 天下未定 王我漢中 三傑旣得 六奇獻功 章邯巳破 蕭何築宮 周勃厚重 朱虛至忠 陳平作相 條侯總戎 丙魏立志 湯堯飾躬* 天漢之後 表述非功

신주 丙魏立志 湯堯飾躬(병위입지 탕요식궁): 병길과 위상과 예탕과 조요는 전한 후기의 인물들로,《한서》에 사적이 나온다. 또 병길과 위상은 이 표에서 후대인이 보충한 표에, 승상이 되었다고 언급되어 있다. 丙吉은 '邴吉'로도 쓴다.

참고문헌

1. 원문

《사기》: 사마천 저. 삼가주 중화서국본. 교정 허동방許東方. 중화민국 72년(1983) 굉업서국宏業書局 발행

《사기》: 사마천 저. 삼가주 백납본(송본) PDF파일. 국회도서관 소장. 중화민국 25년(1936) 12월 초판. 발행 및 인쇄 상무인서관商務印書館

《사기》: 사마천 저. 삼가주 중화서국본 원문파일

《한서》: 반고 저. 안사고주 중화서국본 원문파일

《후한서》: 범엽 사마표 저. 이현주 중화서국본 원문파일

《사기지의》: 양옥승 찬. 24사 연구자료 총간. 1981 초판 발행. 2013년 3쇄. 중화서국

《제왕세기·세본·일주서·고본죽서기년》: 황보밀 등 찬. 육길 등 점교. 2010년 초판 발행. 제노서사齊魯書社(중국)

《고본죽서기년집증》: 방시명 저. 원문파일

《춘추좌전》: 좌구명 저. 중화서국본 원문파일

《합교수경주》: 역도원 저 왕선겸 교. 2009년 초판 발행. 중화서국

《수경주》: 역도원 저. 중화서국본 원문파일

《사기》《한서》 등 원문 제공 사이트

https://zh.wikisource.org/wiki/Wikisource

http://www.sidneyluo.net/index.php

http://hanchi.ihp.sinica.edu.tw/ihp/hanji.htm

2. 번역서

《사기》: 사마천 저. 정범진 외 역. 1994년 초판 발행. 1997년 4판. 도서출판 까치

《사기표》: 사마천 저. 신동준 역. 2015년 초판 발행. 발행 위즈덤하우스

《신주사기본기》: 사마천 저. 한가람역사문화연구소 사기연구실 역. 2020년 초판. 한가람역사문화연구소

《사기열전》 : 사마천 저. 김영수 최인욱 역. 1995년 재판 발행. 3권 1996 발행. 신원문화사

《사기열전》 : 사마천 저. 장세후 대역. 2017년 초판 발행. 연암서가

《한서열전》 : 반고 저. 홍대표(홍석영) 역. 1997 초판 발행. 2003년 2판. 범우사

《춘추좌전》 : 좌구명 저. 남기현 해역. 2003년 초판 발행. 자유문고

《춘추좌전》 : 좌구명 저. 정태현 역주. 고전국역편집위원회 편집. 2001년 초판 발행. 2004년 초판
　　　　 3쇄. 전통문화연구회

《전국책》 : 임동석 역주. 고전국역편집위원회 편집. 2002년 초판 발행. 전통문화연구회

《국어》 : 허호구 외 역주. 고전국역편집위원회 편집. 2005년 초판 발행. 2006년 2판. 전통문화연구회

《자치통감》 : 사마광 저. 권중달 역. 2002년 초판 발행. 도서출판 푸른역사. 2009년 개정판. 도서
　　　　 출판 삼화

《이십이사차기》 : 조익 저. 박한제 역. 2009년 초판 발행. 소명출판

《여씨춘추》 : 여불위 편저. 정영호 해역. 1993 초판 발행. 2006년 개정판. 자유문고

《한비자》 : 한비자 저. 이운구 역. 한길그레이트북스 54~55. 2002년 초판 발행. 2003년 3판. (주)도
　　　　 서출판 한길사

《회남자》 : 유안 편저. 안길환 편역. 2001년 초판 발행. 명문당

3. 기타

《역사문화수첩》 : 한국역사연구회 편. 2000년 초판 발행. 2003년 3판 발행. 역민사

《중국역사기년표》 : 위 번역서 《전국책》에 포함

참고 사이트 : 국가전자도서관(www.dlibrary.go.kr), 유니한자찾기(www.uny.kr)

《신주 사마천 사기》〈표〉를 만든 사람들

한가람역사문화연구소 사기연구실

이덕일(한가람역사문화연구소 소장, 문학박사)

김명옥(문학박사)

송기섭(문학박사)

이시율(고대사 및 역사고전 연구가)

정 암(지리학박사)

최원태(고대사 연구가)

한가람역사문화연구소는 1998년 창립된 이래 한국 사학계에 만연한 중화사대주의 사관과 일제식민 사관을 극복하고 한국의 주체적인 역사관을 세우려 노력하고 있는 학술연구소다.

독립운동가들의 역사관 계승 작업을 꾸준히 진행하는 한편 《사기》 본문 및 '삼가주석'에 한국 고대사의 진실을 말해주는 수많은 기술이 있음을 알고 연구에 몰두했다.

지난 10여 년간 '《사기》 원전 및 삼가주석 강독(강사 이덕일)'을 진행하는 한편 사기연구실 소속 학자들과 《사기》에 담긴 한중 고대사의 진실을 찾기 위한 연구 및 답사도 계속했다. 《신주 사마천 사기》는 원전 강독을 기초로 여러 연구자들이 그간 토론하고 연구한 결과의 집대성이라고 할 수 있다.

한가람역사문화연구소는 《신주 사마천 사기》 출간을 시작으로 역사를 바로세우기 위해 토대가 되는 문헌사료의 번역 및 주석 추가 작업을 꾸준히 이어갈 계획이다.

한문 번역 교정

이주은 김재철 정세라 김은경

《사기》를 지은 사람들

본문_ 사마천

사마천은 자가 자장子長으로 하양(지금 섬서성 한성시) 출신이다. 한무제 때 태사공을 역임하다가 이릉 사건에 연루되어 궁형을 당했다. 기전체 사서이자 중국 25사의 첫머리인 《사기》를 집필해 역사서 저술의 신기원을 이룩했다. 후세 사람들이 태사공 또는 사천이라고 높여 불렀다. 《사기》는 한족의 시각으로 바라본 최초의 중국 민족사라고 할 수 있는데 여기서 사마천은 동이족의 역사를 삭제하거나 한족의 역사로 바꾸기도 했다.

삼가주석_ 배인·사마정·장수절

《집해》 편찬자 배인은 자가 용구龍駒이며 남북조시대 남조 송 (420~479)의 하동 문희(현 산서성 문희현) 출신이다. 진수의 《삼국지》에 주석을 단 배송지의 아들로 《사기집해》 80권을 편찬했다.

《색은》 편찬자 사마정은 자가 자정子正으로 당나라 하내(지금 하남성 심양) 출신인데 굉문관 학사를 역임했다. 사마천이 삼황을 삭제한 것을 문제로 여겨서 〈삼황본기〉를 추가했으며 위소, 두예, 초주 등 여러 주석자의 주석을 폭넓게 모으고 자신의 견해를 덧붙여 《사기색은》 30권을 편찬했다.

《정의》 편찬자 장수절은 당나라의 저명한 학자로, 개원 24년(736) 《사기정의》 서문에 "30여 년 동안 학문을 섭렵했다"고 썼을 정도로 《사기》 연구에 몰두했다. 그가 편찬한 《사기정의》에는 특히 당나라 위왕 이태 등이 편찬한 《괄지지》를 폭넓게 인용한 것을 비롯해서 역사지리에 관한 내용이 풍부하다.